跨境电商：速卖通

开店、推广、运营及管理指南

王海松 等编著

机械工业出版社
CHINA MACHINE PRESS

本书是一本速卖通开店的实用操作宝典，以实际操作的形式，全面讲解了在速卖通平台开店的操作技巧。

全书共8章，循序渐进地介绍了开店的入门须知、店铺定位与开通、产品发布与开店、店铺的商品与订单管理、店铺的发货与物流、店铺的资金与收款管理、店铺的推广与营销技巧，以及客服的沟通与管理技巧等知识。全书采用图解的方式详细地讲解了开店过程中的具体操作方法与运营技巧。

本书结构完整、条理清晰、层次分明、详略得当，逻辑性强，由浅入深地勾画出了速卖通平台的全貌，既有助于初学者全面了解速卖通经营的各个细节，又有助于跨境电商从业者快速掌握操作方法和运营技巧。

图书在版编目（CIP）数据

跨境电商：速卖通开店、推广、运营及管理指南／王海松等编著. —北京：机械工业出版社，2016.10（2017.7重印）

ISBN 978-7-111-54863-8

Ⅰ. ①跨… Ⅱ. ①王… Ⅲ. ①电子商务-商业经营 Ⅳ. ①F713.36

中国版本图书馆CIP数据核字（2016）第222717号

机械工业出版社（北京市百万庄大街22号　邮政编码100037）

策划编辑：丁　伦　　责任编辑：丁　伦

责任校对：张艳霞　　责任印制：李　飞

北京汇林印务有限公司印刷

2017年7月第1版·第2次印刷

170mm×240mm·17.5印张·450千字

3501—5300册

标准书号：ISBN 978-7-111-54863-8

定价：59.90元

凡购本书，如有缺页、倒页、脱页，由本社发行部调换

电话服务	网络服务
服务咨询热线：（010）88361066	机 工 官 网：www.cmpbook.com
读者购书热线：（010）68326294	机 工 官 博：weibo.com/cmp1952
（010）88379203	教育服务网：www.cmpedu.com
封面无防伪标均为盗版	金 书 网：www.golden-book.com

前言 preface

电子商务在中国虽然只有短短十余年的历史，但已经经历了 B2B、C2C 两次创业浪潮：第一次让许多外贸公司、外贸工厂如虎添翼；第二次，“淘江湖”应运而生，淘宝、天猫成为网购的代名词。现在，跨境电商也来了。

速卖通平台能够让卖家直接面对全球终端客户，这条短得不能再短的商业链，造成了多赢的局面，所以它的业务呈现爆发式的增长。大量卖家，经历过 B2B、C2C 浪潮的洗礼之后，已有足够的勇气和能力，去直面全球 220 多个国家的消费者了。

本书特色

与同类书相比，本书具有以下特点。

（1）系统讲解，全面细致

本书对速卖通开店的全过程进行了细致讲解，手把手教会读者从开店准备到运营速卖通网店。同时对令众多速卖通卖家头疼的推广、售后、物流及收款等问题，从各个角度加以分析并支招。

（2）功能更新，切实可用

本书基于最新版的速卖通页面和规则进行讲解，所有内容都在速卖通店铺中得到了证实，更加适合新手卖家学习与借鉴使用。

（3）图解操作，易读易学

本书涉及操作的部分皆以详细、直观的图解方式进行讲解，使读者轻松上手，举一反三。读者只需要根据这些操作就可以开设自己的速卖通店铺了。

本书内容

本书共 8 章，主要内容如下。

◆ 第 1 章速卖通开店的入门须知：介绍了速卖通的基础入门知识、优势，以及各类规则等。

◆ 第 2 章速卖通店铺定位与开通：介绍了速卖通定位客户、定位店铺、选择产品及店铺开通等。

◆ 第 3 章速卖通产品发布与开店：介绍了速卖通店铺产品的图片拍摄与修饰、店铺产品发布与营业，以及装修店铺等。

◆ 第 4 章速卖通店铺的商品与订单管理：介绍了管理店铺产品、店铺产品的选品技巧、店铺产品的定价技巧及店铺订单管理等。

◆ 第 5 章速卖通店铺的发货与物流：介绍了速卖通店铺中的各种物流方式、产品的包装技巧、设置物流模板、线上及线下发货等。

◆ 第 6 章速卖通店铺的资金与收款管理：介绍了国际支付宝的基础知识、设置收款账户及资金项目管理等。

◆ 第 7 章速卖通店铺的推广与营销技巧：介绍了速卖通店铺的自主营销技巧、直通车使用技巧及平台营销等。

◆ 第 8 章速卖通客服的沟通与管理技巧：介绍了客服需具备的知识、售前服务技巧、售后服务技巧及电子邮件使用技巧等。

本书作者

全书第 1 章 ~ 第 8 章由河北水利电力学院的王海松负责编写，共约 40 万字。参与资料收集、整理的其他人员还包括张静玲、王晓飞、张智、席海燕、张小雪、何辉、邹国庆、姚义琴、江涛、李雨旦、邬清华、向慧芳、袁圣超、陈萍、张范、李佳颖、邱凡铭、谢帆、周娟娟、宋丽娟、黄玉香、董栋、董智斌、刘静、王疆、杨枭、王海松、李梦瑶、黄聪聪、毕绘婷、李红术等。

由于作者水平有限，书中错误、疏漏之处在所难免。在感谢您选择本书的同时，也希望您能够把对本书的意见和建议告诉我们（具体联系方式见本书封底）。

目录

contents

第 1 章 速卖通开店的入门须知

第2章 速卖通店铺定位与开通

第3章 速卖通产品发布与开店

第 4 章 速卖通店铺的商品与订单管理

第6章 速卖通店铺的资金与收款管理

第7章 速卖通店铺的推广与营销技巧

第8章 速卖通客服的沟通与管理技巧

第1章

速卖通开店的入门须知

当前，越来越多的公司和个人为了突破传统外贸模式所受到的制约，打破限制销量增长的瓶颈，而通过速卖通平台将产品直接销向全球。他们由此迎来了新的商机，成为了对外贸易的新锐力量，也使得跨境电子商务零售出口量成为了新的外贸增长点。正是因为速卖通这一新锐力量的出现，使得越来越多的用户开始在速卖通平台中开设店铺，出售商品。因此，在开通速卖通店铺之前，需要对速卖通的基础含义、速卖通的优势及各类规则有基础的认识。

1.1 》认识速卖通

全球速卖通又称国际版“淘宝”，是阿里巴巴面向全球市场打造的在线交易平台。对速卖通的认识包含速卖通的含义、发展历程和客户群，下面将分别进行介绍。

1.1.1 什么是速卖通

速卖通是阿里巴巴集团为帮助中小企业接触海外终端，小批量、多批次快速销售，用于拓展利润空间而打造的，融合订单、支付、物流于一体的外贸在线交易平台。该交易平台以互联网为基础，可以缩短和优化外贸产业供应链，帮助中国商家获得更高的利润。如图 1–1 所示为速卖通的“买家”页面。

图 1–1　速卖通“买家”页面

1.1.2 速卖通的发展历程

速卖通于 2010 年 4 月上线，经过多年的迅猛发展，目前已经覆盖 220 多个国家和地区，平均每日海外买家的流量已经超过 5 000 万，最高峰值达到 1 亿，已经成为全球最大的跨境交易平台。

截至 2014 年 4 月，速卖通每年的成交额保持 300% ~ 500% 的增长速度，在线商品数量已达到亿级，订单成功覆盖全球 220 多个国家和地区，平台卖家有 20 多万，注册的速卖通账号（包含未开店的）已接近 200 万。其中 2014 年的“双 11”，速卖通第一次参加全球化“双 11”，24 小时就创下了 684 万笔交易订单，当天有效订单覆盖 211 个国家和地区。

2015 年 4 月，速卖通启动了全新的 LOGO，如图 1–2 所示，将“购物车”全面升级并融入“smart shopping，betterliving（智能购物，带来更好的生活）”这种理念，继续给 220 多个国家和地区的全球消费者提供更丰富、性价比更高、兼具品质的一站式购物平台。

时至今日，速卖通平台交易额的增长已超过 30 倍，每天有数以万计的海外消费者在全球速卖通平台上采购到了理想的商品，速卖通平台已经培育了大量优秀卖家，可以说，目前速卖通平台正处在高速发展时期。

图 1-2　速卖通全新 LOGO

1.1.3 速卖通的客户群

在开通速卖通平台后的起始阶段，其主要以在线小额外贸批发为业务重点，因此在起始阶段的客户群一般为国外小商家、小额批发商、代购商等。但随着速卖通发展得越来越好，业务量也随之翻倍增长，其客户群也逐渐转换为海外个人消费者，就像“淘宝”中的客户群一样，将个人消费者定为了最终的目标客户并得以实现。

1.1.4 适合速卖通的产品

在速卖通平台中出售的产品，一定要满足两个条件：网络销售和航空快递运输，否则不仅商品的销售量上不来，快递运输成本和耗时都会飙升，那就得不偿失了。

那么适合在速卖通出售的商品需要具备哪些条件呢？

◆ **体积：**体积要比较小，主要是方便以快递方式运输，降低国际物流成本。

◆ **商品价值：**价值低过运费的单件商品是不适合单件销售的，可以打包出售，也可以降低物流成本占比。

◆ **独特性：**在线交易业绩佳的商品需要独具特色，才能不断地刺激买家购买。

◆ **价格合理：**在线交易价格若高于产品在当地的市场价，就无法吸引买家在线下单，因此要保证价格合理。

因此，综合上述，一般来说以下商品在速卖通平台上销售相对来说更为合适：服装服饰、美妆、养生产品、珠宝首饰、手表、灯具、电子产品、计算机和网络器材、手机通信、家居、汽车 / 摩托车配件、工艺品、体育与户外用品等。如图 1-3 所示为速卖通平台中销售的服装服饰。

图 1-3　速卖通平台中销售的服装服饰

1.2 》了解做速卖通的优势

在对速卖通有了简单的认识后，也需要对速卖通的优势有所了解。要清楚地了解速卖通的核心特征，更要清楚地了解速卖通对比传统外贸、内贸电商及其他的跨境电商网而言，所具有的优势。

1.2.1 速卖通的核心特征

在全球贸易新形式的推动下，小批量、多批次等采购方式已经形成了一股新的采购潮流，这就造成了更多的终端批发零售商直接在网上采购，通过更短的流通零售渠道和在线零售支付收款方式，为批发零售商创造了更多的收益，从而拓展了小批量、多批次的产品利润空间。图 1-4 所示为速卖通优势对比图。

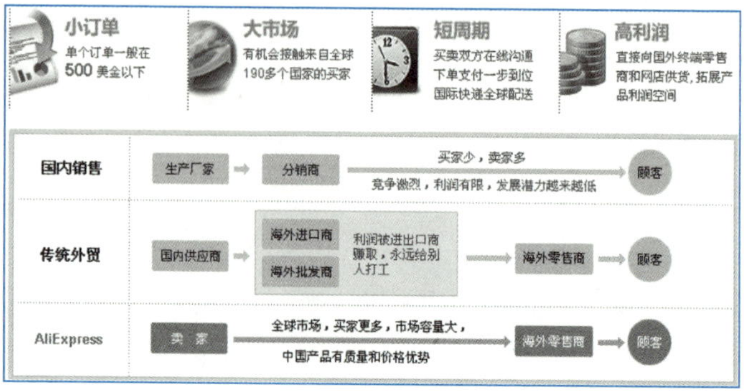

图 1-4　速卖通优势对比图

1.2.2 速卖通对比传统外贸的优势

传统外贸有5个渠道：国内工厂、国内贸易商、目的国进口商、目的国分销商及目的国零售商，这5个渠道的结合造就了传统的外贸模式具有环节多、时间长及成本高的特点，从而造成了国内商家和海外买家不能直接面对面沟通，无法了解海外买家内在需求的情况。

而速卖通则不会存在这一问题，速卖通最大的优势就在于通过减少外贸环节中的进口商渠道，将以往传统外贸中进口商所获取的巨额利润，返还到国内工厂及贸易商手里，同时降低了海外零售商的采购成本，从而达到让消费者获利的目的。

因此，速卖通平台可以直接面向海外的最终买家，大大降低了国内企业走出国门的成本，而且通过速卖通平台下单后，就可以通过国际物流快速发货，从而节省了大量的时间，提高了成交效率。

1.2.3 速卖通对比内贸电商的优势

内贸电商主要包括淘宝和天猫，这两个内贸电商和速卖通同属于阿里巴巴集团，但是对于淘宝和天猫上的卖家来说，淘宝和天猫的客户群体主要在国内，而速卖通则意味着新的销售渠道和更加广阔的市场，使用速卖通平台可以将产品销售给海外买家。例如，佐卡伊珠宝品牌是天猫上的知名原创品牌，但是由于国内珠宝品牌太多，竞争太激烈，使得该品牌遇到了销售瓶颈，业务量无法实现太大的突破，但是自从2012年入驻速卖通以来，在速卖通平台上，平均客单价上涨了20%，更重要的是，佐卡伊可以借此重新塑造品牌概念，为全球化战略提供了可能性，也保障了每月相对不错的销售额。由此可见，在速卖通平台上很多类目都还属于蓝海，卖家并不是很多，竞争也不会很激烈，还有很大的商业潜力。

1.2.4 速卖通对比eBay、敦煌网的优势

跨境电商的平台除了有速卖通外，还有eBay和敦煌网等。相对于这些大平台，速卖通具有哪些优势呢，下面将分别进行介绍。

1. 开创时间及卖家数量对比

eBay创建于1995年的9月，于2002年以3 000万美元入股易趣进入了中国市场。迄今为止eBay已有1.471亿注册用户，有来自全球29个国家的卖家，每天都有涉及几千个分类的几百万件商品销售。eBay属于3个网站平台中时间最长，卖家人数最多的一个，因此进入eBay面临着巨大的竞争压力，同时也具备众多国外买家的强大优势。

敦煌网是全球领先的在线外贸交易平台，于2004年创建。2010年，上线产品超过2 500万种；敦煌网的注册买家超过300万人，遍布230个国家和地区，注册卖家超过90万人，并实现了60亿人民币的交易额。

速卖通平台通过低门槛、低佣金的模式迅速崛起，自 2009 年成立以来飞快发展，覆盖了 220 多个国家和地区。

2. 收费模式对比

在本节提到的三个跨境电商平台上，eBay 的费用是最高的，其手续费明目繁多。比如在建设网站时，设置橱窗大图的价格为 1 美元、设置副标题的价格为 1.5 美元、设置优惠报的价格为 2 美元、设置粗体字的价格为 4 美元等。在买家和卖家的产品成交后，还要交纳佣金。下面以电子产品为例，介绍佣金的缴纳额度，如表 1–1 所示。

表 1–1　电子产品佣金缴纳额度

产品价格	佣金收取金额
50 美元以下	8%
50 ~ 1 000 美元，交易额 50 美元以下的部分	先收取 8%，剩余部分收取 5%
1 000 美元以上，交易额 50 美元以上的部分	8%
50 ~ 1 000 美元	5%
1 000 美元以上	2%

而敦煌网依靠收取买方的成交费用营利，在产品成交时收取买家 2.5% ~ 4.5% 的手续费。对于卖家，敦煌网注册、验证、开店铺、上产品和交易都是全免费的。结算时涉及的费用，收取货款 0.5% ~ 1% 的银行费用，提款金额在 5 000 美金以上并用美金结算，首笔手续费由敦煌网承担，当提款金额大于等于 5 000 美金并用人民币结算时，敦煌网将为用户承担一半的手续费。因此，敦煌网是三个跨境电商平台中对卖家利润最有保障的一种。

速卖通平台则主要收取卖方的手续费，包括在产品出售时收取 3% ~ 5% 的佣金，美金收款一次提款固定收取 20 美金，支付宝人民币收款一次手续费 5.25%。

3. 物流方式对比

eBay 的物流主要是国际 e 邮宝，使用该物流可以让 95% 的包裹都能在 10 个工作日内送达美国，并提供包裹全程跟踪信息。其收费标准为：300g 计价为 36 元，300 ~ 2000g 部分继续按克计价，价格为 120 元 /kg。

速卖通是各类国际物流平台的集合地，其物流方式包含有：UPS、DHL、FEDEX、TNT、EMS 及中国邮政小包 6 种，各网店需对比各类物流方式的优缺点，选择最适合自己产品和网店特色的物流方式。

敦煌网也为买家和卖家提供了 EMS、DHL、UPS、HK post、皇家邮政等多种国际运输方式，可以为买家、卖家节省 30% 左右的国际物流费用。

1.3 熟悉速卖通的各类规则

没有规矩，不成方圆。为了更好地保障速卖通广大用户的合法权益，也为了文明交易、维护速卖通经营秩序，为速卖通平台制定各类规则是势在必行的举措。本节将详细讲解速卖通的各类规则，通过学习规则、了解规则，可以帮助速卖通用户不再违反规则，从而免受速卖通平台的各种处罚。

1.3.1 注册规则

◆ 速卖通注册开店的过程非常简单，但是用户在注册速卖通账户时，一定要清楚了解速卖通的注册规则，以防止账户注册失败或者无法正常使用的情况发生。

◆ 在注册速卖通账户时，所使用的邮箱、速卖通店铺名都必须符合国家法律法规，不能涉嫌侵犯他人权利或干扰全球速卖通运营秩序等。

◆ 只有中国大陆的卖家才可在速卖通注册卖家账户，且中国大陆卖家不得利用虚假信息在速卖通注册海外买家账户，如果出现上述情况，则速卖通有权关闭买家会员账户，对于卖家，速卖通亦有权根据违规行为进行处罚。

◆ 速卖通有权终止、收回未通过身份认证且连续一年未登录速卖通或 Trade Manager（阿里旺旺国际版）的账户。

◆ 当速卖通账户因严重违规被关闭后，不得再重新注册账户；如被发现重新注册了账户，速卖通将关闭该会员账户。

◆ 注册速卖通账户时所使用的注册邮箱必须是注册人本人的邮箱，速卖通有权对该邮箱进行验证。

◆ 全球速卖通的会员 ID 是系统自动分配的，不能修改。

◆ 若卖家已通过认证（支付宝实名认证、身份证认证或速卖通要求的其他认证），则不论其速卖通账户状态开通与否，不得以个人的身份信息来取消绑定。

◆ 一个通过个人实名认证的会员仅能拥有一个可出售商品的速卖通账户（速卖通账户所指为主账户）；一个通过企业认证的会员仅能拥有 6 个可出售商品的速卖通账户（速卖通账户所指为主账户）。

◆ 当速卖通账户通过了“个人实名认证”或“企业认证”后，不得以任何方式转让、出租或出借会员账户，如有相关行为，由此产生的一切后果均由会员自行承担，并且速卖通有权关闭该速卖通账户。

◆ 中国供应商付费会员如果在阿里巴巴平台中因严重违规被关闭账户时，则其在速卖通平台的相关服务或产品也将同时被停止使用。

1.3.2 发布规则

在速卖通平台中发布产品虽然是完全免费的，但是也不能随意甚至恶意地发布产品。因此，速卖通卖家在发布产品前，一定要先了解平台的一系列发布规则。

1. 禁限售规则

在速卖通平台中发布产品时，要注意禁止发布违禁的商品信息。对于发布某些限售的商品前，需要取得商品销售的前置审批、凭证经营或授权经营等许可证明，还要在取得相关合法许可证明后，将信息提供给全球速卖通平台，等速卖通平台审核通过后，方可进行的商品的发布。

当用户发布商品时，违反了禁限售规则后，则需要对其进行相应的处罚，下面将讲解一些处罚依据，如表 1-2 所示。

表 1-2　处罚依据表

处罚依据	行为类型	积分处罚	其他处罚
《禁限售规则》	发布禁限售商品信息	严重违规：48 分 / 次（关闭账号）	退回 / 删除违规信息
		一般违规：0.5 分 / 次～6 分 / 次（1 天内累计不超过 12 分）	若核查到订单中涉及禁限售商品，速卖通将关闭订单，如买家已付款，无论物流状况如何均全额退款给买家，卖家承担全部责任

2. 留有联系信息规则

在速卖通平台发布产品时，其图片或者文字中禁止出现联系方式，如邮箱、QQ、ICQ、MSN、SKYPE 等；也不能在产品信息描述中出现非速卖通平台的网站链接，以防止平台市场秩序紊乱。当出现上述情况时，则速卖通平台会删除或者退回商品信息，并予以警告；如果屡教不改或者违规商品信息过多，则速卖通平台有权对该账户进行冻结或者关闭处理。

3. 不当行为发布规则

卖家在速卖通平台中发布商品时，要注意不能出现以下不当行为：

- 在商品标题或者描述中带有攻击性、亵渎性等违法或者有违道德的文字。
- 所发布的商品和信息内容不相关。
- 信息类型设置错误，如求购与销售信息混淆。
- 非商业信息，如单纯的工厂、车间展示、求职、征婚、投诉、求医等。

- ◆ 不当使用第三方软件发布商品。

如果出现了上述情况，则需要根据以下处罚制度进行处罚：

- ◆ 退回或删除商品信息
- ◆ 对于初犯者，平台将给予警告；对于违规商品信息过多或屡犯者，速卖通平台将视违规行为情节严重程度进行搜索排名靠后、冻结账户或关闭账户的处罚。
- ◆ 对于不当使用第三方软件发布商品的行为，初犯者令其下架全部商品；两次及以上违规将直接关闭其账户。

4. 知识产权规则

知识产权是由特定的国家机关，依据特定的法律，对特定人的符合特定条件的特定的发明创造和可识别性标记，经过特定的程序而授予的受特定保护的有特定激励效果的特定权利。如果未经知识产权所有人的许可，而使用其依法享有的知识产权，则属于侵权行为。如图 1-5 所示为知识产权的类型图示。

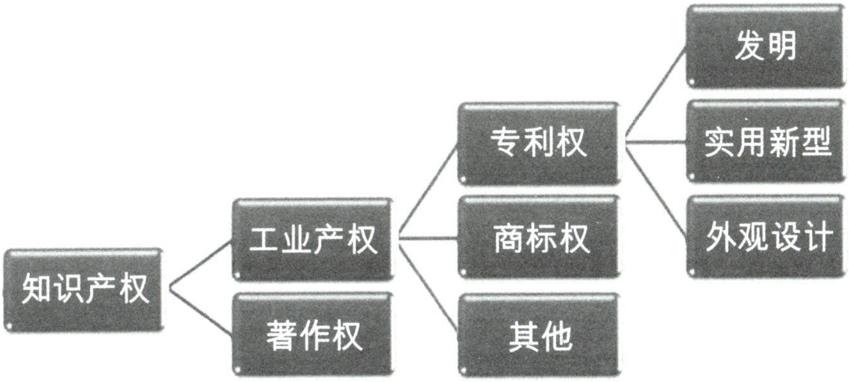

图 1-5　知识产权的类型图示

根据上图显示，可以发现知识产权的主要侵权行为包含以下 3 类：

- ◆ 著作权侵权：未经著作权人同意，又无法律上的依据，使用他人作品或者行使著作权人专有权的行为，以及其他法律规定的损害著作权人合法权益的行为。
- ◆ 专利侵权：未经专利权人许可，以生产经营为目的，实施了依法受保护的有效专利的违法行为。
- ◆ 商标侵权：未经商标权人许可，在商标权核定的同一或类似的商品上使用与核准注册的商标相同或相近的商标的行为，以及其他法律规定的损害商标权人合法权益的行为。

在速卖通平台上严禁用户未经授权发布、销售涉嫌侵犯第三方知识产权的商品，因此用户在发布产品时，应该先对知识产权的规则有一个详细的认识，如表 1-3 所示。

表 1-3　知识产权规则表

<table>
<tr><th colspan="2" rowspan="2">违规行为</th><th colspan="4">违规行为情节 / 频次</th><th rowspan="2">备注</th><th rowspan="2">其他处罚</th></tr>
<tr><th>第一次违规</th><th>第二次违规</th><th>第三次违规</th><th>第四次违规及以上</th></tr>
<tr><td colspan="2">买家投诉收到假货</td><td colspan="4">6 分 / 次</td><td></td><td rowspan="7">退回 / 删除违规信息</td></tr>
<tr><td colspan="2">图片盗用投诉</td><td>0 分</td><td colspan="3">6 分 / 次</td><td>首次投诉 5 天内算一次；其后一天内若有多次投诉成立扣一次分。时间以投诉结案时间为准</td></tr>
<tr><td rowspan="2">投诉人权利</td><td>一般侵权</td><td>0 分</td><td colspan="3"></td><td>首次被投诉 5 天内的同一知识产权投诉成立算一次；其后每天内所有同一知识产权投诉成立扣一次分。时间以投诉处理时间为准</td></tr>
<tr><td>严重侵权</td><td>0 分</td><td>12 分</td><td>12 分 / 36 分</td><td>24 分</td><td>首次被投诉后 5 天内投诉成立算一次；其后每次被投诉成立扣 12 分，第四次扣 24 分；若累计同一知识产权投诉成立达 3 次，扣 36 分。一天内所有知识产权投诉成立扣一次分，时间以投诉处理时间为准。（每次违规后，均需进行知识产权学习）</td></tr>
<tr><td colspan="2" rowspan="3">平台抽样检查 / 举报涉嫌侵权</td><td colspan="2">一般</td><td colspan="2">0.2 分 / 次（一天内扣分不超过 6 分）</td><td></td></tr>
<tr><td colspan="2">严重（发布涉嫌侵权的品牌衍生词；发布涉嫌侵权信息且类目错放）</td><td colspan="2">2 分 / 次（一天内扣分不超过 12 分）</td><td></td></tr>
<tr><td colspan="2">特别严重
（1）全店售假
（2）进行恶意规避行为等</td><td colspan="2">48 分 / 次</td><td></td></tr>
</table>

为了维护速卖通平台有序的市场秩序，提升会员的购物体验，速卖通平台不仅制定了知识产权的规则表，也根据知识产权侵权的程度，制定了处罚方式，具体情况如表 1-4 所示。

表 1-4　知识产权侵权处罚表

违规行为类型	处罚标准	处罚方式
知识产权侵权	分数累计达 2 分	严重警告
	分数累计达 6 分	限制商品操作 3 天
	分数累计达 12 分	冻结账户 7 天
	分数累计达 24 分	冻结账户 14 天
	分数累计达 36 分	冻结账户 30 天
	分数累计达 48 分或全店铺售假或进行恶意规避等	关闭账户
	注： ① 分数按行为年累计计算，行为年是指每项扣分都会被记 365 天，比如 2015 年 2 月 1 日 12 点被扣了 6 分，要到 2016 年 2 月 1 日 12 点才被清零； ② 对处罚分数不断增加的卖家，将同时给予整个店铺不同程度的搜索排名靠后处理； ③ “限制商品操作”是指对速卖通卖家发布新产品及产品编辑功能进行关闭，无法操作； ④ 如会员侵权情节特别严重，阿里巴巴保留单方面解除合同、直接关闭账户的权利	

5. 搜索作弊规则

在速卖通平台中，有些卖家可能会通过一些非常规手段进行非正常的竞争，因此，要大力度打击和清理通过搜索作弊骗取曝光机会、排名靠前的行为，以免影响速卖通的市场秩序。如表 1-5 所示为搜索作弊行为和相应的处罚表。

表 1-5　搜索作弊行为和相应的处罚表

违规行为类型	处罚措施
类目错放	① 违规商品给予搜索排名靠后或下架删除、扣分处罚 ② 同时根据卖家搜索作弊行为累计次数的严重程度对整体店铺给予搜索排名靠后或屏蔽的处罚；情节特别严重的，平台将给予冻结账户或关闭账户的处罚 注：对于更换商品的违规行为，平台将增加清除该违规商品所有销量记录的处罚
属性错选	
标题堆砌	
黑五类商品错放	
重复铺货	
广告商品	
描述不符	
计量单位作弊	
商品超低价	
商品超高价	
运费不符	
SKU 作弊	
更换商品	
标题类目不符	

下面对作弊行为进行分析，以防止速卖通卖家犯类似的错误。

◆ **类目错放**：该行为是指商品实际类别与发布商品所选择的类目不一致，这种错误的情况一般发生在网站前台商品展示在错误的类目下。例如，将鞋子放置在了化妆包的类目下，这种情况就属于类目错放，如图 1–6 所示。

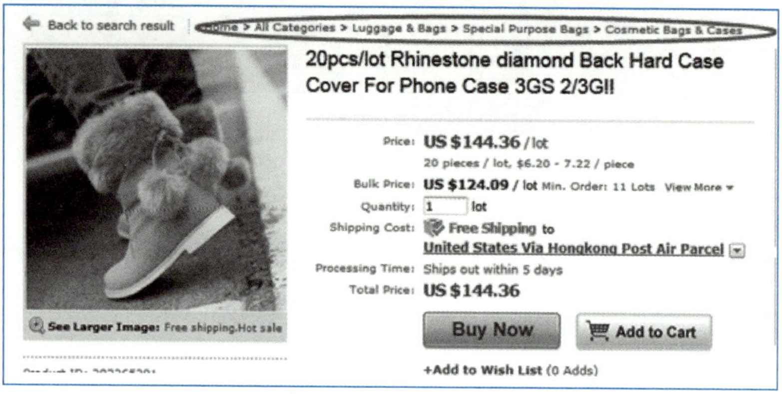

图 1–6 类目错放

◆ **属性错选**：该行为是指用户发布商品时，类目选择正确，但选择的属性与商品的实际属性不一致的情形，一般发生在网站前台商品展示在错误的属性下。

◆ **标题堆砌**：该行为是指在商品标题中出现关键词使用多次的行为，一般一个标题中超过两个相同或相近的关键词就会有堆砌的嫌疑，如图 1–7 所示。

图 1–7 标题堆砌

◆ **黑五类商品错放**：该行为是指订单链接、运费补差价链接、赠品、订金、新品预告等 5 类特殊商品，没有按规定放置到指定的特殊发布类目中。

◆ **重复铺货**：该行为是指商品之间须在标题、价格、图片、属性和详细描述等字段上有明显差异。例如图片不一样，而商品标题、属性、价格和详细描述等字段雷同，也视为重复铺货；如果需要对某些商品设置不同的打包方式，发布数量不得超过 3 个，超出部分的商品则视为重复铺货。

◆ 广告商品：该行为是指以宣传店铺或商品为目的，发布带有广告性质（包括但不限于在商品标题、图片、详细描述信息中等留有联系信息或非速卖通的第三方链接等）的信息，吸引买家访问，而信息中商品描述不详或无实际商品。

◆ 描述不符：该行为是指标题、图片、属性、详细描述等信息之间明显不符，信息涉嫌欺诈。

◆ 计量单位作弊：该行为是指发布商品时，将计量单位设置成与商品常规销售方式明显不符的单位；或将标题、描述里的包装物也作为销售数量计算，并将产品价格平摊到包装物上，误导买家。

◆ 运费不符：该行为是指卖家在标题及运费模板等处设置的运费低于实际收取的运费。

◆ 标题类目不符：该行为是指商品类目或者标题中部分关键词与实际销售产品不相符。

◆ 商品超低价：该行为是指卖家以较大偏离正常销售价格的低价发布商品，在默认和价格排序时，吸引买家注意，骗取曝光，如图 1–8 所示。

图 1–8 商品超低价

◆ 商品超高价：该行为是指卖家以较大偏离正常销售价格的高价发布商品，在默认和价格排序时，吸引买家注意，骗取曝光。

◆ SKU 作弊：该行为是指卖家刻意规避商品 SKU 设置规则，滥用商品属性（如套餐、配件等），设置过低或者不真实的价格，使商品排序靠前（如价格排序）；或者在同一个商品的属性选择区放置不同的商品。

◆ 更换商品：该行为是指通过对原有商品的标题、价格、图片、类目和详情等信息的修改发布其他商品（含产品的更新换代，新产品应重新发布），对买家的购买造成误导；但如果修改只涉及对原有产品信息的补充、更正，而不涉及产品更换，则不视为“更换产品”的行为。

1.3.3 交易规则

交易类规则制定的主要作用是规范交易过程中卖家的行为，其规则包含 11 种，下面将分别进行详细介绍。

1. 虚假发货规则

虚假发货是指在规定的发货期内，卖家填写的货运单号无效，或虽然货运单号有效，但是与订单交易明显无关，以致误导买家或者速卖通平台的行为。

虚假发货行为根据严重程度，包含一般违规、严重违规和特别严重 3 种。其中，虚假发货的严重违规行为有以下情形：

- ◆ 虚假发货订单金额较大。
- ◆ 买卖双方恶意串通，在没有真实订单交易的情况下，通过虚假发货的违规行为误导速卖通平台放款。
- ◆ 多次发生虚假发货一般违规行为。

在出现了虚假发货的行为后，就需要接受相应的处罚，如表 1-6 所示为虚假发货行为的处罚标准表。

表 1-6　虚假发货行为的处罚标准表

违规情形	处罚措施
虚假发货一般违规	2 分 / 次
虚假发货严重违规	12 分 / 次
虚假发货特别严重	48 分 / 次
说明：速卖通平台将根据卖家违规行为情节严重程度进行扣分或直接关闭账号的判定。被平台认定为虚假发货的，不论是虚假发货一般违规、严重违规还是特别严重，平台将立即关闭该笔订单，并将订单款项退还给买家，由此导致的责任由卖家承担。	

2. 信用及销量炒作规则

信用及销量炒作是指通过不正当方式提高账户信用积分或商品销量，妨碍卖家高效购物权益的行为。当出现了信用及销量炒作的行为后，对于被平台认定为构成信用及销量炒作行为的卖家，速卖通平台将删除其违规的信用积分及销量记录，且搜索排序靠后的处罚，对信用及销量炒作行为所涉及的订单进行退款操作，并根据其违规行为的严重程度，分别给予 6 分 / 次、12 分 / 次、24 分 / 次、48 分 / 次或者直接清退的处罚；对于第二次被速卖通平台认定为构成信用及销量炒作行为的卖家，不论行为的严重程度如何，平台一律做清退处理。

3. 诱导提前收货规则

诱导提前收货是指卖家诱导买家在未收到货的情况下提前确认收货。因此，当出现了诱导提前收货的行为后，平台将根据违规行为的严重程度执行扣分处罚：一般违规：2 分 / 次；严重违规：12 分 / 次；特别严重违规：48 分 / 次（并保留清退的权利）。

4. 不正当竞争规则

不正当竞争的行为包含有以下两种：

- ◆ 不当使用他人权利：卖家在所发布的商品信息或所使用的店铺名、域名中等不当使用他人的商标权、著作权等权利的；或卖家所发布的商品信息或所使用的其他信息造成消费者误认、混淆。
- ◆ 卖家通过自身或利用其他会员账户对其他卖家进行恶意下单、恶意评价、恶意投诉的行为，影响其他卖家声誉与正常经营。其中，恶意下单是指卖家利用海外会员账户对其他卖家进行下单，对其他卖家正常经营造成影响的行为，例如拍库存不付款；恶意评价是指卖家利用海外会员账户对其他卖家进行下单，恶意给出差评或评价内容与事实不符的行为；而恶意投诉是指卖家通过自身或利用其他会员账户对其他卖家进行投诉，且投诉内容无相应依据的行为。

根据不正当竞争的严重程度，分为不正当竞争一般违规、不正当竞争严重违规和不正当竞争特别严重 3 种。其中，不正当竞争严重违规行为包括但不限于以下情形：

- ◆ 对其他卖家的正常经营造成恶劣影响。
- ◆ 使买家造成严重误认、混淆，严重影响购物体验。
- ◆ 卖家在平台调查过程中做虚假陈述或提供虚假证明资料。
- ◆ 卖家不接受平台提醒或整改要求，仍明知故犯。

在出现了不正当竞争的行为后，就需要接受相应的处罚，如表 1-7 所示为不正当竞争行为的处罚标准表。

表 1-7　不正当竞争行为的处罚标准表

违规情形	处罚措施
不正当竞争一般违规	1 分 / 次
不正当竞争严重违规	3 分 / 次
不正当竞争特别严重	48 分 / 次

5. 违背承诺规则

违背承诺是指卖家未按照以下承诺向买家提供服务，损害买家正当权益的行为。其行为包含以下 4 种，下面将分别进行介绍。

- ◆ 交易及售后相关服务承诺，包括但不限于：①卖家拒绝按照买家拍下的价格进行交易（交易双方线下另有约定的除外），或卖家承诺对商品价格给予优惠，但实际未履行；②卖家承诺给予买家赠品或发票等交易商品之外的物品，但实际未赠与或给付；③卖家承诺给予买家退换货、包维修等售后服务，但实际未履行。

- 物流相关承诺，包括但不限于：①卖家在商品标题或内容中承诺免运费，但买家实际下单时发现有运费；②卖家在交易订立过程中自行承诺或与买家约定了特定的运送方式、运送物流、快递公司等，但实际未按照相关承诺或约定履行；③卖家承诺承担退货运费，但实际未履行。
- 违背平台既定规则或要求，包括但不限于：①平台要求买卖双方的交易行为必须在线进行，但卖家以各种方式引导买家不通过速卖通平台进行支付和交易；②卖家参加速卖通官方活动，但未按照活动要求（除发货时间外）提供服务。
- 卖家违背其自行做出的其他承诺。

违背承诺根据严重程度，分为违背承诺一般违规、违背承诺严重违规和违背承诺特别严重 3 种。其中，违背承诺严重违规行为包括但不限于以下情形：

- 对买家购物体验造成严重影响。
- 卖家在平台调查过程中做虚假陈述或提供虚假证明资料。
- 卖家不接受平台提醒或整改要求，仍明知故犯。

在出现了违背承诺的行为后，就需要接受相应的处罚，如表 1-8 所示为违背承诺行为的处罚标准表。

表 1-8　违背承诺行为的处罚标准表

违规情形	处罚措施
违背承诺一般违规	1 分 / 次
违背承诺严重违规	3 分 / 次
违背承诺特别严重	48 分 / 次

6. 恶意骚扰规则

恶意骚扰是指卖家频繁或采取恶劣手段骚扰会员，影响他人正常生活或妨害他人合法权益的行为。如要求买家给好评或者因纠纷等原因谩骂买家；包括但不限于通过电话、短信、阿里旺旺、留言、邮件等方式频繁联系他人，影响他人正常生活的行为。

恶意骚扰根据严重程度，分为恶意骚扰一般违规、恶意骚扰严重违规和恶意骚扰特别严重 3 种。其中，恶意骚扰严重行为和特别特别严重行为包括但不限于以下情形：

- 文字中出现谩骂词汇（如 fuck、suck 之类）、威胁、诅咒，种族歧视性言语、宗教或人身攻击等或者多次骚扰，影响他人身心及正常生活。
- 骚扰的范围大，影响面广，对平台安全、声誉造成或可能造成严重影响的行为。
- 采取极端手段或工具骚扰用户，严重影响他人正常生活，给他人身心造成极大伤害，包括但不限于向会员邮寄让人产生反感或侮辱性 / 威胁性物品的、将买家的私人电话、地址、姓名、购买记录等信息发布到网上等。

在出现了恶意骚扰的行为后，就需要接受相应的处罚，如表 1-9 所示为恶意骚扰行为的处罚标准表。

表 1-9　恶意骚扰行为的处罚标准表

违规情形	处罚措施
恶意骚扰一般违规	2 分 / 次
恶意骚扰严重违规	12 分 / 次
恶意骚扰特别严重	48 分 / 次

7. 引导线下交易规则

引导线下交易是指卖家诱导买家进行线下交易的行为，损害买家和平台的正当利益。引导线下交易根据严重程度，分为引导线下交易一般违规、引导线下交易严重违规和引导线下交易特别严重 3 种。

在出现了引导线下交易的行为后，就需要接受相应的处罚，如表 1-10 所示为引导线下交易行为的处罚标准表。

表 1-10　引导线下交易行为的处罚标准表

违规情形	处罚措施
引导线下交易一般违规	2 分 / 次
引导线下交易严重违规	12 分 / 次
引导线下交易特别严重	48 分 / 次

8. 严重货不对版规则

“货不对版”行为是指买家收到的商品与达成交易时卖家对商品的描述或承诺在类别、参数、材质、规格等方面不相符。

严重行为包括但不限于以下情形：

◆ 寄送空包裹给买家。

◆ 订单产品为电子存储类设备，产品容量与产品描述或承诺严重不符。

◆ 订单产品为计算机类产品硬件，产品配置与产品描述或承诺严重不符。

◆ 订单产品和寄送产品非同类商品且价值相差巨大。

速卖通平台将根据卖家以上违规行为情节严重程度进行“直接扣 48 分关闭账号”的判定。

在出现了严重货不对版的行为后，就需要接受相应的处罚，如表 1–11 所示为严重货不对版行为的处罚标准表。

表 1–11　严重货不对版行为的处罚标准表

违规情形	处罚措施
严重货不对版一般违规	2 分 / 次
严重货不对版严重违规	12 分 / 次
严重货不对版特别严重	48 分 / 次

9. 严重恶意超低价规则

严重恶意超低价是指卖家通过发布大量较大偏离正常销售价格的低价商品，从而在默认和价格排序时，吸引买家注意，骗取曝光和订单，店铺内大量商品存在低价发布行为，造成恶劣影响。其中，特别严重行为包括店铺内商品存在低价发布行为量大，影响面广，对平台安全、声誉造成或可能造成严重恶劣影响的行为。

在出现了严重恶意超低价的行为后，就需要接受相应的处罚，如表 1–12 所示为严重恶意超低价行为的处罚标准表。

表 1–12　严重恶意超低价行为的处罚标准表

违规情形	处罚措施
严重恶意超低价一般违规	2 分 / 次
严重恶意超低价严重违规	12 分 / 次
严重恶意超低价情节特别严重	48 分 / 次

10. 严重扰乱平台秩序规则

严重扰乱平台秩序是指干扰平台管理，严重扰乱平台秩序，损害其他用户或平台的合法权益的行为。包括但不限于以下情形：

- ◆ 恶意规避平台规则或监管措施的行为。
- ◆ 通过恶意违规等方式干扰其他用户正常交易的行为。
- ◆ 对买家购物过程带来了严重的不良体验，对速卖通平台的商业环境造成了恶劣影响的行为。
- ◆ 其他严重扰乱平台秩序的行为。

在出现了严重扰乱平台秩序的行为后，就需要接受相应的处罚，如表 1–13 所示为严重扰乱平台秩序行为的处罚标准表。

表 1-13 严重扰乱平台秩序行为的处罚标准表

违规情形	处罚措施
严重扰乱平台秩序一般违规	2 分 / 次
严重扰乱平台秩序严重违规	12 分 / 次
严重扰乱平台秩序情节特别严重	48 分 / 次或直接关闭账号

11. 不法获利规则

不法获利是指卖家违反速卖通规则，涉嫌侵犯他人财产权或其他合法权益的行为。该行为包括但不限于以下情形：

- 卖家通过发布或提供大量虚假的或与承诺严重不符的商品、服务或物流信息骗取交易款项的。
- 交易中诱导交易对方违背速卖通正常交易流程操作并获得不正当利益的。
- 发送钓鱼链接或木马病毒信息用于骗取他人财物的。
- 利用非法手段骗取平台 coupon（优惠券）、保证金、平台赔付基金等款项的。
- 假借速卖通及其关联公司工作人员或速卖通店铺客服名义行骗的。
- 通过第三方账户实施诈骗行为骗取他人财物的。
- 卖家违反速卖通规则，通过其他方式非法获利的。

在出现了不法获利的行为后，速卖通平台给予的处罚措施是：一律给予直接扣除 48 分或直接关闭账户的处理。

1.3.4 放款规则

速卖通平台的放款规则包含基本规则、一般放款规则和特殊放款规则 3 种，下面将分别进行介绍。

1. 基本规则

为了确保速卖通平台交易安全，保障买卖双方的合法权益，就通过速卖通平台进行交易产生的货款，速卖通及其关联公司根据相关协议及规则，有权根据买家指令、风险因素及其他实际情况决定相应放款时间及放款规则。

- 速卖通根据卖家的综合经营情况（例如好评率、拒付率、退款率等）评估订单放款时间：①在发货后的一定期间内进行放款，最快放款时间为发货 3 天后；②买家保护期结束后放款；③账号关闭的，且不存在任何违规、违约情形的，在发货后 180 天放款。
- 如果速卖通依据合理信息判断订单或卖家存在纠纷、拒付、欺诈等风险，速卖通有权视具体情况延迟放款周期，并对订单款项进行处理。

放款方式如表 1-14 所示，放款比例根据账号状态及订单状态确定。

表 1-14　放款方式表

<table>
<tr><th rowspan="2">账号状态</th><th colspan="3">放款规则</th></tr>
<tr><th>放款时间</th><th>放款比例</th><th>备注</th></tr>
<tr><td rowspan="3">账号正常</td><td rowspan="2">发货 3 个自然日后（一般是 3 ～ 5 天）</td><td>70% ～ 97%</td><td rowspan="2">保证金释放时间见表 1-15</td></tr>
<tr><td>100%</td></tr>
<tr><td>买家保护期结束后</td><td>100%</td><td>买家保护期结束：买家确认收货 / 买家确认收货超时后 15 天</td></tr>
<tr><td>账号关闭</td><td>发货后 180 天</td><td>100%</td><td>无</td></tr>
</table>

目前速卖通平台支持 EMS、DHL、UPS、FedEx、TNT、ST 和邮政航空 7 种物流运输方式。因此，针对以上物流方式，制定了放款流程。

在买家确认收到货物或买家确认收货超时的情况下，系统会自动核实订单中所填写的货运跟踪号（以下简称：运单号）。系统将会核对运单号状态是否正常、妥投地址是否与订单中的收货地址一致等信息。如果运单号通过系统审核，系统会自动将款项支付到卖家的相应收款账户中；如果运单号未通过系统审核，订单将会进入服务部人工审核流程。

所有进入服务部人工审核流程的订单，服务人员都会根据运单号的查询情况进行判断。目前主要有以下几种情况：

- ◆ 地址不一致（运单号妥投地址与买家提供的收货地址不一致）：服务人员会联系卖家，请卖家提供发货底单。
- ◆ 未妥投（订单中部分或全部运单号的查询结果显示未正常妥投）：服务人员会联系买家，核实买家是否已经收到货物，如果买家表示收到货物，则正常放款；如果未收到，请卖家配合向快递公司进行查询。
- ◆ 运单号无效（运单号无法查询到任何信息）：服务人员会联系卖家提供发货底单。
- ◆ 货物被退回（运单号显示货物已经被退回）：请联系卖家核实是否收到货物，并做退款处理。

2. 一般放款规则

速卖通中订单的形式是担保交易，使用该形式必须满足买家确认收货和物流妥投双重条件。因此，如果速卖通依据合理信息判断订单或卖家存在纠纷、欺诈等风险，则速卖通有权延长放款周期。针对交易完成的订单，速卖通会进行系统和人工的物流核实，只有确认为“物流妥投”，订单的款项才会打入卖家相应的账户中。

3. 特殊放款规则

在特殊放款规则出台之前，在一般放款条件下，如果订单的物流信息没有妥投记录，订单款项将被系统暂时冻结 180 天，从买家支付货款成功那天开始算。所以提前放款是速卖通成长的最大利器。卖家只要在速卖通平台上持续经营 6 个月以上，并且达到系统计算的风控综合指标要求，是可以免费加入提前放款计划的，具体情况如表 1-15 所示。

表 1-15　提前放款保证金释放时间表

类型	条件		保证金释放时间
按照订单比例冻结的保证金	商业快递＋系统核实物流妥投	无	交易结束当天
	① 商业快递＋系统未核实到妥投 ② 非商业快递	交易完成时间－发货时间≤ 30 天	发货后第 30 天
		交易完成时间－发货时间 30 ～ 60 天	交易结束当天
		交易完成时间－发货时间≥ 60 天	发货第 60 天
固定保证金	账号被关闭	无	提前放款的订单全部结束（交易完成 +15 天）后，全额释放
	退出提前放款		
	提前放款不准入		

1.3.5 评价规则

速卖通平台中的评价行为包含信用评价及卖家分项评分两类，如图 1-9 所示。

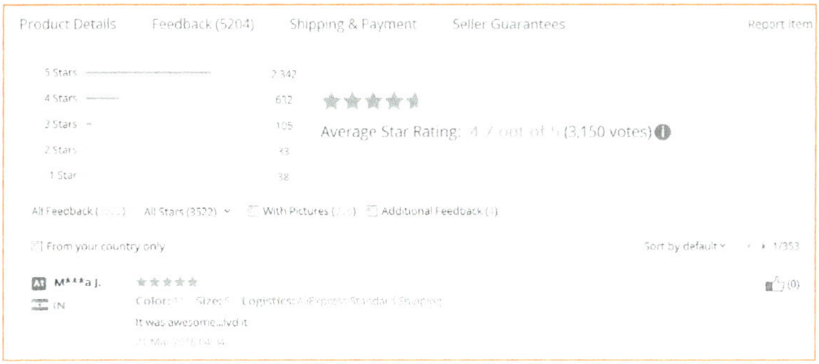

图 1-9　评价行为

信用评价是指交易的买卖双方在订单交易结束后对对方信用状况的评价；信用评价包括五分制评分和评论两部分。卖家分项评分是指买家在订单交易结束后以匿名的方式对卖家在交易中提供的商品描述的准确性（Item as described）、沟通质量及回应速度（Communication）、物品运送时间合理性（Shipping speed）三方面服务做出的评价，是买家对卖家的单向评分。

对于信用评价，买卖双方均可以进行互评，但卖家分项评分只能由买家对卖家做出。所有交易结束并且未全额退款的订单，在交易结束 30 天内买卖双方均可互相评价，如果一方给出好评，另一方在规定期限内未评价，则系统不会给出默认评价。交易双方未在限期内互相评价，评价不公开、不生效、不计分；交易双方在限期内互相评价，评价即时公开、生效、计分；在限期内如果买家给卖家留下评价，而卖家未对买家留下评价，则系统不会给买家留下评价，在评价期结束时卖家所得评价和计分生效。

商品 / 商家好评率（Positive Feedback Ratings）和商家信用积分（Feedback Score）的计算：

◆ 相同买家在同一个自然旬（自然旬即为每月 1 ~ 10 号、11 ~ 20 号、21 ~ 31 号）内对同一个卖家只做出一个评价的，该买家订单的评价星级则为当笔评价的星级（自然旬统计的是美国时间）。

◆ 相同买家在同一个自然旬（自然旬即为每月 1 ~ 10 号、11 ~ 20 号、21 ~ 31 号）内对同一个卖家做出多个评价，按照评价类型（好评、中评、差评）分别汇总计算，即好、中、差评数都只各计一次（包括一个订单里有多个产品的情况）。

◆ 在卖家分项评分中，同一买家在一个自然旬内（自然旬即为每月 1 ~ 10 号、11 ~ 20 号、21 ~ 31 号）对同一卖家的商品描述的准确性、沟通质量及回应速度、物品运送时间合理性 3 项中某一项的多次评分只算一个，该买家在该自然旬对某一项的评分计算方法如下：平均评分 = 买家对该分项评分总和 / 评价次数（四舍五入）。

◆ 以下 3 种情况不管买家留差评还是留好评，仅展示留评内容，都不计算好评率及评价积分：①成交金额低于 5 美元的订单（成交金额明确为买家支付金额减去售中的退款金额，不包括售后退款情况）；②买家提起未收到货纠纷，或纠纷中包含退货情况，且买家在纠纷上升到仲裁前未主动取消；③运费补差价、赠品、定金、结账专用链、预售品等特殊商品（简称“黑五类”）的评价。

◆ 卖家所得到的信用评价积分决定了卖家店铺的信用等级标志，具体标志及对应的积分如图 1-10 所示。

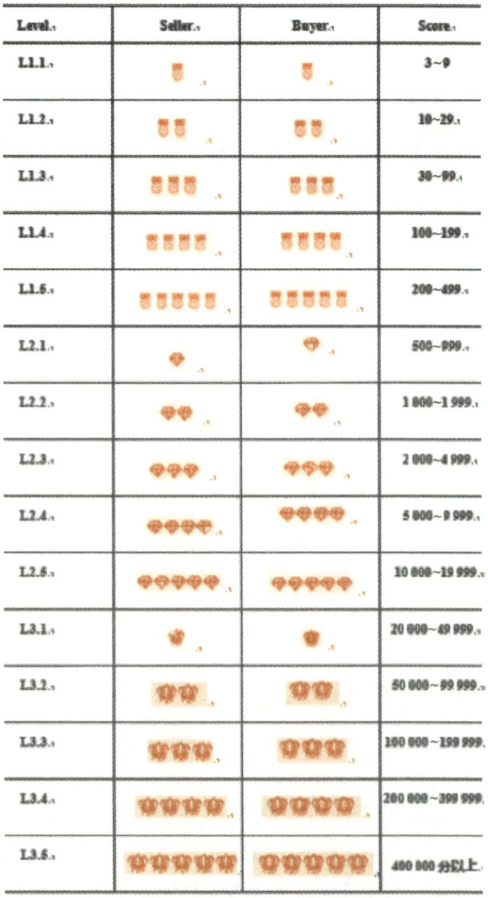

Level	Seller	Buyer	Score
L1.1			3~9
L1.2			10~29
L1.3			30~99
L1.4			100~199
L1.5			200~499
L2.1			500~999
L2.2			1 000~1 999
L2.3			2 000~4 999
L2.4			5 000~9 999
L2.5			10 000~19 999
L3.1			20 000~49 999
L3.2			50 000~99 999
L3.3			100 000~199 999
L3.4			200 000~399 999
L3.5			400 000 分以上

图 1-10　信用评价积分

对于信用评价，若卖家或者买家对于对方给予的中差评有异议，可在评价生效后 30 日内联系对方，由对方对其评价自行修改；对方也可在评价生效后 30 日内对自己做出的该次评价进行修改，但修改仅限于中差评改为好评，修改次数仅限一次。买卖双方也可以针对自己收到的差评进行回复解释。

对于卖家分项评分，一旦买家提交，评分即时生效且不得修改。若买家信用评价被删除，则对应的卖家分项评分也随之被删除。速卖通平台有权删除评价内容中包括人身攻击或者其他不适当的言论的评价。

1.3.6 促销规则

为了促进卖家成长，增加更多的交易机会，在速卖通平台上将会定期或不定期地组织卖家的促销活动，以及卖家自主进行的促销活动中，卖家应当遵守一定的规则。

卖家在速卖通平台的交易情况需满足以下条件，才有权申请加入平台组织的促销活动：

1）有交易记录的卖家，需满足如下条件：

◆ 好评率≥ 90%。

◆ 速卖通平台对特定促销活动设定的其他条件。

备注：上述的“好评率”非固定值，不同类目、特定活动或遇到不可抗力事件影响，会适当进行调整。

2）无交易记录的卖家：由速卖通平台根据实际活动需求和商品特征制定具体卖家准入标准。

卖家在促销活动中，应该遵守国家法律、法规、政策及速卖通规则，不得发生涉嫌损害消费者、速卖通及任何第三方正当权益，或从事任何涉嫌违反相关法律、法规的行为。若在促销活动中发生违规行为，速卖通平台有权根据违规情节，禁止或限制卖家参加平台各类活动，情节严重的，速卖通平台有权对卖家账号进行冻结、关闭或采取其他限制措施，具体处罚制度如表 1-16 所示。

表 1-16　促销规则处罚表

违规行为	违规行为定义	违规行为处罚
出售侵权商品	是指在促销活动中，卖家出售假冒商品、盗版商品等违反规定的产品或其他侵权产品	取消当前活动参与权；根据速卖通相应规则进行处罚
违反促销承诺	是指卖家商品从参加报名活动开始到活动结束之前，要求退出促销活动，或者要求降低促销库存量、提高折扣、提高商品和物流价格、修改商品描述等行为	取消当前活动参与权，根据情节严重程度确定禁止参加促销活动 3 ～ 9 个月；根据速卖通相应规则进行处罚

（续）

违规行为	违规行为定义	违规行为处罚
提价销售	是指在买家下单后，卖家未经买家许可，单方面提高商品和物流价格的行为	取消当前活动参与权，根据情节严重程度确定禁止参加促销活动 3 ～ 9 个月；根据速卖通相应规则进行处罚
成交不卖	是指在买家下单后，卖家拒绝发货的行为	根据情节严重程度的情况，禁止参加促销活动 6 个月
强制搭售	是指卖家在促销活动中，单方面强制要求买家必须买下其他商品或服务，方可购买本促销商品的行为	禁止参加促销活动 12 个月，根据速卖通相应规则进行处罚
不正当谋利	是指卖家采用不正当手段谋取利益的行为，包括： ① 向速卖通工作人员及关联人士提供财务、消费、款待或商业机会等； ② 会员通过其他手段向速卖通工作人员谋取不正当利益的行为	根据不正当谋利的规则执行处罚，关闭商家店铺

1.3.7 售后规则

速卖通的售后规则主要包括限时达和假一赔三两种，下面将分别进行介绍。

1. 限时达规则

“消保”就是消费者保障计划，在速卖通平台和淘宝平台中都有该计划，用于保障消费者的权益。在消保第一期期间，速卖通针对全体卖家退出限时达（承诺运达时间）服务。该服务是在速卖通平台原有的“大小包 60 天未妥投纠纷退款规则”的基础上，用于将设置物流时间的功能开放给卖家，让有能力为买家提供更好的物流服务、敢于对买家承诺物流服务的卖家的优势得到凸显，从而增强了买家的购物信心。

在使用该规则时，若能够同时满足以下 3 个条件，则可以在经过平台仲裁后，将全部货款退款给买家。

- ◆ 货物超时未达。
- ◆ 买家提起超时赔付纠纷。
- ◆ 买卖双方沟通后无法达成协议。

2. 假一赔三规则

假一赔三是“消保”第二期推出的一项保障计划，在买家赔付申请成立的情况下，卖家承担假一赔三责任：即退回买家实际支付的款项，并依照买家实际支付商品价格的两倍（不包含运费）向买家赔偿，并承担全部运费。

第2章

速卖通店铺定位与开通

网店要有竞争力，商品本身的质量是竞争的根基，但想要开花结果，还需要卖家的精准定位及运作来灌溉。因此在开通速卖通店铺之前，对速卖通店铺进行定位至关重要，通过对产品、客户群体、运用规模、质量、物流等方面进行定位后，方能开始开店营业。本章将详细讲解速卖通店铺定位的技巧与开通店铺的方法。

2.1 定位客户

在开通速卖通店铺之前，首先要对店铺的客户进行一个精确的定位，清楚所面临的顾客是哪一类客户群体，如老人、女士、儿童等群体；他们所需要的商品是什么，例如，老年人需要保养品、女人需要化妆品、儿童需要奶粉等。

2.1.1 定位客户群体

对客户群体的定位是指根据潜在目标客户制定的销售策略和对产品的选择。清晰的定位决定着店铺未来持续地为客户提供价值的能力，并且保证不会偏离轨道。定位客户群体可以从多个角度进行。例如，不同的组合会有不同的定位，亲子装就是性别定位下的延伸品。而除了性别以外，还有年龄、职业等不同的定位维度。

1. 性别

首先要明确目标客户群的性别是什么，或许很多人觉得这是一句很幼稚的话。其实，本意是指商家需要了解真正为此付费形成购买的人是谁，例如，男装的目标客户群就是男性群体吗？从数据显示，有 40% 左右的男装购买人群为女性群体。其实我们在日常生活中也能注意到，男性群体购买服装的频率是远远低于女性的，他们只在最需要的时候购买。而女性常常以逛衣服和购物为乐趣，因此，相当一部分男装也是在她们手上成交的，或是她们间接促成交易的。所以，店家需要根据市场需求、客户的购买特征来进行选择和定位。如图 2-1 所示为根据男性群体定位的男装店。

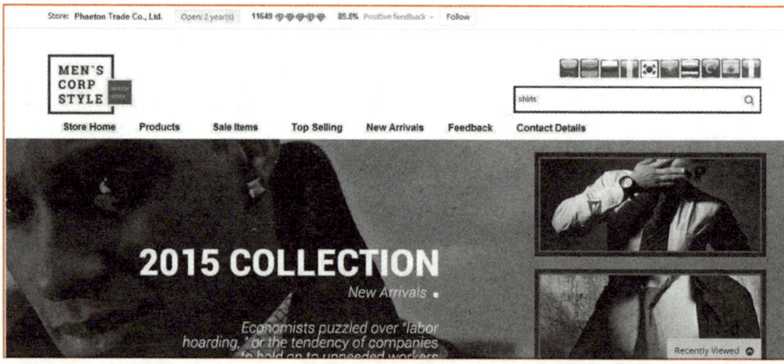

图 2-1　根据男性群体定位的男装店

2. 年龄

很多商家针对年龄的定位，认为自己的目标客户群是 18 ~ 35 岁之间的女性群体，或 25 ~ 35 岁的女性群体，其实不然。下面仔细分析一下目标客户群的年龄段问题，首先，18 ~ 23 岁的消费者大多为在校学生，有一定的消费基础，消费的是家长的钱，所以他们在低价和高性价比上有过分的追求，但也有人喜欢一些昂贵的东西；其次，24 ~ 28 岁的消费者为刚刚走出校门或处在就业的升职期，往往需要构建家庭，在普通的理念中，这样的人是最有消费能力的，但是多方数据显示，迫于家庭的压力等因素，这部分人消费能力略有下滑；再次，29 ~ 35 岁的消费者，在为父母、子女购买商品的时候，偶有大手笔的投入，消费能力呈现上升趋势；而 36 岁以上的消费者，因网络使用问题，消费能力略下滑。如图 2-2 所示为根据 24 ~ 28 年龄段的客户群体定位的服装店。

图 2-2 根据年龄定位的服装店

3. 职业

根据目标客户群的职业不同，定位也有所不同。除了其职业化的功能性用途、风格性用途，还有这类人对于产品文化定位的追求，对于品牌附加值的心理追求因素等。单单划分收入的高低，可以看出职业的定位对于产品本身的价格策略和店铺的营利模式都能起到决定作用，倘若有一点背道而驰，最终的定位结果都会显得不切实际，或是无法完全切合定位。例如，有的速卖通店铺专门出售西装，为上班白领、金领定制。如图 2-3 所示为根据白领职业定位的男士西装店。

图 2-3 根据白领职业定位的男士西装店

2.1.2 定位运营规模

在定位运营规模时，一般包含个人、小型团队和公司 3 种运营规模。

1. 个人

以个人模式运营店铺时，可以是兼职，也可以是全职，而且在以个人模式运营店铺时，就需要做到身兼数职，包括产品的进货、店铺装修、产品出售及客服等。因此，在以个人模式运营店铺时，一定要考虑好产品的选取、价格定位、售前售后服务的语言技巧等因素。

2. 小型团队

以小型团队模式运营店铺时，是指由 3 ~ 6 个人的小团队运营店铺，一般包含售前客服、售后客服、美工、运营推广及仓库打包人员。以小型团队模式运营店铺时，每个人的分工非常明确，不会出现身兼数职的现象。

3. 公司

以公司模式运营店铺时，就是按照公司化的标准运营店铺，一般包含行政管理、销售、生产、技术及资金管理 5 个层面，这种模式的店铺，包含生产、销售、售后一体化的服务流程，尽可能做到面面俱到。

2.2 速卖通店铺产品来源

在开通速卖通店铺之前，一定要保证店铺的产品来源。因此，在确定好客户群体之后，就需要找好货源。速卖通网店之所以有利润空间，成本较低是重要的因素之一。因此，选购速卖通的产品来源时，要考虑成本，拥有了物美价廉的货源，便取得了制胜的法宝。

2.2.1 淘代销

淘代销和网上代销类似，也就是在代销者自己的速卖通店铺里展示其他商家的产品。淘代销是速卖通平台为卖家提供的一款产品发布工具，能够帮助速卖通卖家将淘宝网上的产品轻松采集到速卖通平台上进行销售。当海外买家在速卖通平台对卖家发布的代销产品下单之后，速卖通卖家可以从淘宝进货，验货之后，发给海外买家即可。

淘代销的产品和普通产品除了信息发布方式外，没有任何区别。速卖通卖家使用淘代销工具和淘宝卖家没有直接关系，对于淘宝卖家来说，速卖通卖家从淘宝卖家处进货，是帮助淘宝卖家拓展了销售渠道，无须告知淘宝卖家，你在代销淘宝店铺的产品。不过一般来说，如果和淘宝卖家沟通相关合作事宜，有机会获得一定的价格优惠。

1. 可代销的淘宝产品

速卖通卖家如果想要通过代销功能获得好的利润回报，建议卖家关注流行元素，但是在具体的款式和特征上，追求多元化，避免全部代销一个风格的商品，而要尽可能地全面覆盖买家需求。

目前速卖通平台中有些类目下的子类目是暂时没有开放的。因此，在代销淘宝产品之前，一定要清楚地了解那些淘宝类目是否开放了淘代销功能，下面将进行详细介绍。

- **服饰配件：** 女装 / 女士精品、孕妇装、男装、童装 / 亲子装、女士内衣 / 男士内衣 / 家居服、运动服 / 运动包 / 颈环配件、服饰配件 / 皮带 / 帽子 / 围巾 / 眼镜。如图 2-4 所示为淘代销的童装产品。

图 2-4 淘代销的童装产品

- **饰品手表：** 饰品 / 流行首饰 / 时尚饰品、品牌手表 / 流行手表。如图 2-5 所示为淘代销的手表产品。
- **鞋子：** 女鞋、流行男鞋、童鞋、运动鞋。如图 2-6 所示为淘代销的男鞋产品。

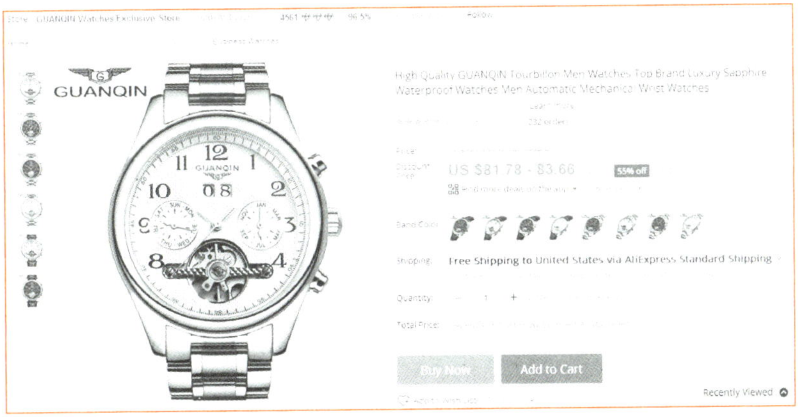

图 2-5 淘代销的手表产品

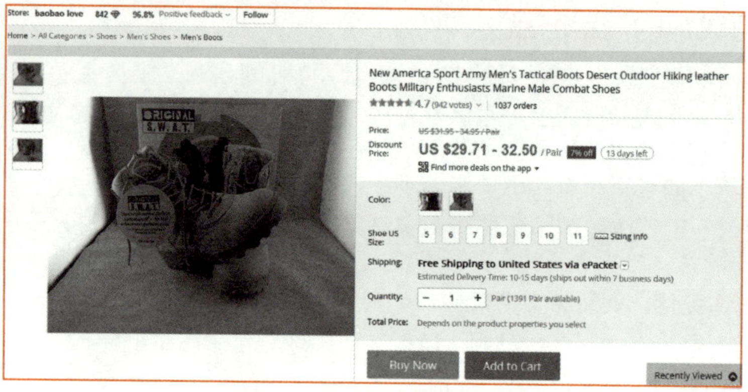

图 2-6 淘代销的男鞋产品

◆ **箱包：**箱包皮具 / 热销女包 / 男包。如图 2-7 所示为淘代销的女款钱包产品。

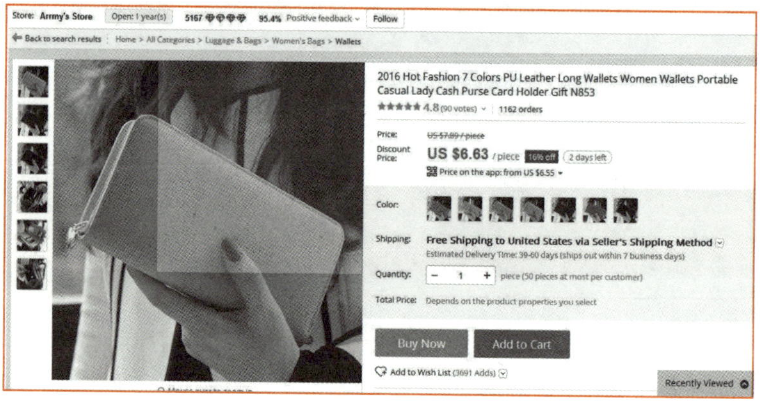

图 2-7 淘代销的女款钱包产品

◆ **美容健康：**彩妆 / 美妆工具、美容护肤 / 美体 / 精油、个人护理 / 保健 / 按摩器材。如图 2-8 所示为淘代销的指甲油产品。

图 2-8 淘代销的指甲油产品

◆ **数码产品**：计算机硬件 / 显示器 / 计算机周边、3C 数码配件、MP3/MP4/iPod/ 录音笔、数码相机 / 单反相机 / 摄像机、闪存卡 /U 盘 / 存储 / 移动硬盘。如图 2–9 所示为淘代销的数码产品。

图 2–9　淘代销的数码产品

不过在代销淘宝产品时，要注意以下两种类型的淘宝店铺，不可以代销：

◆ 个人代销自己在淘宝的店铺，淘宝店铺信用等级需大于等于两颗心（信用积分 11 ～ 40 分）；代销其他淘宝店铺，店铺信用等级需大于等于三颗心（信用积分 41 ～ 90 分）。

◆ 由于销售侵权禁售产品进入淘宝黑名单的淘宝网店铺。

2. 清楚淘代销风险

不直接掌握产品的货源，必然会有一些隐性的商业风险，正视并且重视这些风险，是使用好代销功能需要具备的基本素养，也是做好代销选品的先决条件。

◆ **知识产权风险**

阿里巴巴尊重和保护知识产权，你有责任确保你上传的产品没有侵犯任何第三方的合法权益。所有代销商品需要和普通商品一样，经过平台审核之后，才能发布上架。如果你发布的代销商品有知识产权风险，会受到平台相关网规的规范。因此，在挑选代销商品或者店铺时，避免涉及未授权品牌。

◆ **成交不卖风险**

成交不卖是指买家对订单付款后，卖家逾期未按订单发货或买家投诉卖家无正当理由付款未发货。若存在一定的“成交不卖”的订单，会受到相关网规的处罚，同时店铺的商品在搜索排序曝光上也会受到一定的影响。因此，在进行淘代销产品时，遇到未收到货或者无理由退款的特别多，或者发货速度一项动态评分特别低的淘宝店铺，在及时发货上的保证性比较差，甚至可能存在无货空挂的情况，建议慎重选择。

◆ **商品质量风险**

买家对商品质量不满意，可能会提起纠纷，要求退款、退货。若存在一定的卖家责任的纠纷，会受到相关网规的处罚，同时店铺的商品在搜索排序曝光上也会受到一定的影响，也可能会存在金钱上的损失。因此，在挑选代销商品或者店铺时，要关注店铺评价、动态评分、退款率等指标，包括具体评价内容，选择信誉口碑好的店铺或者商品。在交易过程中，一定要认真检查货物质量。

2.2.2 批发市场进货

批发市场产品多样、地域分布广泛，能够小额批发，非常适合以零售为主的小店。批发市场的商品价格一般比较便宜，这也是经营者选择最多的货源地。如图 2-10 所示为株洲中国城服装市场。

批发市场是最主要的进货渠道之一，和批发商建立起长久的供应关系，有助于速卖通店铺的稳定运转、批发市场进货主要有 3 大优点，下面将分别介绍。

- ◆ 进货时间、数量自由度很大。
- ◆ 品种繁多、数量充足，便于卖家挑选。
- ◆ 价格低，有利于薄利多销。

图 2-10　株洲中国城服装市场

2.2.3 厂家进货

一件商品从生产厂家到销售者的手中，要经过原料供应商、生产厂家、全国批发商、地方批发商、终端批发商、零售商、消费者 7 个环节。经过如此多的环节、多层次的流通组织和多次重复的运输过程，自然就会产生额外的附加费用。这些费用都会被分摊在每一件商品上，也使得一件出厂价格很低的商品，到消费者手中时，往往要花更多钱才能买到。

因此，如果可以直接从厂家进货，不仅可以节省成本，还有稳定的进货量，而且如果是长期合作的话，还可以争取到产品调换和退货还款。

2.2.4 B2B 电子商务批发网站

全国最大的批发市场主要集中在几个城市里，而且很多卖家没有条件千里迢迢地去这些城市的批发市场进行进货，即使去购买，加上差旅费，也会造成商品的成本变高。因此，速卖通卖家可以从阿里巴巴、生意宝等网络贸易批发的平台上进行进货，不仅方便快捷，而且还可以为很多小地方的卖家提供很大的选择空间。如图 2-11 所示为阿里巴巴批发网站。

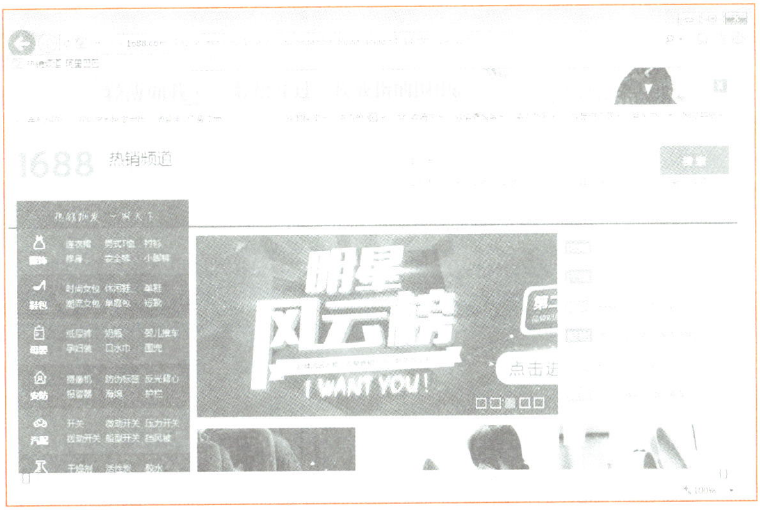

图 2-11　阿里巴巴批发网站

网络批发是近几年开始兴起的新事物，对于传统进货而言，具有以下 4 大优势：

- **成本优势：** 在网上批发可以节省来回批发市场的时间成本、交通成本、住宿费用和物流费用等。
- **时间优势：** 在网上批发产品时，可以对商品进行慢慢挑选，不受时间和进货压力的限制。
- **批发数量限制优势：** 在网上批发商品时，基本上都是 10 件起批，有的甚至是一件起批，这样在一定程度上增加了选择余地。
- **其他优势：** 网络上进货不但能减少库存压力，还具有批发价格透明，款式更新、更快等优点。

2.3 如何选择好的产品

在对速卖通店铺中的产品进行选择时，一定要考虑好产品的体积、物流、质地、价格、独特、时尚及款式等因素，这样才能选择好产品，并保证产品能够热卖。

2.3.1 根据体积物流选择

速卖通店铺中销售的商品是通过邮寄或者物流的方式发送到海外买家手中的。因此，卖家在选择销售的商品时，商品的体积是必须要考虑的。速卖通的物流大多数都以小包为主，而小包的重量是 2kg 以内，所以这就对选品有一定的要求，如果产品的体积太重，在速卖通平台上销售就有一定的瓶颈。

在根据体积物流选择产品时，有以下 3 种规格的重量选择方式：

- 50g 以下的产品（如饰品、小型艺术品等）。
- 150g ~ 2kg 的产品（如钱包、服装、皮带、3C 配件、鞋等）。
- 2kg 以下的产品（背包、靴子、拉杆箱、玩具、电器等）。

2.3.2 根据质地价格选择

在速卖通店铺中销售商品时，不仅要考虑商品的体积物流，质地和价格也是相当重要的。一个拥有好的质地和合理价格的商品，才能在众多店铺商品中脱颖而出，从而热卖。例如，在速卖通上购物，同样的一件衣服，其中一家卖 6 美元，而另一家卖 7 美元，顾客肯定会选择买那家 6 美元的。因此，在选货时，一定要选择利润率高的商品，以便把利润让给顾客，把商品的售价降下来。但是也会有这样的情况，同样价格的商品，材料质地不一样，一个材料质地好，一个材料质地差，毋庸置疑，顾客肯定会选择材料质地好的。因此，在对店铺中的产品进行选择时，可以首先将低利润的引流款，放在店铺中，来吸引客源，从而提高店铺的好评率和单品的排位；再主推适中利润的商品，将这类商品作为店铺利润来源的支付，以便更好地体验产品的价值；最后推出微量高品质、高利润的商品，让那些体验奢华的顾客也可以购买。一般情况下，买家在选择商品的质地时，可以在“产品的详细信息”页面中进行查看，如图 2-12 所示。

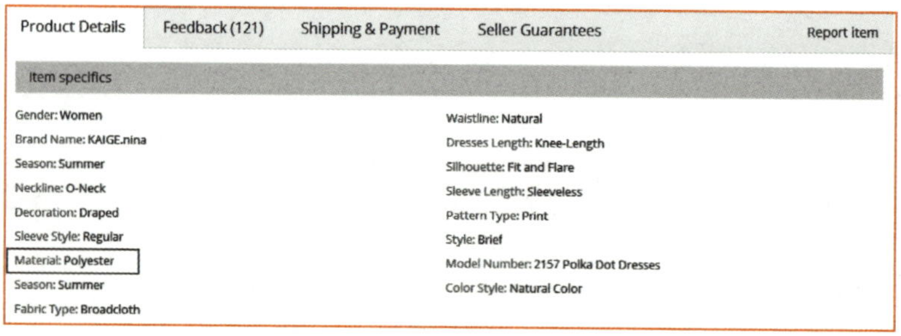

图 2-12 查看商品质地材料

2.3.3 根据独特与时尚性选择

在网上销量较好的商品，基本上都具有各自的独特性与时尚性。所谓独特性，就是商品本身独具特色，有特点，这样才能吸引买家的注意，如果商品太过普通或者大众化，或者现实中随处可见，那么其在网上销售的价值就很低了；而时尚性则是指商品是否跟得上时代主流，是否是当前人们追捧的热门类型。因为很多海外买家在购买商品时，也会对商品的时尚性非常关注，尤其是一些具备很强时尚性的商品。

因此，速卖通卖家在选择商品时，必须分析所选择的商品是否具备一定的独特性与时尚性，如果商品太过平庸，则应分析海外买家的需求，以确定该商品在网上是否有销路。

2.3.4 根据款式选择

在选择商品时，也可以根据商品的款式进行选择，如选择热销款、实用款或者新款等。一般来说，如果选择热销款的商品，则可以通过薄利多销的方式来营利；如果选择实用款的商品，则可以通过求取更高的利润空间来营利；而选择新款的商品，则可以通过蓝海奢华的方式来营利。如图 2-13 所示为速卖通网上销售比较好的裙子热销款样式。

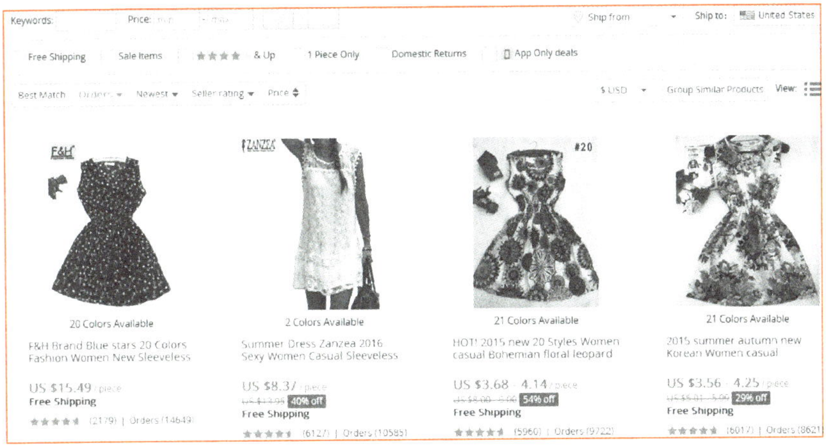

图 2-13　速卖通网上销售比较好的裙子热销款样式

2.4 速卖通店铺定位

根据对店铺客户的定位、产品的选择，得出可以用运营规模、产品来源、消费群来同时定位速卖通店铺的组成核心，以便清楚地了解速卖通店铺的具体定位。

2.4.1 个人零售店

作为速卖通的个人零售店来说，个人的消费是很重要的，该网店所面对的客户群体就是个人，所以在产品的选择上，也要以实用性强为依据。例如，开设女性服装零售网店，则可以将客户定位在 20 ~ 35 岁的女性学生及上班族白领上。

个人零售店的组成核心包含以下几个方面：

- **运营人数：**自己。
- **客户群体：**个人消费者。
- **产品定位：**低利润引流款、同适中利润主推款。
- **产品来源：**淘代销、批发市场、B2B 电子商务批发网站。
- **产品款式：**热销款、实用款。
- **物流：**小包。
- **操作模式：**兼职。

2.4.2 小型团队分销店

作为速卖通的小型团队分销店来说，个人消费和国外分销是很重要的，该网店所面对的客户群体就是个人消费者和国外的分销商，所以在产品的选择上，要以热销款和实用款为主。

小型团队分销店的组成核心包含以下几个方面：

- **运营人数：**3 ~ 5 人。
- **客户群体：**个人消费者、国外分销。
- **产品定位：**低利润引流款、同适中利润主推款、品牌化。
- **产品来源：**淘代销、批发市场、B2B 电子商务批发网站、工厂制定。
- **产品款式：**热销款、实用款。
- **物流：**小包、商业快递。
- **服务：**专业、及时。
- **操作模式：**全职。

2.4.3 公司生产批发店

作为速卖通的生产批发店来说，该网店所面对的大客户群体就是国外分销商、批发商和 OEM 者，该网店的产品一般都是自主研发、自主加工生产的，具有独特、唯一的特点。

公司生产批发店的组成核心包含以下几个方面：

- **运营人数：**5 ~ 20 人。
- **客户群体：**个人消费者、国外分销、批发商、OEM。
- **产品定位：**低利润引流款、适中利润主推款、高端海蓝产品、品牌化。
- **产品来源：**自我研发，加工生产。
- **产品款式：**热销款、实用款、高品质、独特、唯一。
- **物流：**小包、商业快递、专线。
- **服务：**专业、统一、及时。
- **操作模式：**团队协作。

2.5 »» 速卖通店铺入驻前准备

在完成速卖通店铺开店前产品、客户、店铺等方面的定位后，就需要对入驻速卖通做准备，如在入驻速卖通店铺前清楚速卖通平台入驻要求、速卖通平台的年费收取与退费等。下面将对这些入驻前的准备分别进行介绍。

2.5.1 清楚速卖通平台入驻要求

2016 年，速卖通平台重新定位了平台使命，将“货通天下”升级为“好货通，天下乐”，让买家在速卖通上有好的购物体验；同时速卖通希望成为广大卖家品牌出海的首选平台，让更多中国优质的好货品真正地货通天下，并实现品牌国际化。

而为了帮助速卖通平台卖家在全球市场完成转型升级，平台对入驻提出了更高要求。

- ◆ 从 2016 年 4 月 1 日开始，新卖家（除假发外）在入驻时需要有企业身份，不再允许个人（包括个体工商户）卖家入驻。同时，类目准入也需要企业身份的账号才能申请。
- ◆ 截至 2016 年 8 月 15 日，若之前以个人身份认证的卖家无法完成升级企业身份认证，卖家的在线商品将被下架并退还未提供服务期间的年费，同时，将不再拥有类目的经营权限。
- ◆ 从 2016 年 4 月份开始，速卖通会分行业逐步对卖家售卖的商品有品牌资质要求，届时请卖家关注平台公告。

针对 4 月 1 日之前和 4 月 1 日之后的规则变化点，卖家可通过以下表格查看，如表 2-1 所示。

表 2-1 速卖通平台规则变化的前后对比

入驻及考核流程		2016 年 4 月 1 日前规则	2016 年 4 月 1 日后规则	2016 年 8 月 15 日
入驻资质	缴纳类目技术服务年费	√	√	8 月 15 日平台将对全平台卖家的企业认证资质进行审核，若未完成企业认证，卖家的在线商品将被下架并退还未提供服务期间的年费。同时，将不再拥有类目的经营权限
	企业认证资质	×	√	
	品牌资质	届时请卖家关注平台公告		
店铺考核及年费退还	类目考核准出	退还还未提供服务期间的年费	不变	
	主动申请退出		不变	
	账号因违规违约被关闭	不退还年费	不变	
年费年底激励返还		根据 GMV 达标情况（0%、50% 或 100% 返还）		

2.5.2 速卖通年费的收取与退费

2015 年 12 月 7 日，阿里巴巴集团旗下跨境出口电商平台“速卖通”对外宣布，全平台入驻新规正式发布，整体提升商家入驻门槛，全面从跨境 C2C 转型为跨境 B2C。该新规则最大的变化是推出了年费制度与年费返还机制。一方面，平台按照经营大类设置不同的年费，提高了准入门槛；另一方面，商家的销售额若能达到考核指标，则可以享受“年费返还”等激励措施。

1. 速卖通年费收取

速卖通平台各行业划分为八大经营范围，每个经营范围分设不同的经营大类，每个速卖通账号只准选取一个经营范围，并可在该经营范围下跨大类经营。每个平台经营类目的年费是不一样的，对应每个经营大类，商家分别缴纳 3 000 元～ 50 000 元不等的技术服务年费。如图 2-14 所示为速卖通平台中相应类目的年费收取标准。

单店经营范围	18个经营大类	类目	类目范围		技术服务费年费（元）	返50%年费对应年销售额（美金）	返100%年费对应年销售额（美金）
A	服装配饰&珠宝饰品	Apparel & Accessories Jewelry			10000	30000	60000
	手表	Watch			10000	30000	60000
	鞋包	Luggage & Bags Shoes			5000	24000	48000
	美容健康	Beauty & Health	其他（删除特殊类目）	其他	5000	24000	48000
			Sex Products（特殊类目）	情趣	10000	30000	60000
	假发及周边配件	Hair & Accessories	其他（删除特殊类目）	其他	5000	18000	36000
			Centified Human Hair（特殊类目）	真人发	50000	60000	120000
	孕婴童	Mother & Kids			3000	12000	24000
	玩具	Toys & Hobbies			5000	12000	24000
B	婚纱	Weddings & Events			10000	30000	60000
C	汽摩配	Automobiles & Motorcycles			5000	36000	72000
D	电脑&办公	Computer & Office	其他（删除特殊类目）	其他	5000	18000	36000
			laptop（特殊类目）	电脑	20000	18000	36000
			Tablets（特殊类目）	平板	20000	60000	120000
			Memory Card（特殊类目）	存储卡	10000	18000	36000
			External Hard Drives（特殊类目）	外置机械移动硬盘	5000	18000	36000
			USB Flash Drives（特殊类目）	U盘	10000	18000	36000
	消费电子	Consumer Electronics	其他（删除特殊类目）	其他	5000	18000	36000
			Electronic Cigarettes（特殊类目）	电子烟	30000	60000	120000
			Sports & Action Video Cameras（特殊类目）	运动相机	10000	12000	24000
	手机&通讯	Phones & Telecommunications	其他（删除特殊类目）	其他	5000	18000	36000
			Mobile Phones（特殊类目）	手机整机	30000	45000	90000
			Mobile Phones Accessories&Parts（特殊类目）	手机配件	5000	18000	36000
	安防	Security & Protection			5000	18000	36000
E	运动&休闲	Sports & Entertainment	其他（删除特殊类目）	其他	5000	18000	36000
			Sneakers（特殊类目）	运动鞋	10000	24000	48000
			Cycling（特殊类目）	骑行	10000	24000	48000
			self balance scooter（特殊类目）	平衡车	10000	18000	36000
		Furniture Home & Garden Food Hardware Tools Construction & Real Estate	其他（删除特殊类目）	其他	5000	30000	60000

图 2-14　速卖通年费收取标准

2. 速卖通年费退费

随着速卖通平台的转型，使得有些卖家因局限于当前经营的规模和实力，暂时无法完成本次升级企业身份认证转型，针对以上情况，速卖通卖家可以退出速卖通平台，并退还年费。速卖通年费的退还有以下要求：

- ◆ 如卖家实际经营未满一年的，且不存在任何违约及违规情况被关闭账号的，速卖通将根据实际入驻的期间（按自然月计算），重新计算应缴年费，并退还未提供服务期间的年费。比如，"计算机 & 办公"经营大类入驻年费为人民币 5 000 元，该经营大类下辖"laptop"特殊类目，年费为人民币 20 000 元。若卖家在 2015 年 1 月申请加入"计算机 & 办公"的"其他"类目及"laptop"经营，在 7 月时申请退出"laptop"，11 月申请退出"计算机 & 办公"，那么年费的结算时间是 11 月（只有整个经营大类全退出后，才结算），则卖家可退还年费为：20000−(5000/12*11+20000/12*7) = 3750，费用在申请退出之日的 30 天内退还至店铺国际支付宝实时绑定的人民币提现账号。
- ◆ 如果卖家因严重违反平台协议规则（如售假、炒信誉、炒销量或严重扰乱平台秩序等任何行为），被关闭账号，所缴年费全额不予退还。
- ◆ 获准入驻某经营大类的卖家，若在该经营大类下发布非该经营大类所属商品，规避速卖通类目准入政策的，或卖家通过作弊手段进行年销售额作假等，速卖通将依据严重扰乱平台秩序等规则执行账号处罚，卖家在该经营大类下所缴年费全额不予退还。
- ◆ 如有可退还年费，年费将退还至速卖通店铺国际支付宝实时绑定的人民币提现账号。

速卖通年费在退还时除了直接退费外，还有年费激励政策。例如有经营到年底的卖家，则速卖通根据卖家的年销售额及持续经营期间，或将返还部分或全部年费。年费返还以每一年为考核周期，根据各经营大类年销售额（排除特殊类目年销售额）指标，特殊类目参照该类目下年销售额指标进行考核，每年年底对年费返还进行结算。返还的比例为 50% 和 100% 两档。

- ◆ 经营大类（排除特殊类目）和特殊类目独立计算年销售额，分别结算年费返还，采取就高返还原则，以单项最高金额返还。比如："计算机 & 办公"经营大类的销售额考核标准为 36 000 美元 / 年，该经营大类下辖"tablets"特殊类目的销售额考核标准为 120 000 美元 / 年。卖家在"tablets"年销售额为 70 000 美元（达到 50% 年费返还标准，可返还年费人民币 10 000 元），在"计算机 & 办公"经营大类（不包括"tablets"特殊类目）的年销售额为 40 000 美元（达到 100% 年费返还标准，可返还年费人民币 5 000 元），则该卖家可享受的实际可返还年费为人民币 10 000 元（取就高原则）。
- ◆ 如卖家因违反协议或规则被清退出某类目，卖家在该类目经营产生的销售额将不计入年费返还的销售额。

- 如果卖家若因违规违约（如售假、炒信誉、炒销量或严重扰乱平台秩序等行为）被关闭账号，则无法享受年费激励政策，所缴年费全额不予退还。
- 如果卖家因“服务指标”考核不达标，最终被清退经营大类，则无法享受年费激励政策。
- 卖家只有经营到当年度年底方才有资格享受年费激励政策，如果卖家因违约违规被速卖通清退，或选择中途退出，均无法享受年费激励政策。
- 如果有返还年费，年费将返还至店铺国际支付宝实时绑定的人民币提现账号。

2.6 开通速卖通店铺

在开通速卖通店铺之前，首先需要对速卖通店铺的账号注册、实名认证、开店考试以及开通店铺等技巧有很深的了解。

2.6.1 注册账号

在开通速卖通店铺之前，首先需要掌握注册速卖通账号的操作方法。在注册账号时，一定要设置好账号密码，以防被盗。

01 启动 IE 浏览器，进入“全球速卖通”网站，单击“我要开店”按钮，如图 2–15 所示。

02 进入“设置用户名”页面，输入电子邮箱，并将“验证”滑块拖至最右侧，如图 2–16 所示。

03 单击“下一步”按钮，即可发送验证邮件，单击“请查收邮件”按钮，如图 2–17 所示。

04 打开“登录 QQ 邮箱”页面，输入 QQ 邮箱的账号和密码，单击“登录”按钮，如图 2–18 所示。

图 2–15 单击“我要开店”按钮

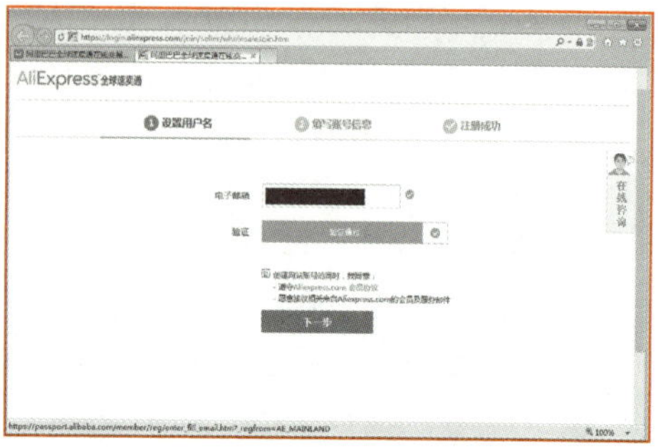

图 2–16 “设置用户名”页面

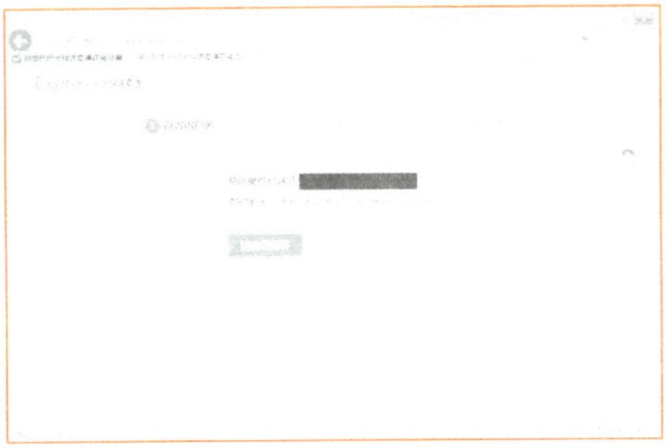

图 2-17　单击“请查收邮件”按钮

图 2-18　输入账号和密码

05　进入邮箱页面，在左侧列表中，选择“收件箱”选项，如图 2-19 所示。

06　进入“收件箱”页面，选择需要打开的邮件，如图 2-20 所示。

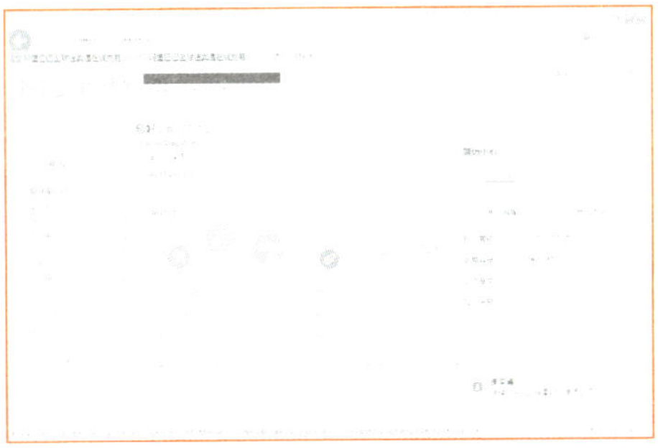

图 2-19　邮箱页面

图 2-20　“收件箱”页面

07　进入邮件页面，单击“完成注册”按钮，如图 2-21 所示。

08　进入“填写账号信息”页面，依次输入相应的内容，如图 2-22 所示。

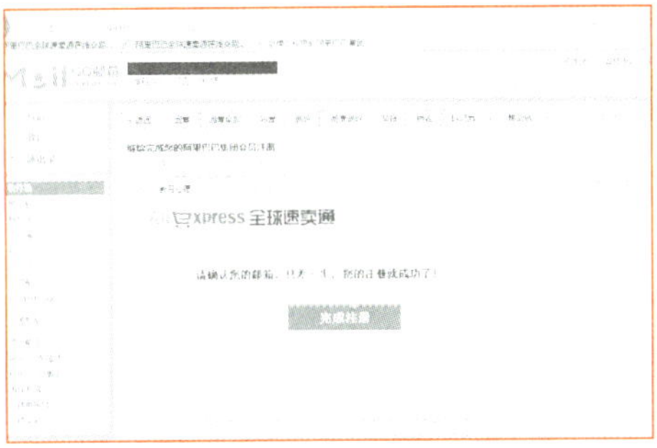

图 2-21　邮件页面

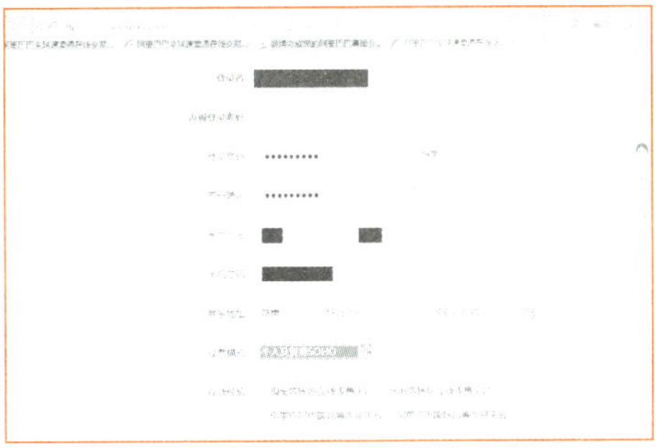

图 2-22　“填写账号信息”页面

09　在页面的下方，单击“确认”按钮，如图 2-23 所示。

10　打开“验证手机”对话框，在“验证码”文本框中输入手机上收到的验证码，如图 2-24 所示。

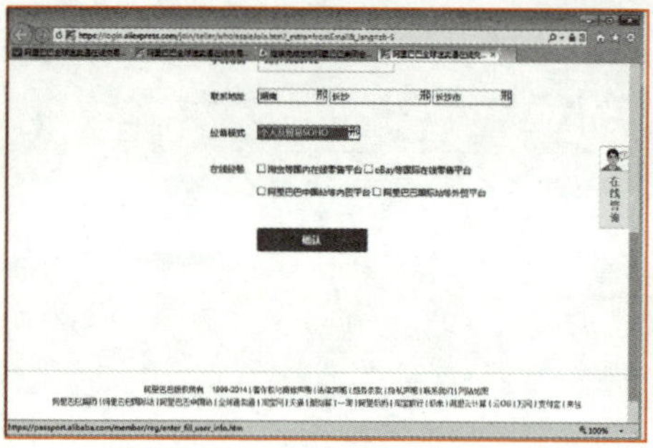

图 2-23　单击“确认”按钮

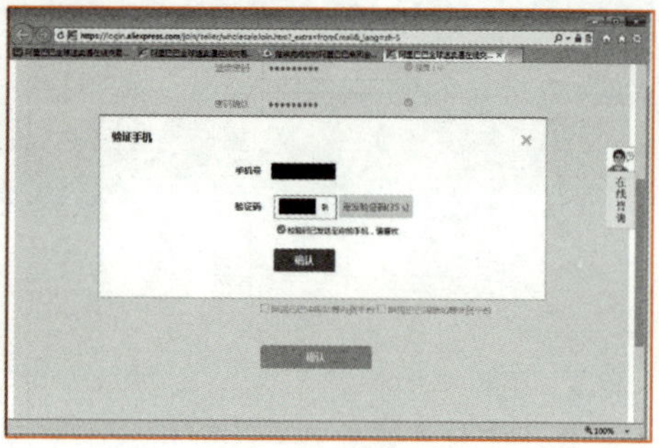

图 2-24　输入验证码

11 单击“确认”按钮，进入相应的网页页面，提示“注册成功”信息，完成账号的注册操作，如图 2-25 所示。

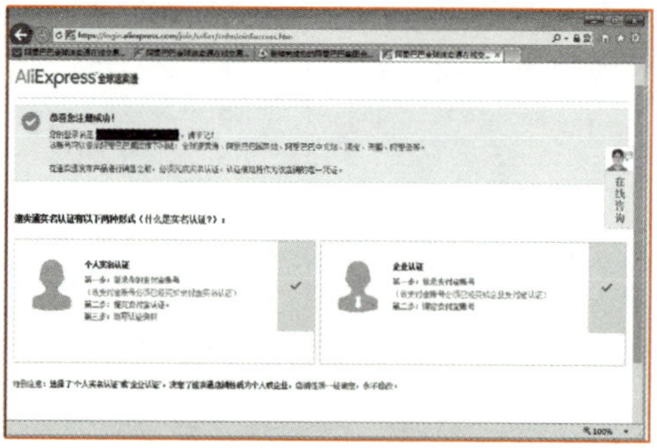

图 2-25　完成账号注册

2.6.2 实名认证

在速卖通店铺中发布产品前，还要先对速卖通账号进行实名认证。实名认证分为“个人实名认证”和“企业实名认证”两种，一般情况下，是进行个人实名认证。

01 在速卖通注册成功页面中，单击“个人实名认证”按钮，如图 2-26 所示。

02 打开“全球速卖通”页面，并在“登录名”和“登录密码”文本框中依次输入账号和密码，如图 2-27 所示。

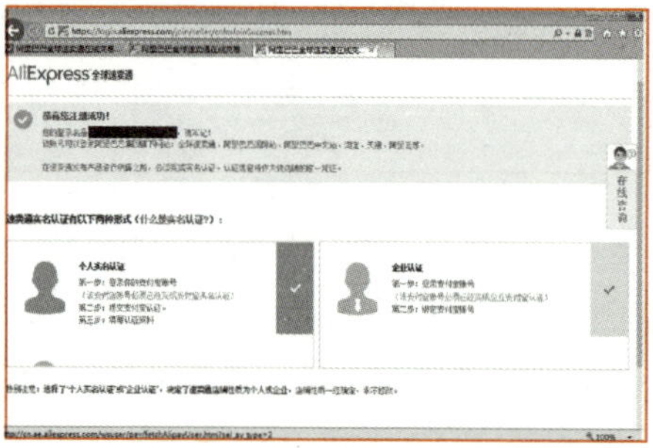

图 2-26　单击“个人实名认证”按钮

图 2-27　输入账号和密码

03 单击“登录”按钮，稍后将打开“登录－支付宝”页面，在“登录支付宝”对话框中，单击“账户激活”超链接，如图 2-28 所示。

04 打开“注册－支付宝”页面，依次在“手机号”和“短信验证码”文本框中输入相应的文本内容，如图 2-29 所示。

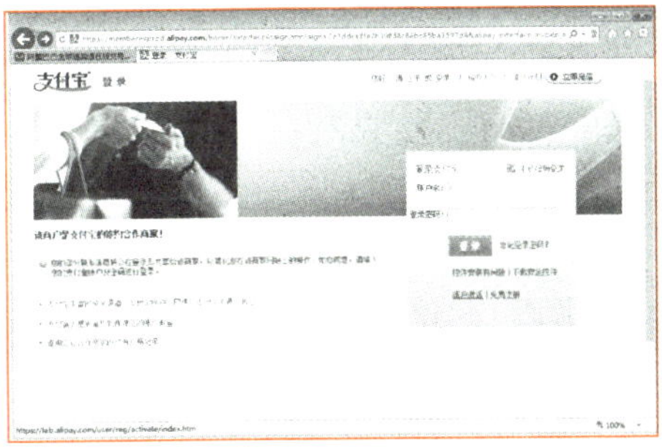

图 2-28 单击“账户激活”链接

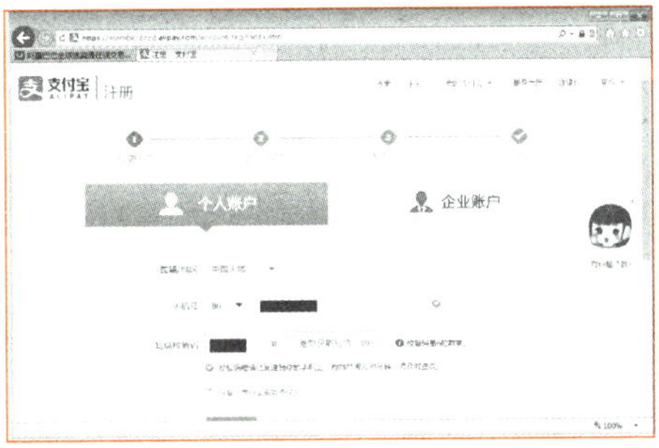

图 2-29 输入内容

05 单击“下一步”按钮，进入“设置身份信息”页面，依次输入登录密码、支付宝密码和身份信息，如图 2-30 所示。

06 在页面的底部，单击“确定”按钮，如图 2-31 所示。

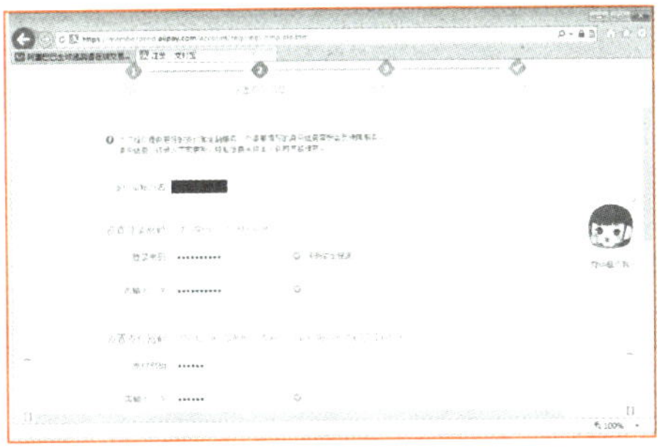

图 2-30 “设置身份信息”页面

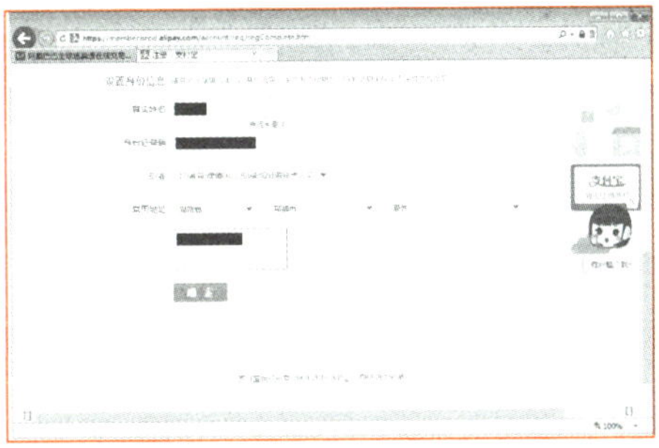

图 2-31 单击“确定”按钮

07 进入“设置支付方式”页面，单击“先跳过，注册成功”超链接，如图 2-32 所示。

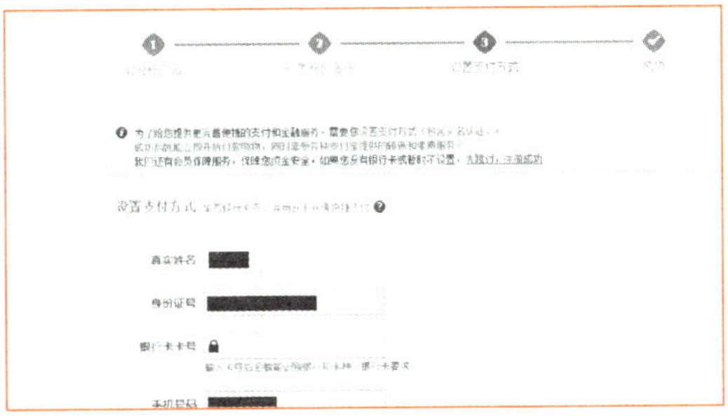

图 2-32 “设置支付方式”页面

08 进入“注册成功”页面，单击“进入我的支付宝”按钮，如图 2-33 所示。

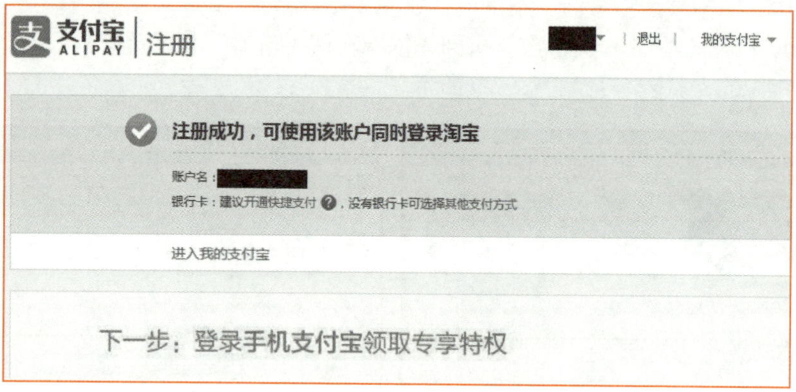

图 2-33 “注册成功”页面

09 进入“我的支付宝”页面，在页面的左上方，单击“未认证”超链接，如图 2-34 所示。

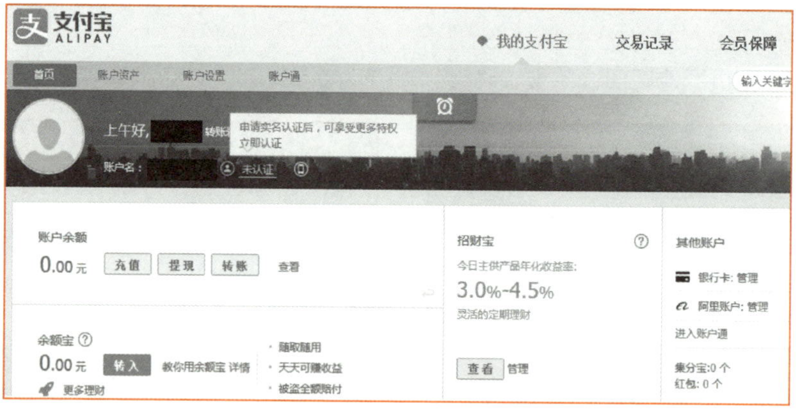

图 2-34 单击“未认证”超链接

10 打开“实名认证”页面，单击“立即验证”按钮，如图 2-35 所示。

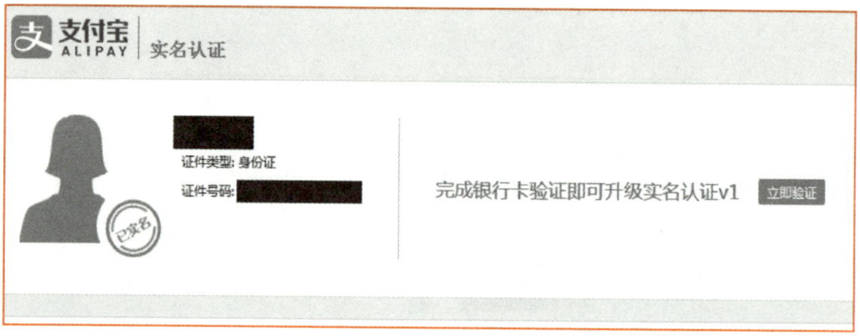

图 2-35 “实名认证”页面

11 进入“银行卡验证”页面，在“银行卡卡号”和“手机号码”文本框中输入内容，如图 2-36 所示，单击“下一步”按钮，即可完成支付宝的认证操作。

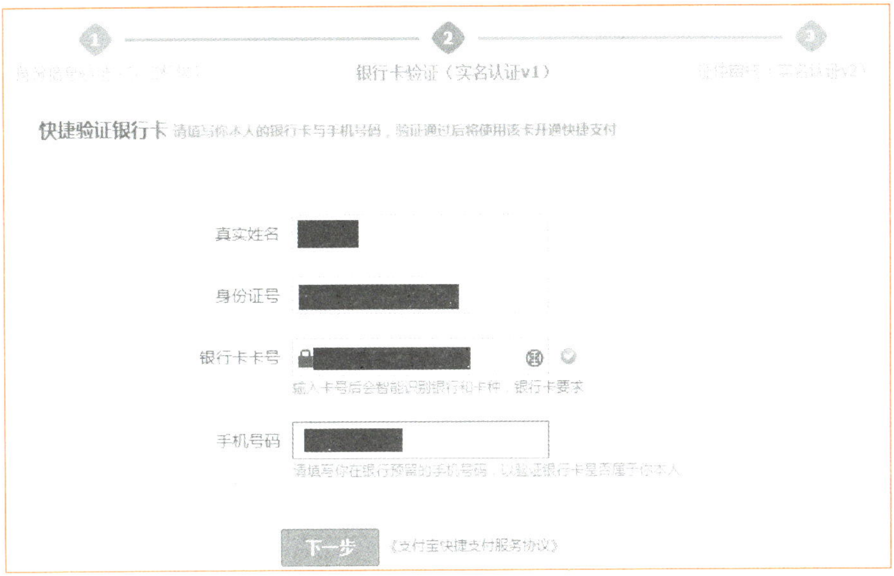

图 2-36 “银行卡验证”页面

12 进入“登录 - 支付宝”页面，在“用户名”和“登录密码”文本框中输入账号和密码，如图 2-37 所示。

13 进入“支付宝快捷登录”页面，单击“授权”按钮，如图 2-38 所示。

14 进入“认证”页面，并显示“身份实名认证成功”信息，如图 2-39 所示，根据页面中的提示，在手机上安装“速卖通”的 APP 客户端，再提交本人身份证资料进行认证即可。

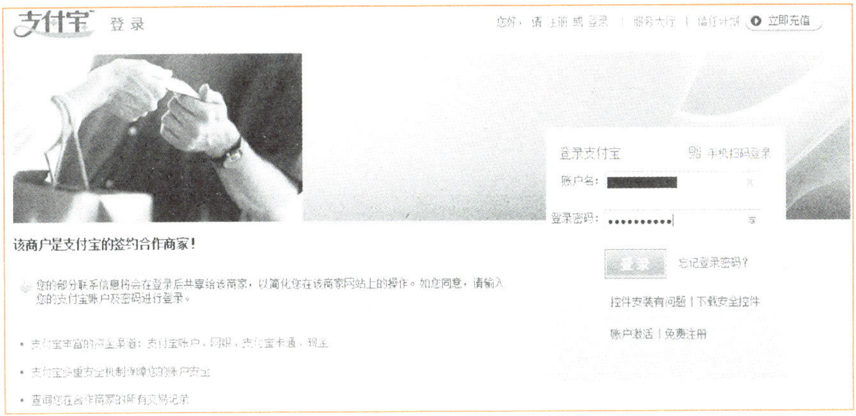

图 2-37 “登录 - 支付宝”页面

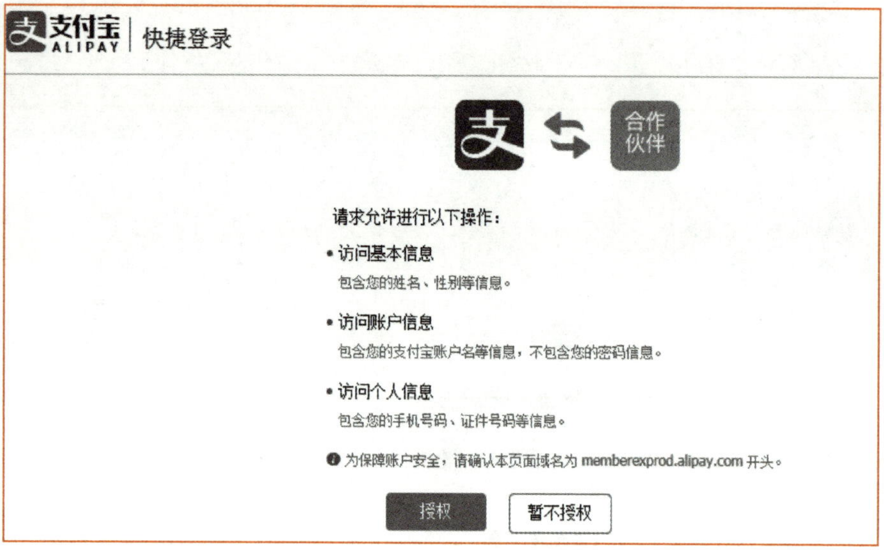

图 2-38　单击“授权”按钮

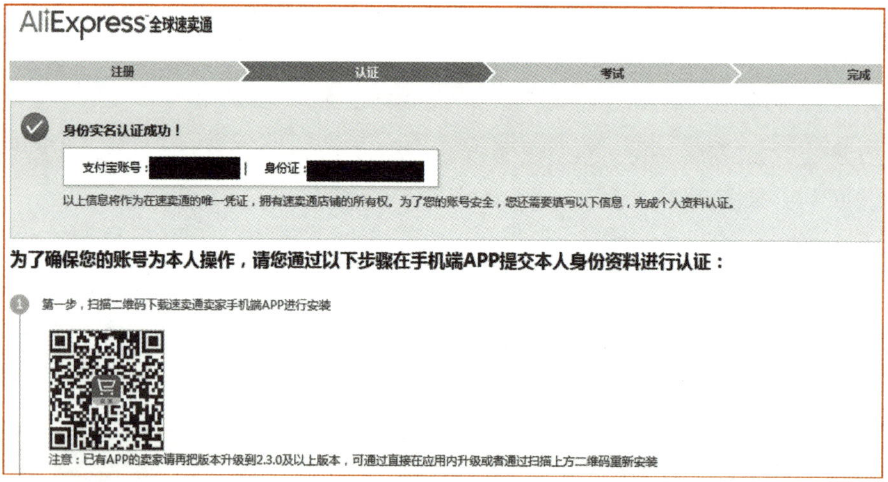

图 2-39　实名认证成功

2.6.3　开店考试

速卖通为了让新卖家尽快了解和熟悉相关规则，在完成实名认证后，会有一个开店考试。下面将为读者详解开店考试的详细步骤。

01　在实名认证完成后，将进入“考试”页面，单击“马上去考试”按钮，如图 2-40 所示。

02　进入考试页面，并开始进行答题，勾选正确答案前的复选框即可，如图 2-41 所示。

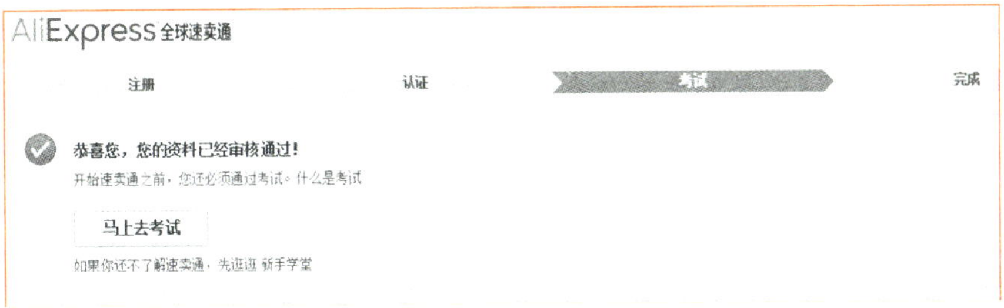

图 2-40 “考试”页面

图 2-41 开始答题

03 考试完成后，单击“提交考卷”按钮，如图 2-42 所示。

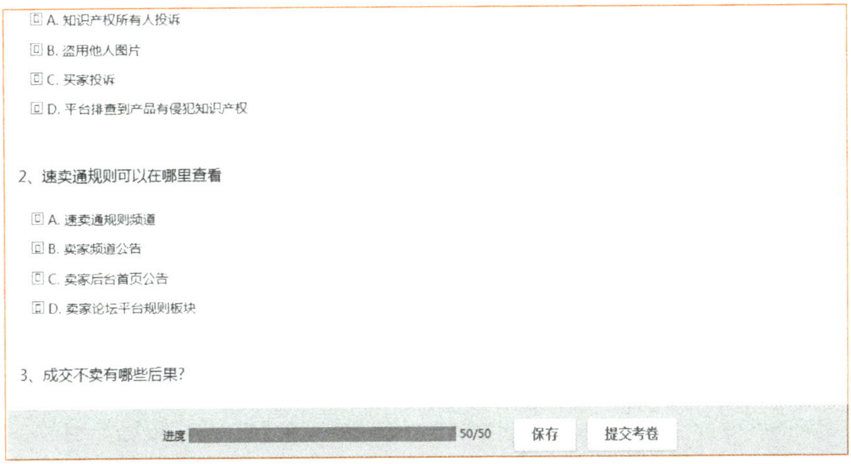

图 2-42 单击“提交考卷”按钮

04 即可进入考试完成页面，并显示“恭喜你已经通过本次考试”信息，并单击“进入我的速卖通”按钮，如图 2-43 所示。

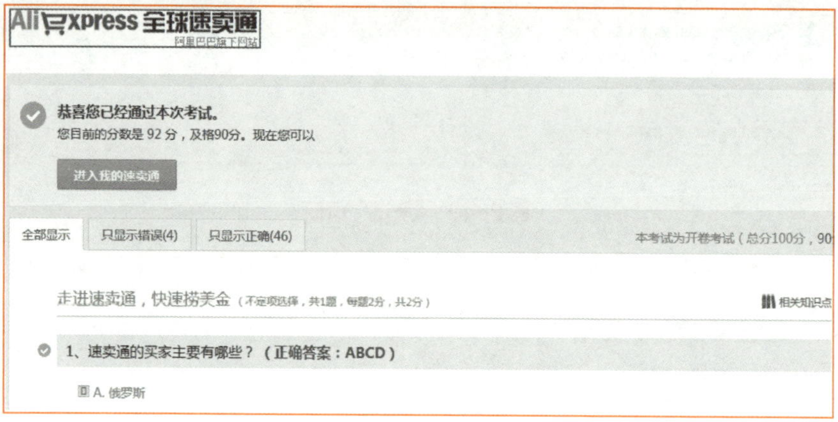

图 2-43　单击“进入我的速卖通”按钮

05 进入“完成”页面，完成速卖通的注册、认证和考试，单击“前往我的速卖通”按钮，如图 2-44 所示。

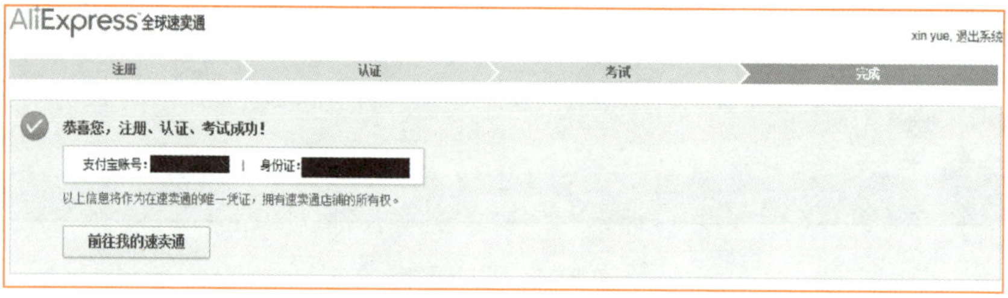

图 2-44　单击“前往我的速卖通”按钮

06 即可进入“我的速卖通”页面，显示速卖通的相关信息，如图 2-45 所示。

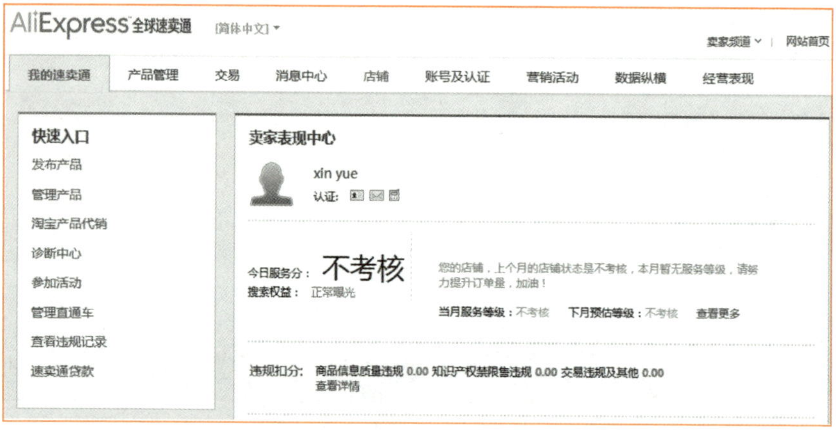

图 2-45　“我的速卖通”页面

2.7 》》速卖通工具的下载与安装

在速卖通店铺开张后，马上就要用到国际版旺旺聊天软件。本节将详细介绍这款速卖通工具软件下载与安装的方法。

2.7.1 下载卖家聊天软件

国际版旺旺是一款即时通信软件，速卖通卖家和海外买家之间可以通过该软件来交流。

01 启动IE浏览器，进入“2345网址导航”页面，在“百度”文本框中输入“国际版旺旺”，单击“搜索一下”按钮，如图2-46所示。

02 打开“百度搜索”页面，显示搜索结果，单击相应的网页超链接，如图2-47所示。

图2-46 单击“搜索一下”按钮

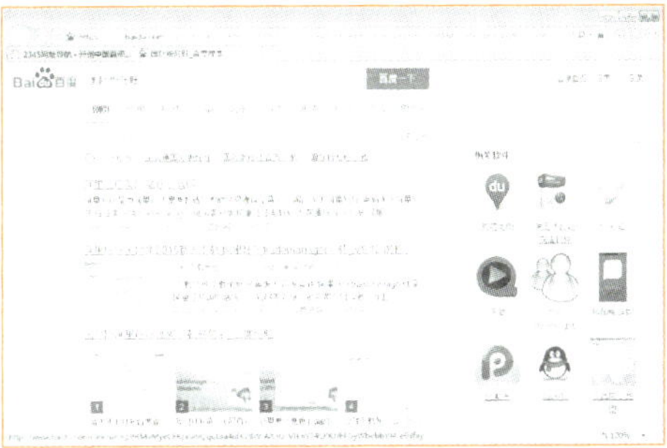

图2-47 “百度搜索”页面

03 打开相应的网页页面，在“下载地址”选项卡中，单击“湖北电信下载”超链接，如图2-48所示。

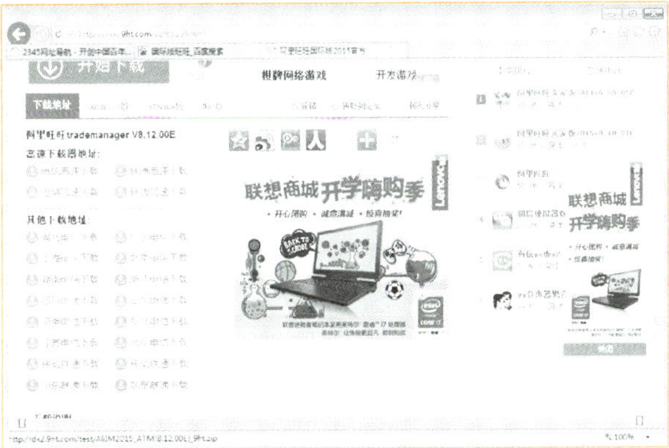

图2-48 单击“湖北电信下载”超链接

04 打开一个提示对话框，单击“保存”下三角按钮，展开下拉列表框，选择“另存为”选项，如图 2-49 所示。

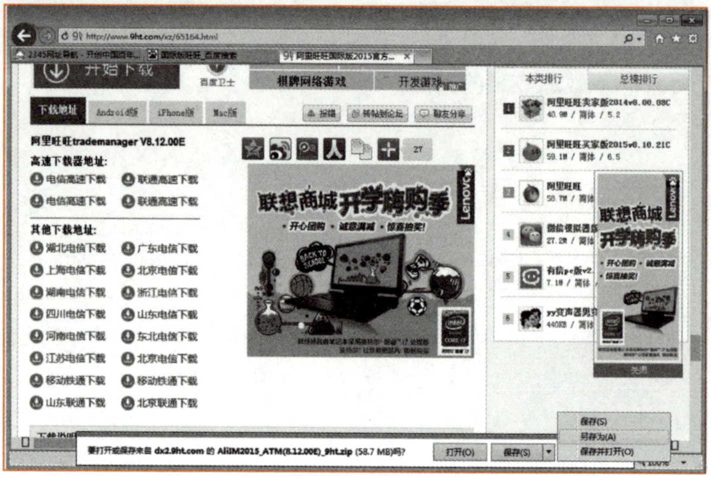

图 2-49　单击“另存为”命令

05 打开“另存为”对话框，选择保存下载文件的文件夹，单击“保存”按钮，如图 2-50 所示。

06 即可开始下载软件程序，并在打开的文件夹中，查看到下载后的文件，如图 2-51 所示。

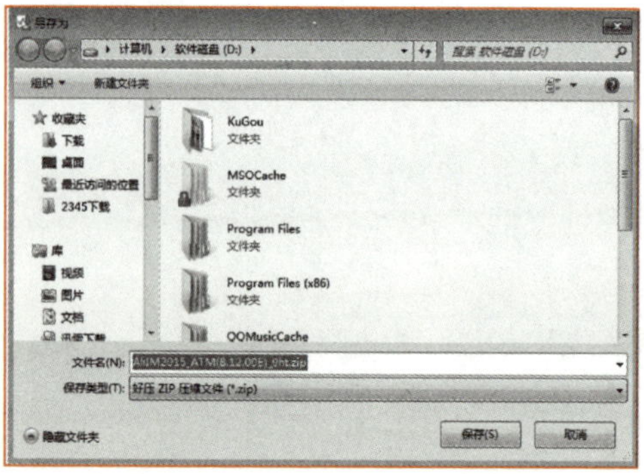

图 2-50　单击“免费下载”按钮

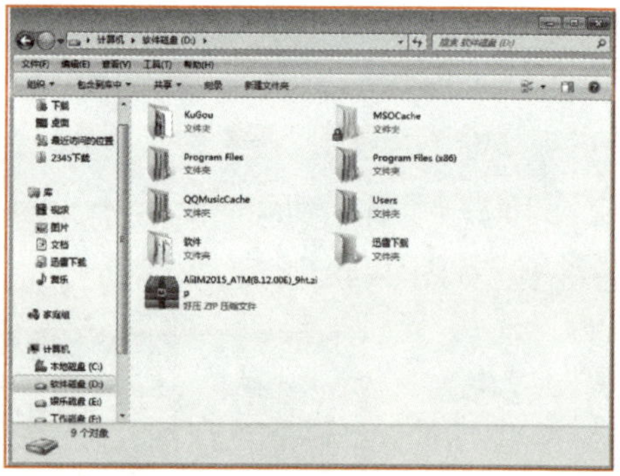

图 2-51　显示下载进度

2.7.2 安装卖家聊天软件

在完成聊天软件的下载操作后，接下来将需要进行软件的安装。

01 双击安装程序的压缩包，打开文件压缩窗口，选择扩展名为 .exe 的程序，如图 2-52 所示。

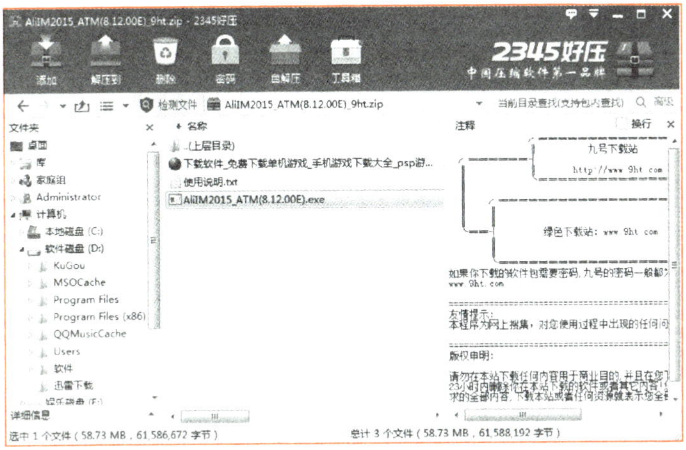

图 2-52 选择安装程序

02 此时即可运行程序，并打开“安装语言”对话框，选择“简体中文”选项，单击 OK 按钮，如图 2-53 所示。

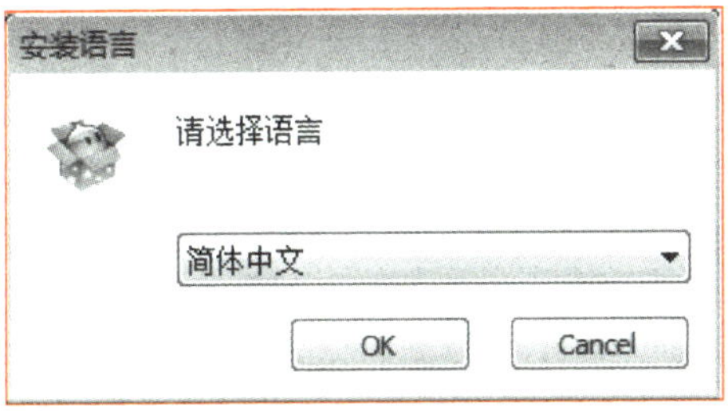

图 2-53 “安装语言”对话框

03 打开“TradeManager 2015 安装”对话框，并进入“欢迎使用 TradeManager 2015”页面，单击“下一步”按钮，如图 2-54 所示。

04 进入“许可协议”界面，单击“我接受”按钮，如图 2-55 所示。

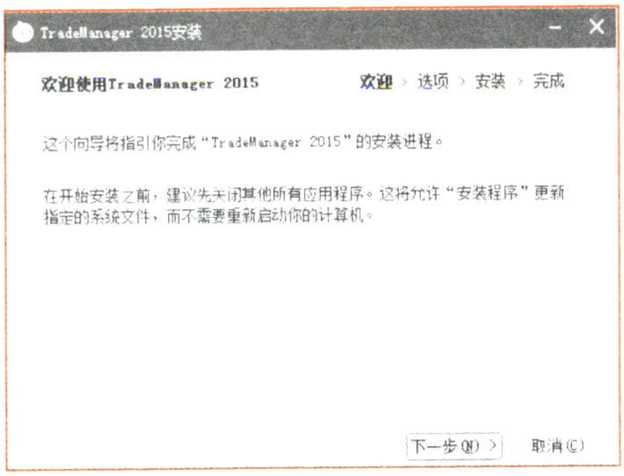

图 2-54 单击“下一步”按钮

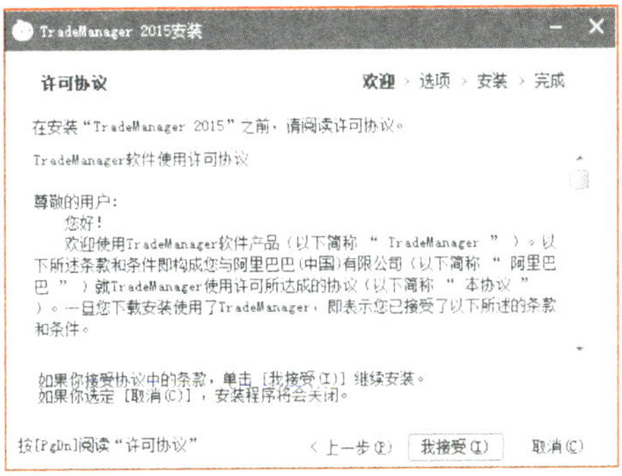

图 2-55 单击“我接受”按钮

05 进入“设置快捷方式”界面，取消选中“将浏览器首页设置为阿里巴巴（国际站）”复选框，单击“下一步”按钮，如图 2-56 所示。

06 进入“选择安装位置”界面，修改目标文件夹，单击“安装”按钮，如图 2-57 所示。

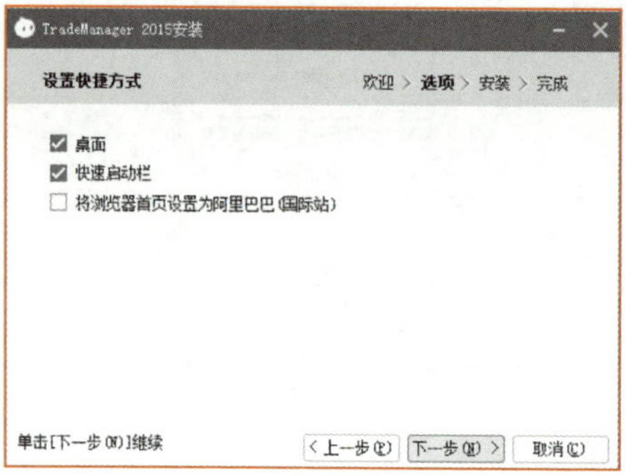

图 2-56　单击“下一步”按钮

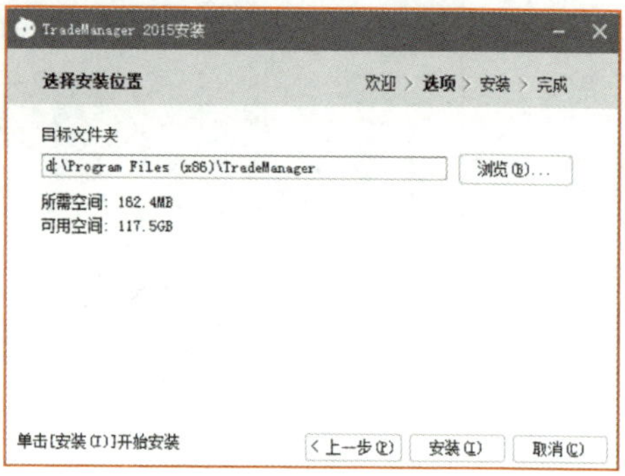

图 2-57　单击“安装”按钮

07 即可进入正在安装界面，开始安装软件程序，并显示安装进度，如图 2-58 所示。

08 安装完成后，进入“安装完成”界面，提示软件程序已安装完成，单击“完成”按钮即可，如图 2-59 所示。

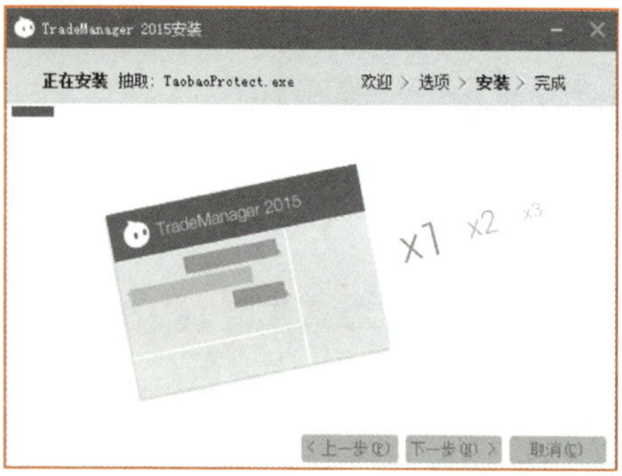

图 2-58　显示安装进度

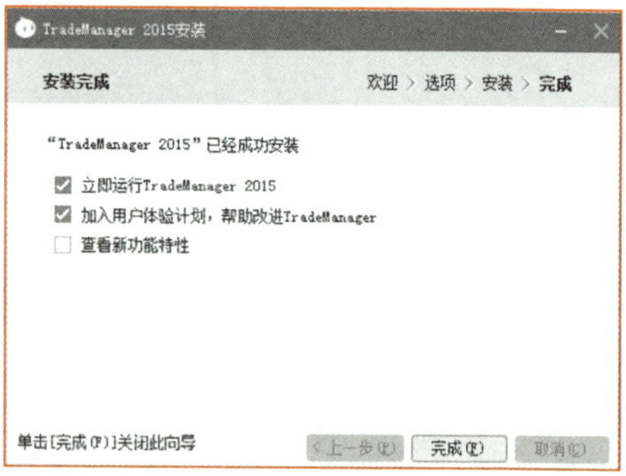

图 2-59　单击“完成”按钮

第3章

速卖通产品发布与开店

速卖通店铺开通后，接下来的工作就是发布自己的产品到速卖通店铺中进行销售。在产品发布的过程中，需要先准备商品的实物图片与资料，然后逐步发布产品。因此，本章将详细讲解速卖通产品的发布与开店的相关实用技巧，帮助用户快速将店铺装修好并开店营业。

3.1 产品图片的拍摄与修饰

在速卖通店铺中展示出售的商品时，最直观、最具有视觉效果的无疑是商品的展示图片。因此，将一件普通的商品图片，搭配上鲜明的色彩和充足的光线，就会使这件商品变得更加具有吸引力，也更加能够勾起人们的购买欲望。

3.1.1 拍摄与上传图片

很多新手店主在拍摄产品照片时，由于拍摄的方法不当，使拍摄出的图片效果不尽如人意。其实，各种产品的拍摄都是有规律可循的，掌握这些规律就能拍摄出好看又有说服力的图片。在完成图片的拍摄后，可将图片上传到计算机中。

1. 图片拍摄技巧

在拍摄网店中的产品图片时，一般比较常见的包含服装类图片、生活类图片、数码类图片、首饰类图片及美妆类图片 5 大类，下面分别对这几类图片的拍摄技巧进行详解。

◆ 服装类图片拍摄：在拍摄服装类图片时，一般采取真人试穿和将服饰水平摆放或挂好后拍摄两种方式。在拍摄真人试穿的服装图片时，最好是在户外拍摄，因为户外的光照效果较好，拍摄出来的衣服色彩还原度高，图片的真实感强，如图 3-1 所示。若在室内拍摄服装类的图片，则最好以纯色为背景进行拍摄，这样拍摄出来的效果会较好，如图 3-2 所示。

图 3-1　服装户外拍摄效果

图 3-2　服装室内拍摄效果

如果仅仅只拍摄服装，则可以在选择浅色的背景后，再根据服装的特性进行摆放，要尽量让其显得修身，突出立体感。同时可以在被拍摄的服装旁边，摆放一些装饰物件，这样可以起到点缀的作用。而且，为了全面、真实地展现实物效果，通常需要从各个角度进行拍摄。服饰的种类不同，所需拍摄的角度也不同。例如，外套类的服饰需要拍摄正面、背面、内里，细节图则为衣领、袖口、衣兜、拉链扣子及材质等，如图 3-3 所示为对外套类服饰拍摄的正面和衣兜细节图。

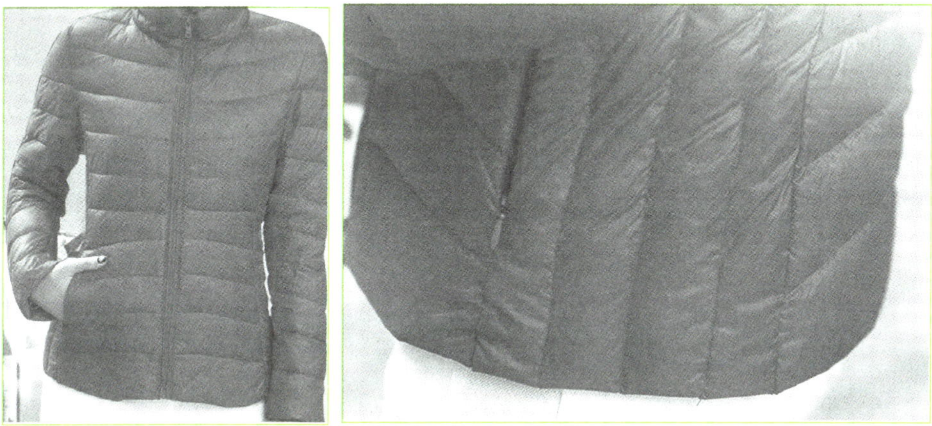

图 3-3　外套类服饰的正面和衣兜细节图

毛衣类的服饰需要拍摄正面和背面，细节图则为衣领、袖口、工艺与材质等；衬衫类服饰需要拍摄正面和背面，细节图则为衣领、袖口和衣兜；裤子类服饰需要拍摄正面和背面，细节图为拉链和裤兜；鞋子类则需要拍摄正面、侧面、底部，细节图则为材质特写、特色设计等，如图 3-4 所示为对鞋类拍摄的侧面和细节图。

图 3-4　鞋类的侧面和细节图

◆ **生活类图片拍摄：**生活类的产品范围比较广，材质和体积也各不相同。因此，在拍摄这类图片时，需要根据产品的特性来进行不同的拍摄。例如，体积大的产品需要较大的拍摄空间，材质较亮的不宜采用闪光灯等。如图 3-5 所示为拍摄的酒杯和毛巾效果。

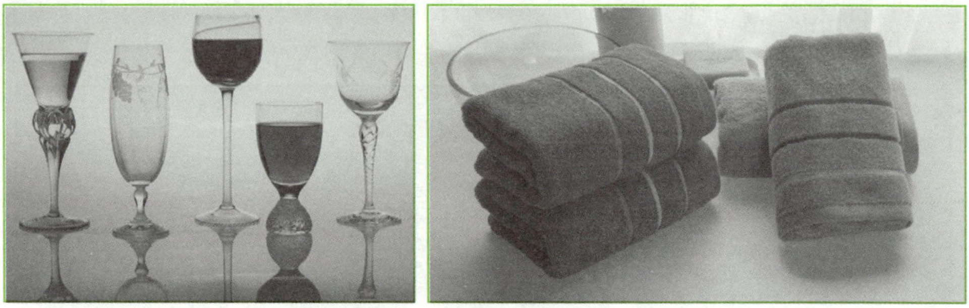

图 3-5　拍摄的酒杯和毛巾效果

◆ **数码类图片拍摄：**数码类的产品一般都有塑料或者金属外壳，外包装也基本上都是印刷硬壳纸，表面反光现象很严重。因此，在拍摄数码类产品时，一般采用简易摄影棚加上反光伞进行拍摄，这样拍摄出的照片布光均匀，不会出现眩光或者倒影，从而有利于展示产品各个面上的细节。如图 3-6 所示为拍摄数码类产品的图片效果。

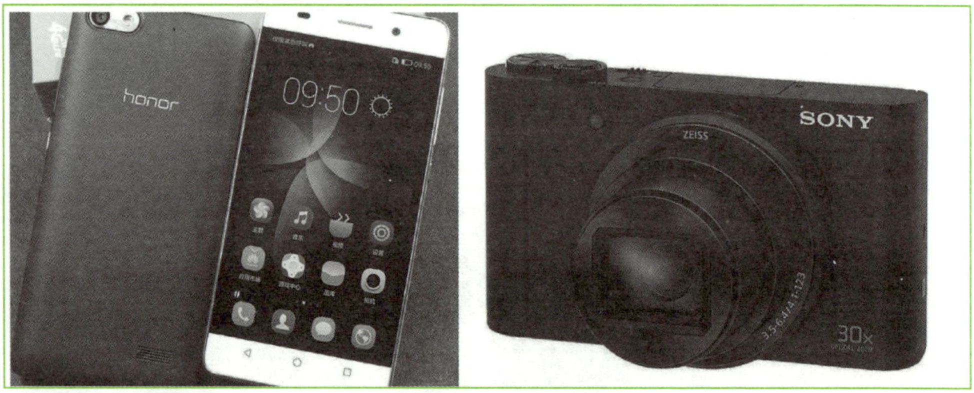

图 3-6　拍摄数码类产品的图片效果

◆ **首饰类图片拍摄：**首饰类产品有一个很大的特点，就是在特定的光线下，拍摄出来的照片效果非常好，带有各种炫目的光晕，增加视觉效果，使人忍不住购买。因此，在拍摄首饰时，要注意多方面测试光源，多试试高光、柔光、侧光和逆光等。总之，要选择最容易出彩的光源效果进行拍摄，最好把效果比较炫且不失真的照片呈现给买家。如图 3-7 所示为拍摄的首饰类的图片效果。

图 3-7　首饰类图片效果

◆ 美妆类图片拍摄：对于拍摄美妆类的图片来说，相机和镜头固然重要，但是要把色彩绚丽缤纷的瓶瓶罐罐拍得美不胜收，拍摄的角度尤为重要。美妆类产品的包装一般都很精美，无论是从材质上，还是从颜色来看，都很精致，所以说想把它们表现得尽善尽美，要考虑的就是灯光和拍摄角度的问题。如图 3-8 所示为拍摄的美妆产品的图片效果。

 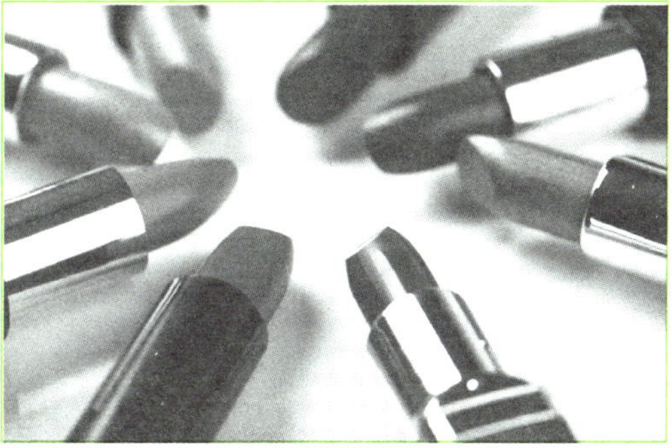

图 3-8　拍摄的美妆产品的图片效果

2. 将拍摄的图片上传到计算机中

使用数码相机拍摄好产品照片之后，接下来就需要将照片上传到计算机中，进而对照片进行修饰与美化，然后将照片上传到店铺中。目前的数码相机多数都是通过存储卡存储数码照片的，要读取其内容，通过数据线将数码相机和计算机相连即可。

01　使用数据线连接数码相机和计算机，系统将自动检测出新硬件设备，并打开一个提示对话框，单击“继续，但不要扫描”按钮，如图 3-9 所示。

02　即可在“计算机”窗口中新增一个可移动磁盘，如图 3-10 所示。

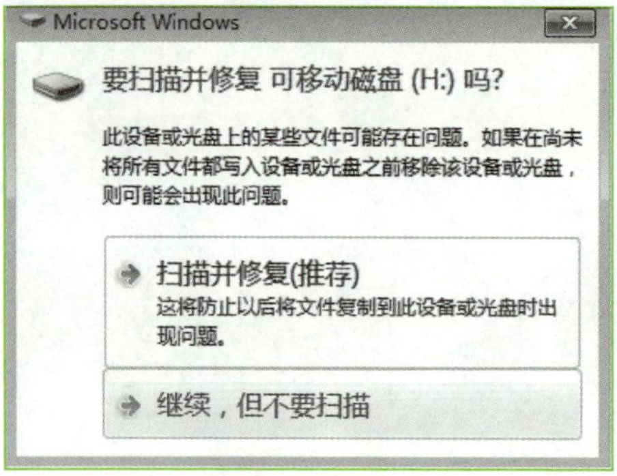

图 3-9　提示对话框

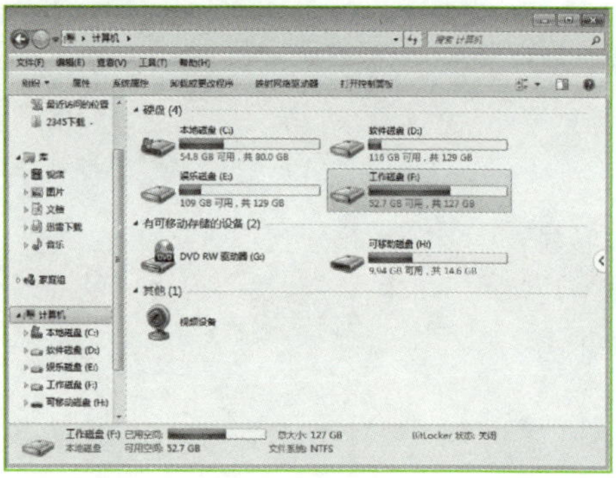

图 3-10　“计算机”窗口

03 双击打开该磁盘（可移动磁盘），打开磁盘中存放照片的图像文件夹，选择需要进行传送的图像文件，右击，单击快捷菜单，选择“复制”命令，如图 3-11 所示。

04 打开计算机中存放照片的文件夹，在空白处右击，即可单击快捷菜单，选择“粘贴”命令，如图 3-12 所示。

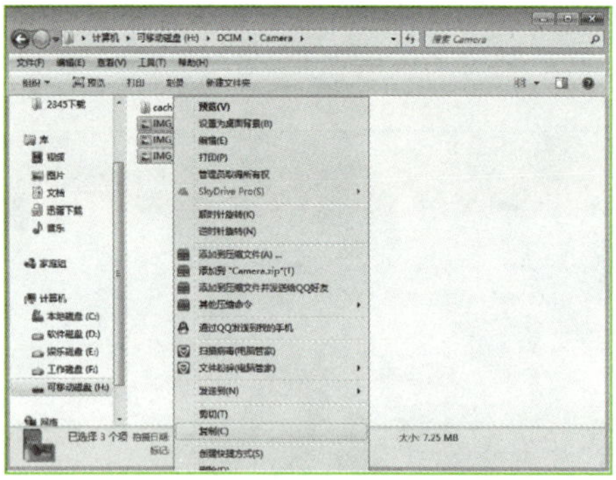

图 3-11　选择“复制”命令

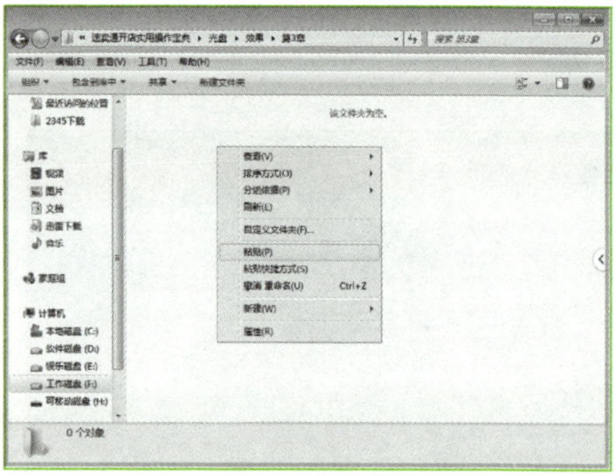

图 3-12　选择“粘贴”命令

05 即可将数码相机中的照片复制到计算机中，并显示复制后的结果，完成图片的上传操作，如图 3-13 所示。

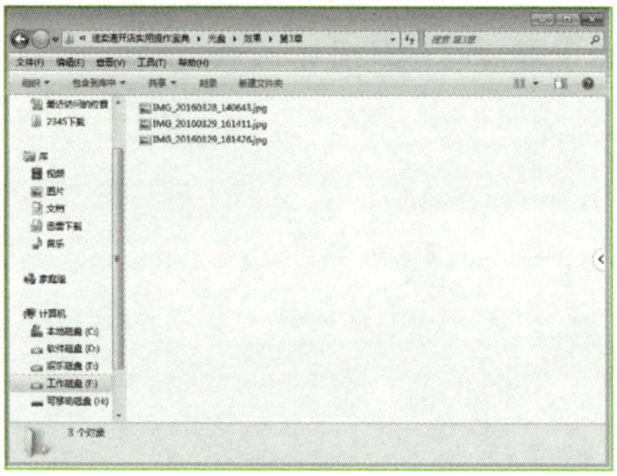

图 3-13　复制照片

3.1.2 调整图片的亮度

在拍摄照片时，常常会遇到照片曝光不足或者曝光过度的问题，造成了拍摄出来的照片要么整体偏暗，要么整体太亮，以至于产品的很多细节无法清晰地看到，此时可以使用 Photoshop 软件来解决图片的亮度问题。

01 启动 Photoshop CC 软件程序，在菜单栏中，选择“文件”|“打开”命令，如图 3-14 所示。

02 打开“打开”对话框，选择需要修的照片，如“情侣公仔”，单击“打开”按钮，如图 3-15 所示。

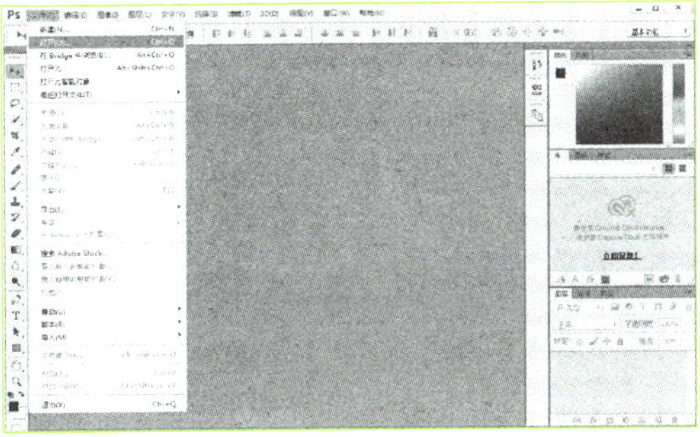

图 3-14 选择“打开”命令

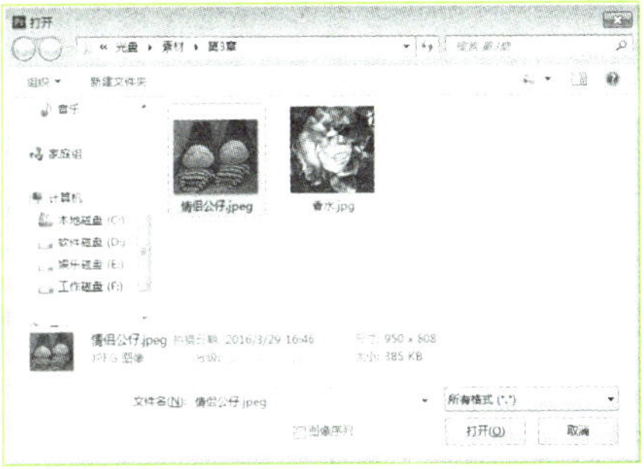

图 3-15 单击“打开”按钮

03 即可打开需要调整的图像文件，选择“图像”|“调整”|“亮度 / 对比度”命令，如图 3-16 所示。

04 打开“亮度 / 对比度”对话框，修改“亮度”参数值为 68、“对比度”参数值为 29，如图 3-17 所示。

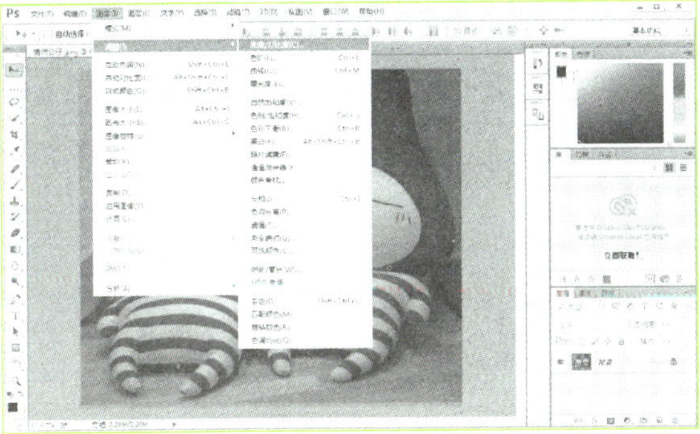

图 3-16 选择“亮度 / 对比度”命令

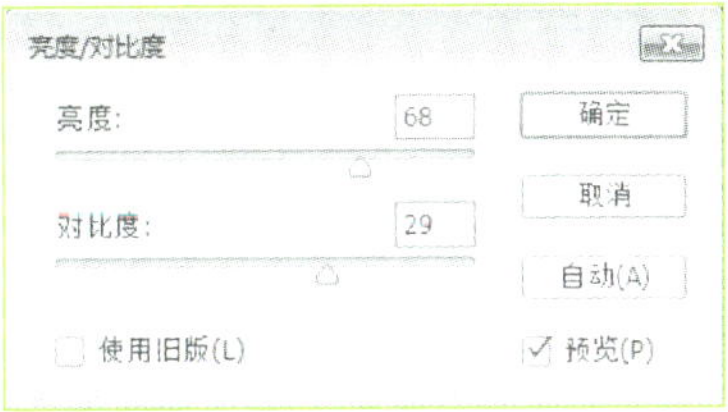

图 3-17 “亮度 / 对比度”对话框

05 单击“确定”按钮，即可调整图片的亮度和对比度，如图 3-18 所示。

06 选择“图像”|“调整”|“阴影 / 高光”命令，如图 3-19 所示。

图 3-18 调整“亮度 / 对比度”后的效果

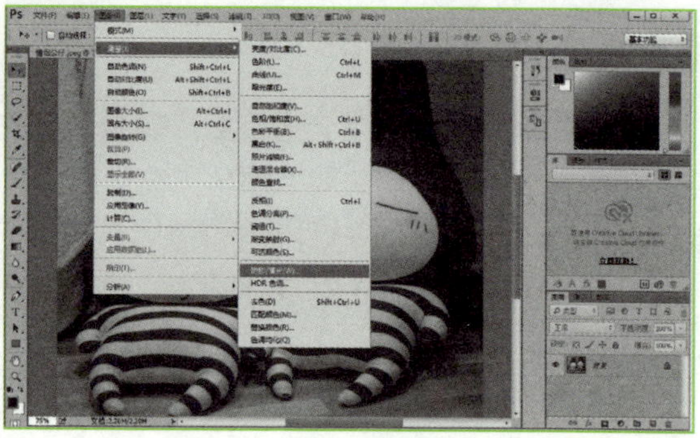

图 3-19 选择“阴影 / 高光”命令

07 打开“阴影 / 高光”对话框，修改“阴影”参数值为 27、“高光”参数值为 8，如图 3-20 所示。

08 单击“确定”按钮，即可调整图片的阴影和高光，得到最终效果，如图 3-21 所示。

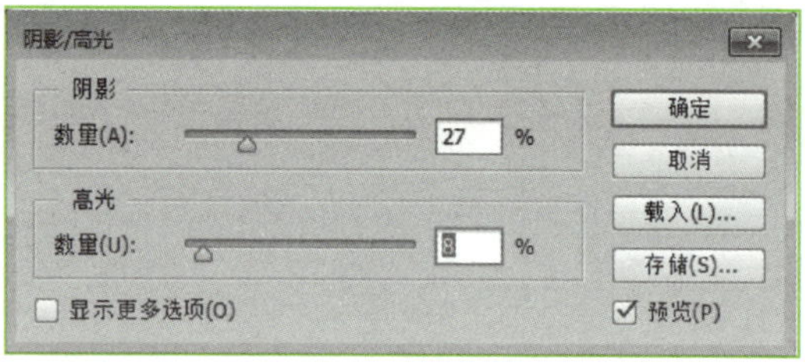

图 3-20 “阴影 / 高光”对话框

图 3-21 调整阴影和高光

09 图片调整完成后，选择“文件” | “存储为”命令，如图 3-22 所示。

10 打开“另存为”对话框，修改文件名和保存路径，单击“保存”按钮，如图 3-23 所示。

图 3-22 选择“存储为”命令

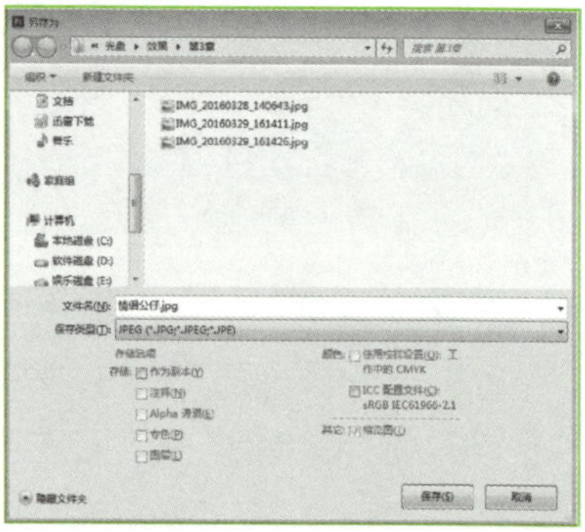

图 3-23 “另存为”对话框

11 打开“JPEG 选项”对话框，修改“品质”为 12，单击“确定”按钮，即可对调整好的图片进行保存操作，如图 3–24 所示。

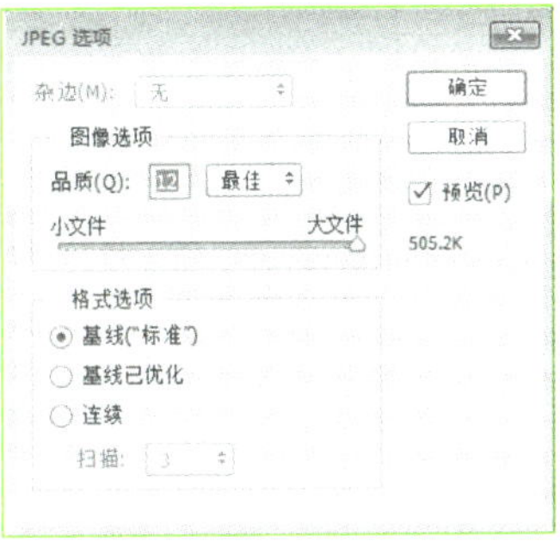

图 3–24 “JPEG 选项”对话框

3.1.3 虚化图片背景

在拍摄产品照片时，有时候会遇到背景过于灿烂、美丽而使产品显得多余的情况。此时，可以对除产品之外的部分进行虚化处理，让买家的注意力只集中在产品身上。

01 在 Photoshop CC 程序中，选择“文件”|“打开”命令，打开“打开”对话框，选择需要打开的图像文件，如图 3–25 所示。

图 3–25 “打开”对话框

02 单击“打开”按钮，即可打开需要调整的图像文件，如图 3–26 所示。

03 选择“图层”|“新建”|“通过拷贝的图层”命令，如图 3–27 所示。

图 3–26 打开图像文件

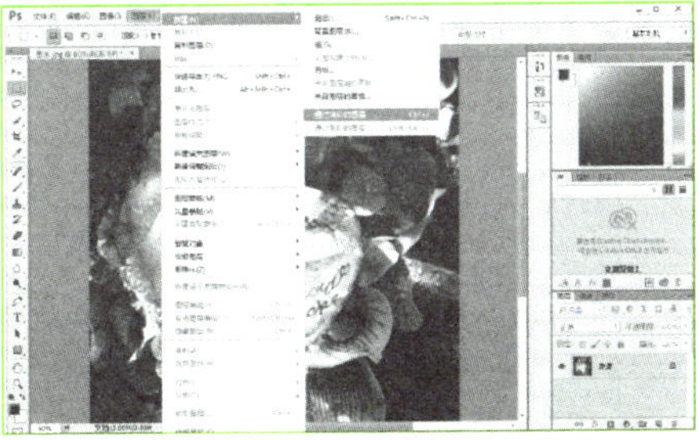

图 3–27 选择“通过拷贝的图层”命令

04 即可新建一个复制的图层，如图 3-28 所示。

05 选择“滤镜”|“模糊”|“高斯模糊”命令，如图 3-29 所示。

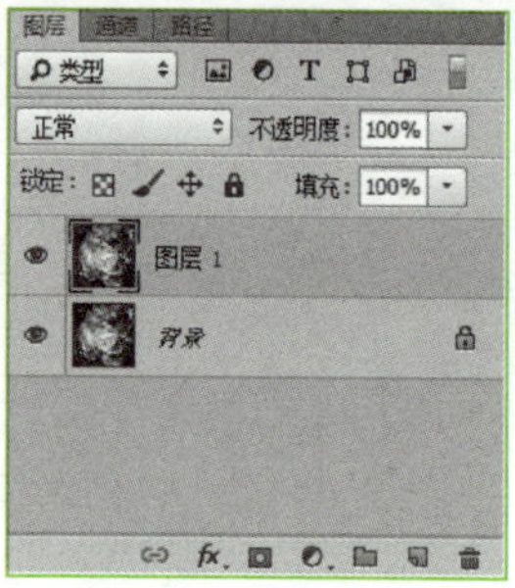

图 3-28 新建图层

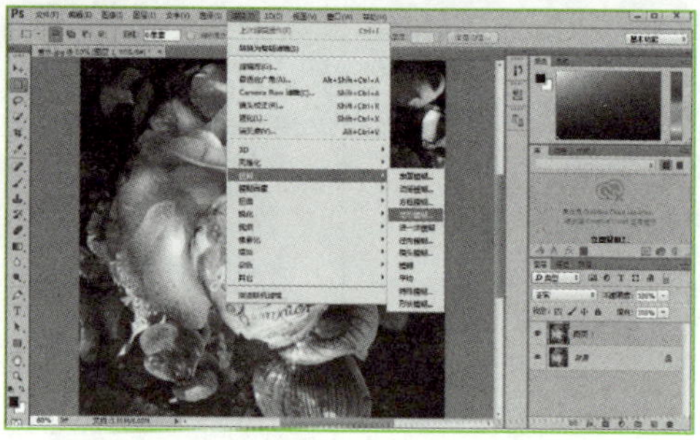

图 3-29 选择“高斯模糊”命令

06 打开“高斯模糊”对话框，设置“半径”为“9 像素”，单击“确定”按钮，如图 3-30 所示。

07 即可模糊图像，其图像效果如图 3-31 所示。

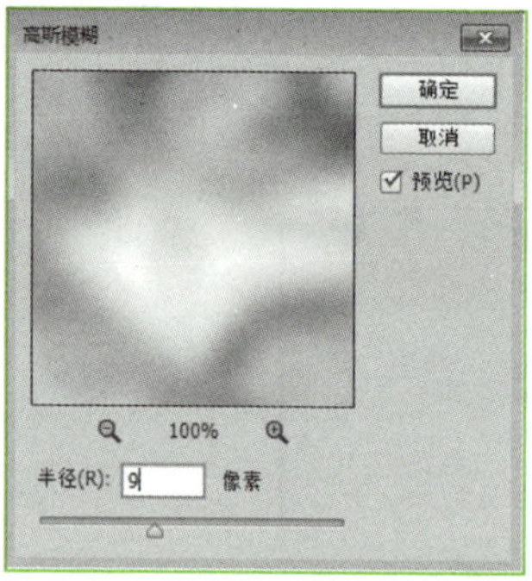

图 3-30 “高斯模糊”对话框

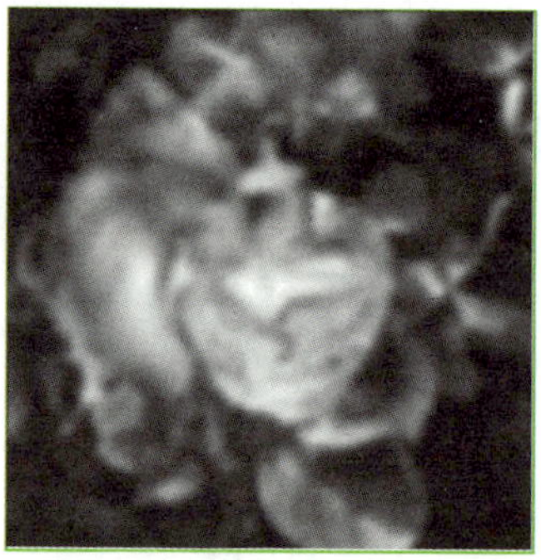

图 3-31 模糊图像

08 在“图层”面板中，单击“添加图层蒙版”按钮，如图 3-32 所示。

09 为“图层 1”添加蒙版，如图 3-33 所示。

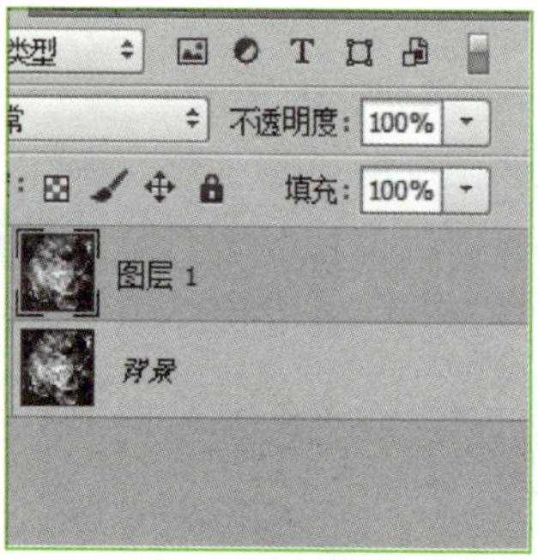

图 3-32 单击“添加图层蒙版”按钮

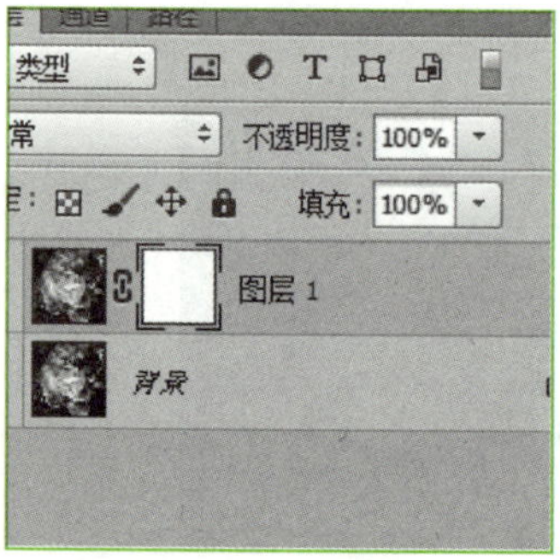

图 3-33 添加蒙版

10 按“B”键选择“画笔工具”，设置前景色为黑色，在图像中需要清晰显示的区域涂抹，如图 3-34 所示。

图 3-34　涂抹出清晰显示的区域

3.1.4 锐化产品图片

在拍摄产品照片后，如果发现有些照片拍摄得不是很清晰，则可以使用“锐化”功能将模糊图像变得清晰一些。

01 在 Photoshop CC 程序中，选择“文件”|“打开”命令，打开“打开”对话框，选择需要打开的图像文件，如图 3-35 所示。

02 单击“打开”按钮，即可打开需要调整的图片文件，如图 3-36 所示。

图 3-35　“打开”对话框

图 3-36　打开图像文件

03 选择“滤镜”|“锐化”|“USM 锐化”命令，如图 3-37 所示。

04 打开“USM 锐化”对话框，修改“数量”参数值为 43、“半径”参数值为 2.9，如图 3-38 所示。

图 3-37　选择“USM 锐化”命令

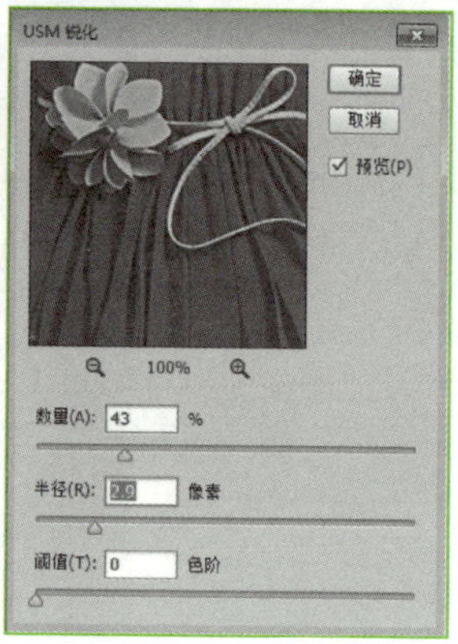

图 3-38　“USM 锐化”对话框

05 单击“确定”按钮，即可锐化产品图片，得到最终效果，如图 3-39 所示。

图 3-39　锐化产品图片

3.1.5 为图片添加文字说明和修饰边框

速卖通店铺上的产品图片，大多被添加了一些文字说明，并配上了好看的边框，显得更加雅致，更加有情趣，对于买家来说特别具有吸引力。下面介绍具体操作步骤。

01 在 Photoshop CC 程序中，选择“文件”|“打开”命令，打开“打开”对话框，选择需要打开的图像文件，如图 3-40 所示。

02 单击“打开”按钮，即可打开需要调整的图像文件，如图 3-41 所示。

03 选择“图层”|“新建”|“通过拷贝的图层”命令，如图 3-42 所示。

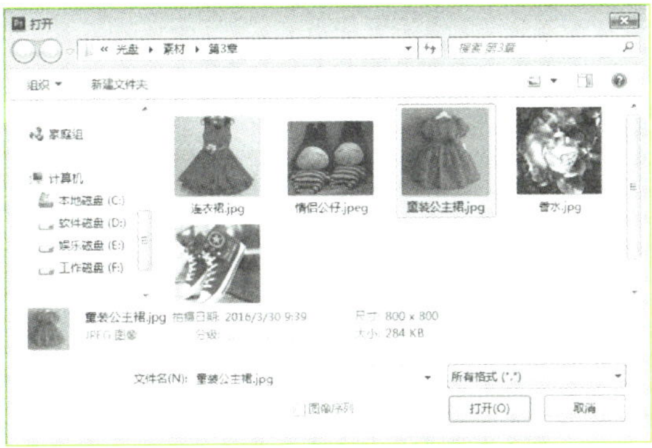

图 3-40 “打开”对话框

图 3-41 打开图像文件

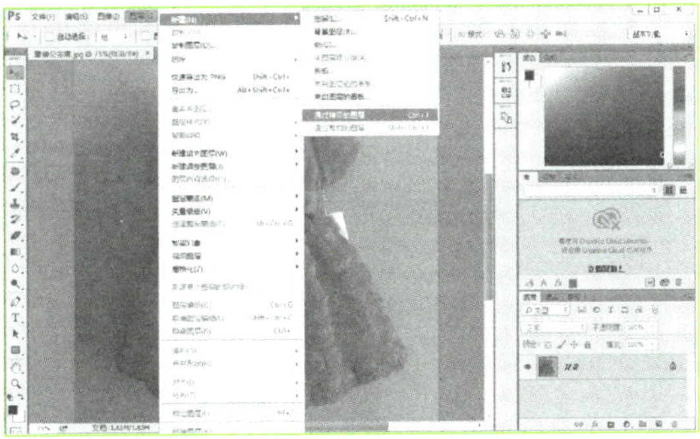

图 3-42 选择“通过拷贝的图层”命令

04 即可复制图层，并在“图层”面板中显示复制的图层，如图 3-43 所示。

05 在“图层”面板中，单击“添加图层样式”按钮 fx，打开下拉列表，选择“描边”选项，如图 3-44 所示。

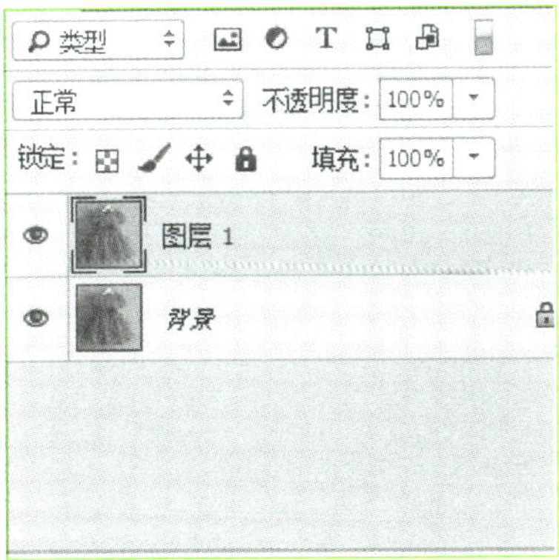

图 3-43 复制图层

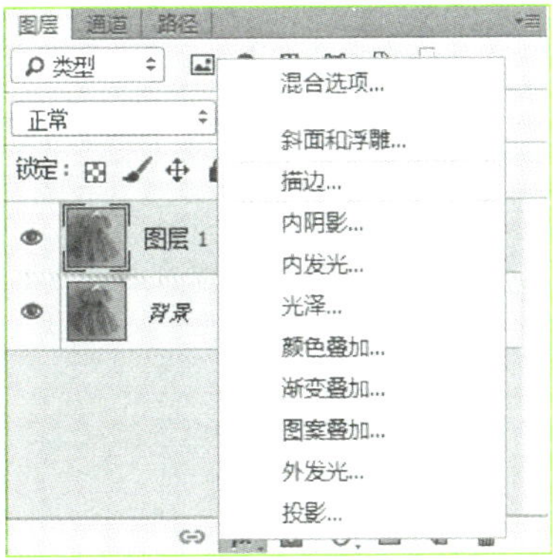

图 3-44 选择“描边”选项

06 打开“图层样式”对话框，单击“填充类型”下三角按钮，打开下拉列表，选择“图案”选项，如图 3-45 所示。

07 展开“图案”选项区，单击“图案”下三角按钮，打开下拉列表，选择合适的图案效果，如图 3-46 所示。

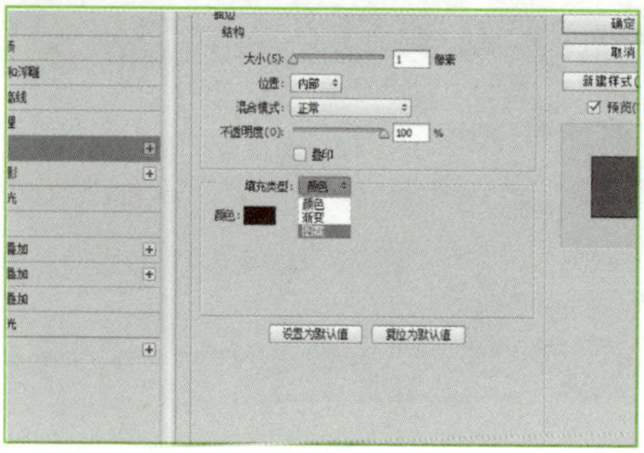

图 3-45　选择“图案”选项

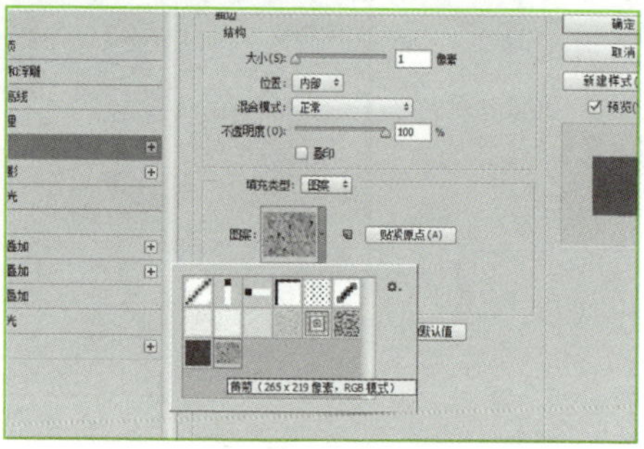

图 3-46　选择图案效果

08 在“结构”选项区中，修改“大小”参数值为 65、“位置”为“居中”、“混合模式”为“叠加”，如图 3-47 所示。

09 单击“确定”按钮，即可为图片添加修饰边框，效果如图 3-48 所示。

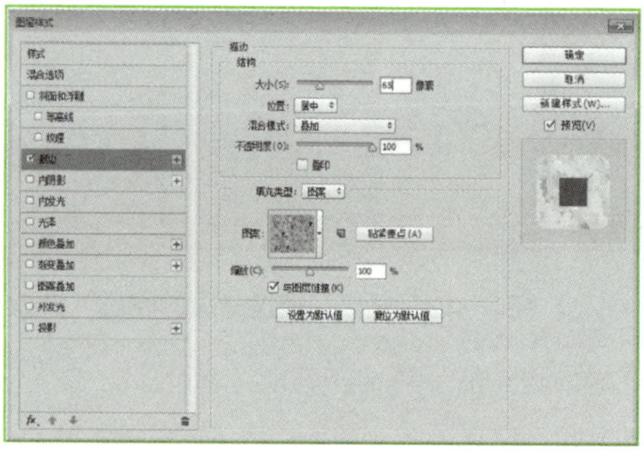

图 3-47　“图层样式”对话框

图 3-48　为图片添加修饰边框

10 在工具箱中，单击“横排文字工具”按钮T，显示此工具组，选择“直排文字工具”工具，如图 3-49 所示。

11 显示文本输入框，输入文本“梦幻蕾丝”，如图 3-50 所示。

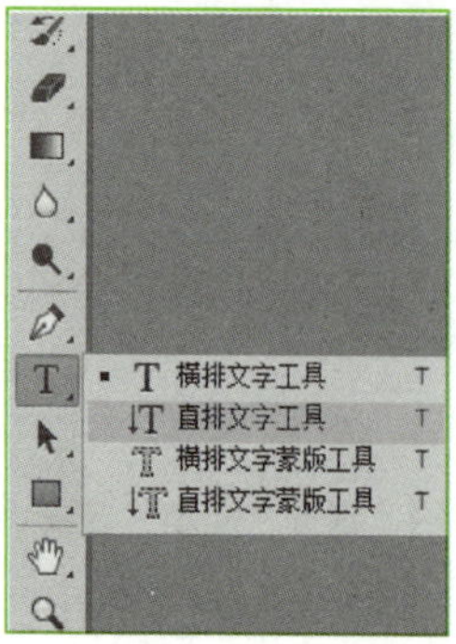

图 3-49　选择“直排文字工具”工具

图 3-50　输入文本

12 选择新输入的文本，单击“字号”下三角按钮，打开下拉列表，选择字号大小，如“48 点”，如图 3-51 所示。

13 更改选择文本的字号大小，效果如图 3-52 所示。

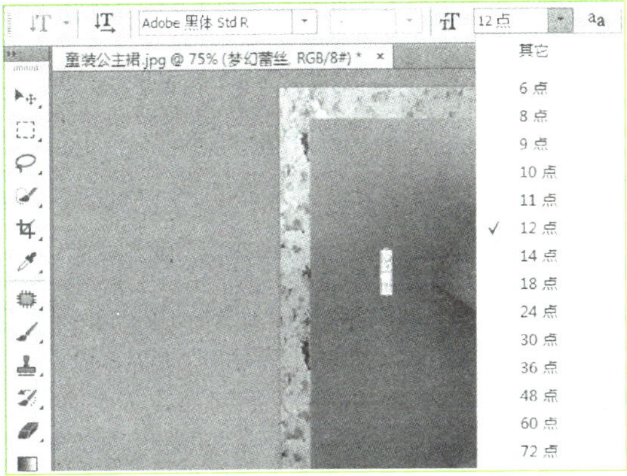

图 3-51 选择“48 点”选项

图 3-52 更改字号大小

14 单击“字体样式”下三角按钮，打开下拉列表，选择合适的字体，如“华文隶书”，如图 3-53 所示。

15 即可更改选择文本的字号样式，效果如图 3-54 所示。

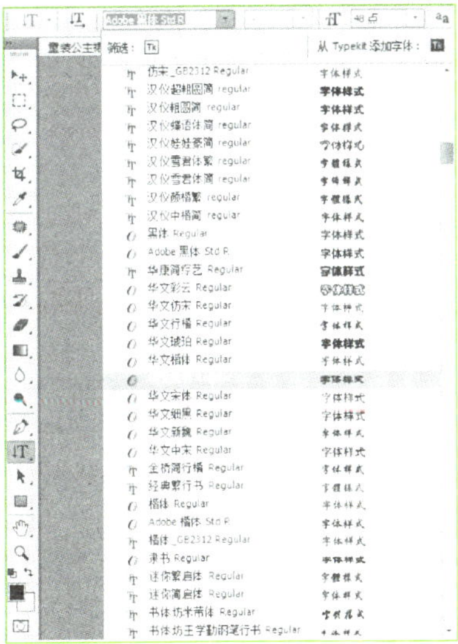

图 3-53 选择“华文隶书”选项

图 3-54 更改文本字体样式

16 单击字体颜色色块▇，打开“拾色器（文本颜色）”对话框，通过拖动滑块，选择自己想要的颜色，如“黄色”，如图 3-55 所示。

17 单击“确定”按钮，即可更改文本颜色，如图 3-56 所示。

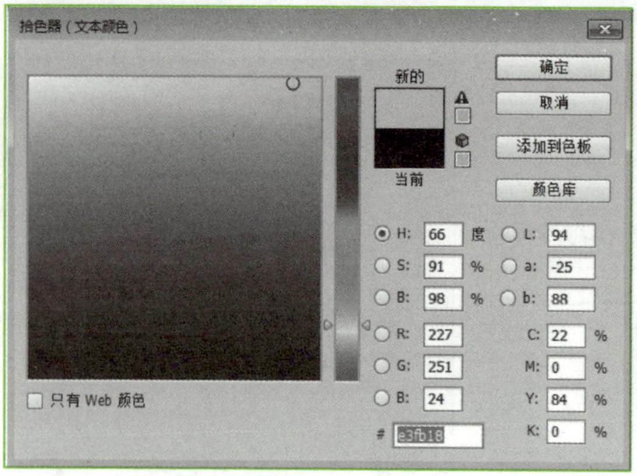

图 3-55 “拾色器（文本颜色）”对话框

图 3-56 更改文本颜色

18 用同样的方法，在图片的其他位置，添加文本对象，并修改其字号，如“30 点”，设置“字体颜色”为“白色”，如图 3-57 所示。

19 选择文本对象，并调整文本对象的位置，如图 3-58 所示。

图 3-57 添加其他文本

图 3-58 调整文本位置

3.1.6 为图片添加防盗水印

在拍摄产品图片后，为自己店铺中的产品图片加上 LOGO 水印，即可避免这样的事情发生，这是对自己知识产权的一种保护，也是店家应该具备的法律意识，不盗图与保护自己的图同样重要，相信每一位店家都不希望被人盗图，推己及人，也万万不可盗用别人的图片。另外，制作精美的 LOGO 水印也能起到宣传自己店铺的作用。

01 在 Photoshop CC 程序中，选择“文件”|“打开”命令，打开“打开”对话框，选择需要打开的图像文件，如图 3–59 所示。

02 单击“打开”按钮，即可打开需要调整的图像文件，如图 3–60 所示。

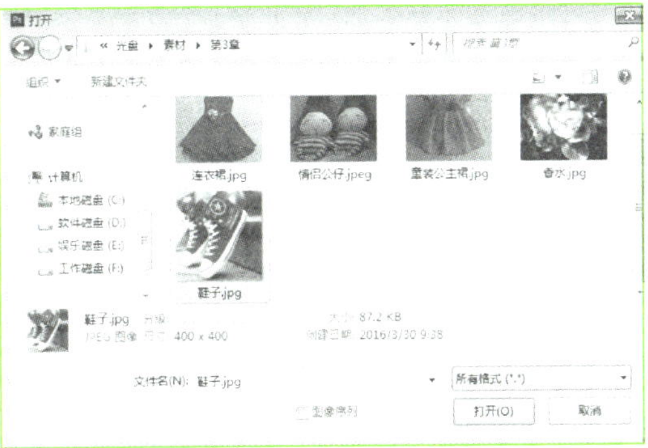

图 3–59 “打开”对话框

图 3–60 打开图像文件

03 再次选择“文件”|“打开”命令，打开“打开”对话框，选择需要打开 LOGO 文件，如图 3–61 所示。

04 单击“打开”按钮，即可打开 LOGO 文件，如图 3–62 所示。

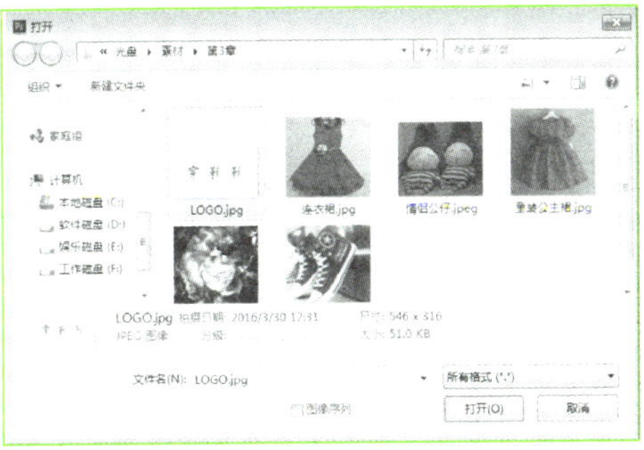

图 3–61 “打开”对话框

图 3–62 打开 LOGO 文件

05 在“图层”面板中，选择“背景”图层，如图 3–63 所示。

06 双击选择的图层，打开“新建图层”对话框，保持默认设置，如图 3–64 所示。

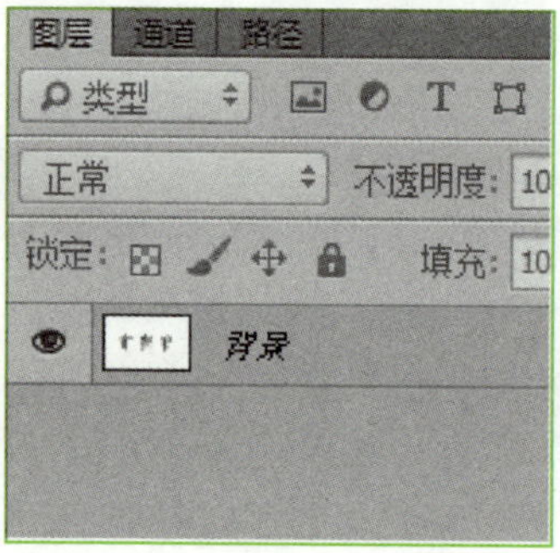

图 3-63　选择“背景”图层

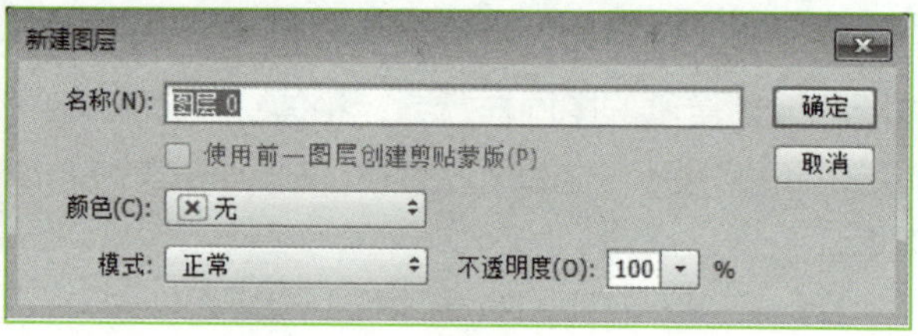

图 3-64　“新建图层”对话框

07 在工具箱中，选取“魔棒工具”，如图 3-65 所示。

08 在图片的白色背景上单击，即可创建选区，如图 3-66 所示。

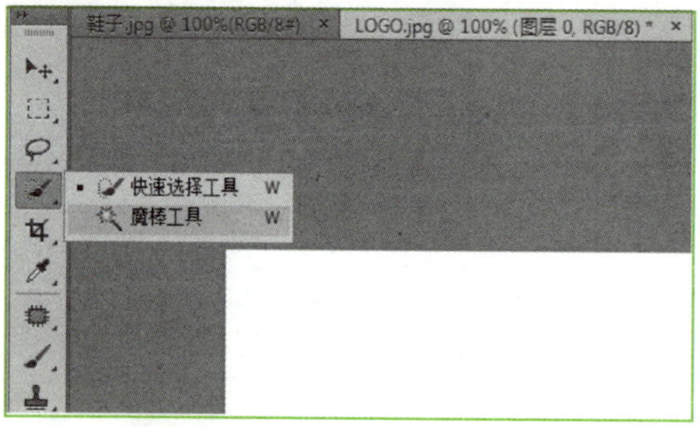

图 3-65　选取“魔棒工具”工具

图 3-66　创建选区

09 按 Delete 键，即可删除背景，图像效果如图 3-67 所示。

10 用同样的方法，再次选择“魔棒工具”，设置“容差”为 32，删除其他的背景，效果如图 3-68 所示。

11 选择 0 图层中的图像，将其拖至“鞋子”图像上，如图 3-69 所示。

12 选择添加的图像图层，选择“编辑”|“自由变换 ”命令，如图 3-70 所示。

13 显示自由变换控制框，拖动控制点，调整图像的大小，并旋转图像，效果如图 3-71 所示。

14 选择图像对象，并将其移至合适的位置，如图 3-72 所示。

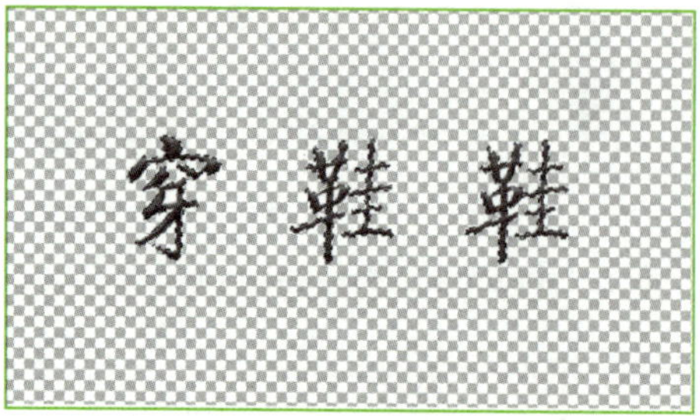

图 3-67　删除背景

图 3-68　删除其他背景

图 3-69　拖曳图像

图 3-70　选择“自由变换”命令

图 3-71　调整图像

图 3-72　移动图像位置

15 在“图层”面板中，修改“图层 1”图层的“不透明度”为 50%，如图 3-73 所示。

16 修改图像的不透明度后，得到最终效果，如图 3-74 所示。

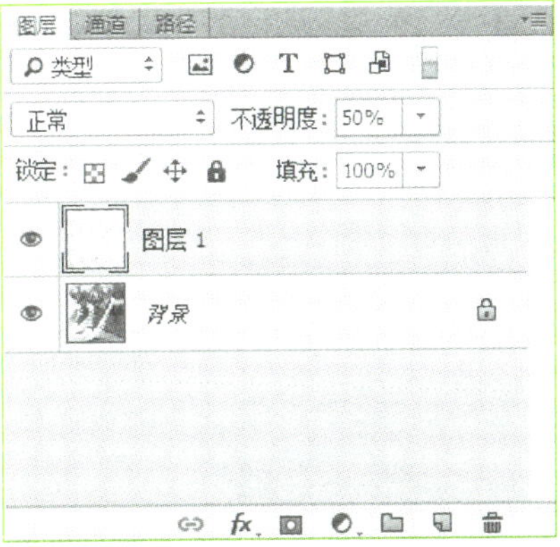

图 3-73　修改“不透明度”

图 3-74　最终效果

3.2 》》店铺产品的发布与营业

在速卖通上注册如同开实体店过程中的租下门面或摊位，有了门面或摊位后就要在里面摆设商品，以向客户展示。速卖通店铺中的产品发布就是将实体商品的信息搬上速卖通平台进行展示的过程，如同超市中商品的摆放，只不过速卖通上的商品只是信息而已。本节将详细讲解店铺中产品的发布与开店营业技巧。

3.2.1 设置精准的产品类目

在发布产品之前，产品类目一定要选择正确，因为产品类目会影响到信息的排名。下面将介绍设置精准的产品类目的操作方法。

01 启动 IE 浏览器，在地址栏中输入网址“http://seller.aliexpress.com/”，按 Enter 键，或直接搜索全球速卖通，单击搜索到的条目，即可进入全球速卖通页面，单击“马上登录”超链接，如图 3–75 所示。

02 打开速卖通登录页面，依次输入速卖通账户和密码，单击“Sign In”按钮，如图 3–76 所示。

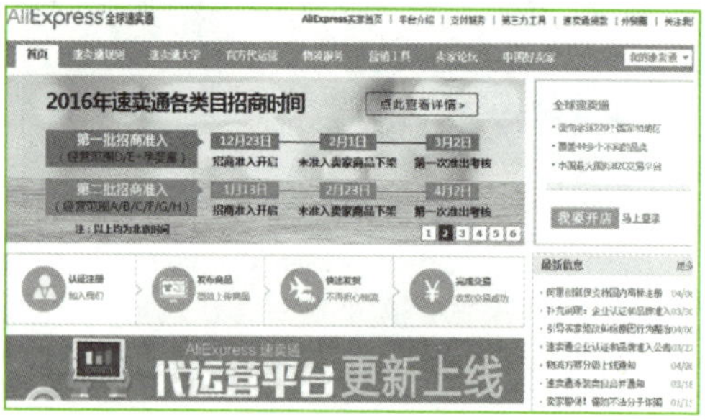

图 3–75　单击“马上登录”超链接

图 3–76　速卖通登录页面

03 即可进入“我的速卖通”页面，在左侧的“产品管理”列表中，选择“发布产品”选项，如图 3–77 所示。

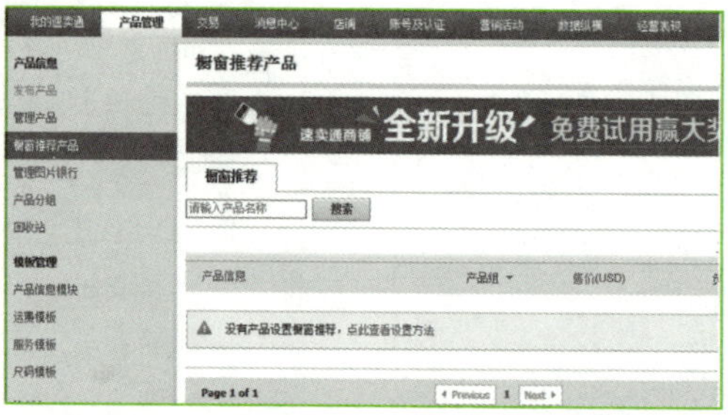

图 3–77　选择“发布产品”选项

04 打开“发布产品”页面，在相应的列表框中，选择类目选项，仔细阅读规则，并在完成阅读和理解规则之后单击“我已阅读以下规则，现在发布产品”按钮，如图 3-78 所示，即可完成产品类目的精准设置。

图 3-78 “发布产品”页面

3.2.2 填写完善产品信息

产品属性是买家选择商品的重要依据，因此卖家在设置好精准的产品类目后，也需要详细、准确地填写系统推荐属性和自定义属性，提高曝光机会。如图 3-79 所示为“产品属性”页面。

完善的产品信息包含产品的基本信息、包装信息、物流设置、服务模板及其他信息 5 大模块，下面将逐一进行介绍。

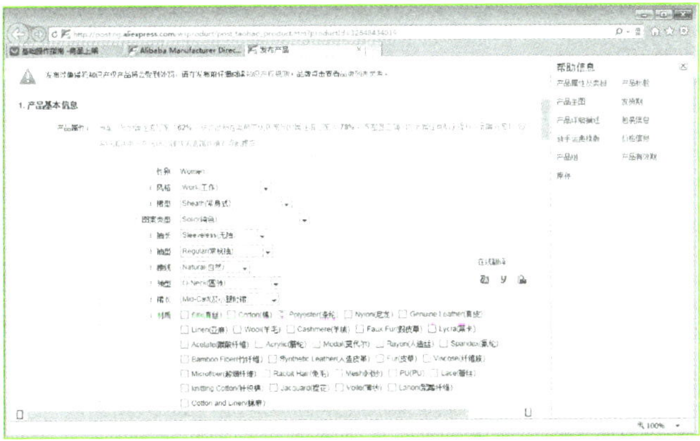

图 3-79 “产品属性”页面

1. 产品基本信息

产品的基本信息包含产品属性、产品标题、产品图片、最小计量单位、颜色、尺寸等，下面将一一进行讲解。

（1）产品属性

产品属性的描述主要是指平台对产品一个规格功能等描述的选择，产品属性包含两个方面：系统定义的属性和自定义属性，如图 3-80 所示，自定义属性的填写可以补充系统以外的信息，让买家对店铺的产品了解得更加全面。

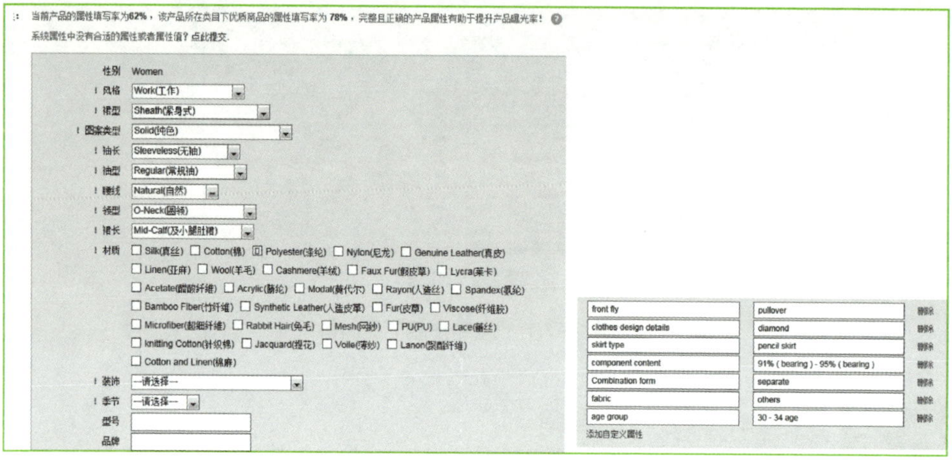

图 3-80　“产品属性”页面

（2）产品标题

产品标题是买家搜索到你并吸引买家单击进入你的商品详情页面的重要因素。字数不应太多，要尽量准确、完整、简洁。一个好的标题中可以包含产品名称、核心词和重要属性。例如：Baby Girl amice blouse Pink amice Coat With Black Lace /Suit Must Have Age Baby:1-6Month Sample Support。如图 3-81 所示为“产品标题”文本框。

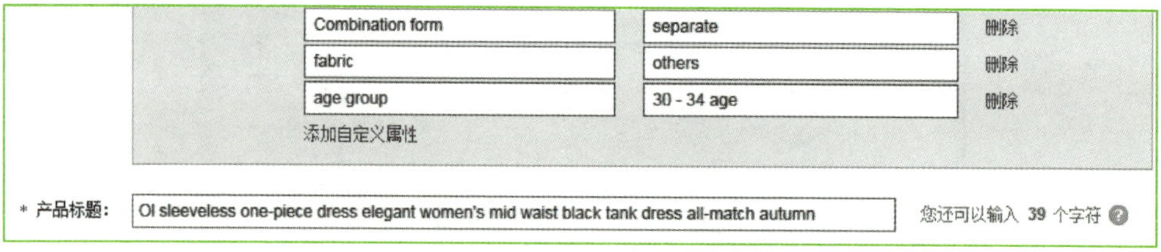

图 3-81　“产品标题”文本框

在“产品标题”文本框中输入产品标题时，一定不要在标题中罗列，堆砌相同意思的词，否则会被判定为标题堆砌。详细内容请参考第 1 章 1.3.2 一节发布规则的内容，这里将不再讲述。

（3）产品图片

在选择产品图片时，可以选择发布多图产品，多图产品的图片能够全方位、多角度展示商品，大大提高买家对商品的兴趣，多图产品最多可以展示 6 张图片。在展示图片前，卖家可以从计算机里选取图片上传，也可以选取已经存在“图片银行”中的图片。图片的格式只能是JPEG/JPG，大小不能超过5MB，否则将无法正常上传。如图3-82所示为“产品图片”选项组。

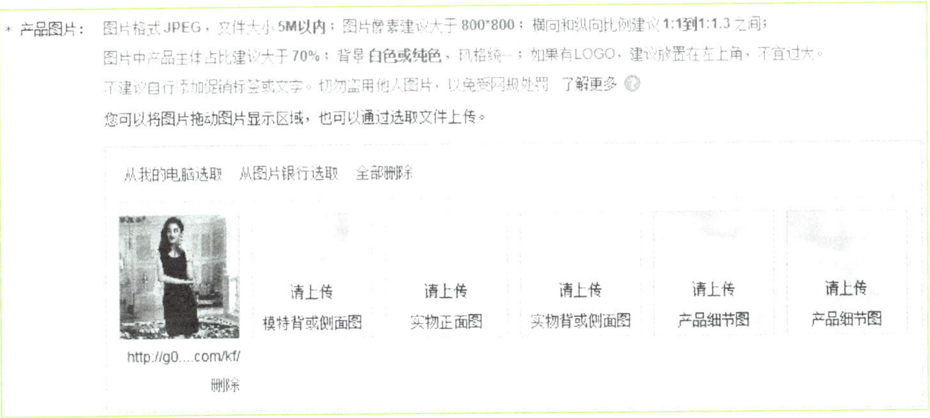

图3-82 “产品图片”选项组

在上传产品图片时，6张图片中的第一张图片默认为主图。因此，卖家在上传主图时，一定要使用美图工具对主图图片进行适当的处理使其看起来更加美观，以便抓住买家的眼球，引起买家的购买欲望。

（4）最小计量单位

最小计量单位主要用于选择产品，例如件/个、千克、升、盒等，如图3-83所示。

（5）销售方式

在“销售方式”选项组中可以确定是按件/个出售，还是打包出售，若是打包出售，则应该在打包出售前填写每包的件数，如图3-84所示。

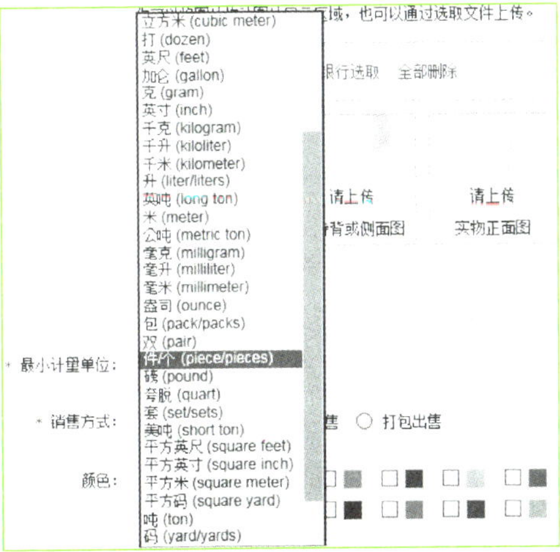

图3-83 “最小计量单位”列表框

图3-84 “销售方式”选项组

（6）颜色和尺寸

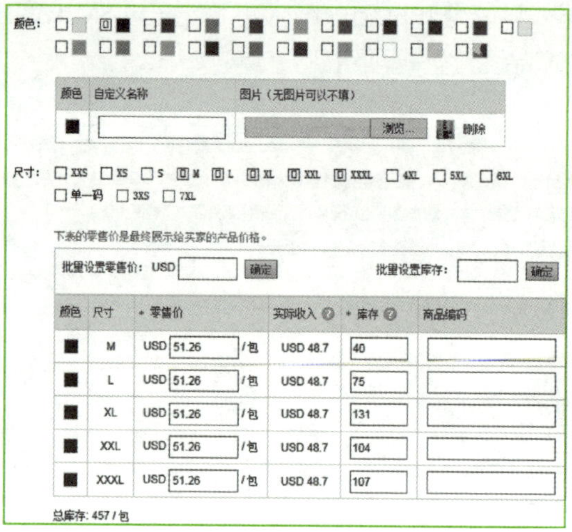

图 3-85 “颜色”和“尺寸”选项组

同一款产品，因为颜色不同，产品的价格也会不同，所备的库存也是不同的，如图 3-85 所示为“颜色”和“尺寸”选项组。根据同一产品的不同属性设置，可以分别进行以下设置：

- 针对不同颜色进行价格设置时，一定要注意产品是打包进行销售的还是单个销售的。
- 对于每个颜色的产品，可以上传本产品的缩小图，也可以选择系统定义的色卡。
- 对于同一款产品，不同的颜色可以按照每种不同的颜色设置是否有库存。

（7）产品详细描述

产品详细描述一般包含产品的功能属性、产品细节图片、支付物流、售后服务和公司实力等内容，如图 3-86 所示。

图 3-86 “产品描述”选项组

为了方便买家获得足够的信息，一般在“产品详细描述”选项组中先放上产品标题；其次是对产品包装的描述，即包装里所包含的东西是什么，以及数量是多少；接下来是对产品属性、产品使用方法、使用条件等的具体说明；再接下来是展示产品图片；最后在页面的下方放入售后条款。并且为了页面的美观，应该在设计产品详细描述时，对所使用的字体格式、颜色、大小和图片的长宽等进行统一规划。

2. 包装信息

在填写包装信息时，一定要填写产品包装后的重量和体积，如图 3-87 所示。

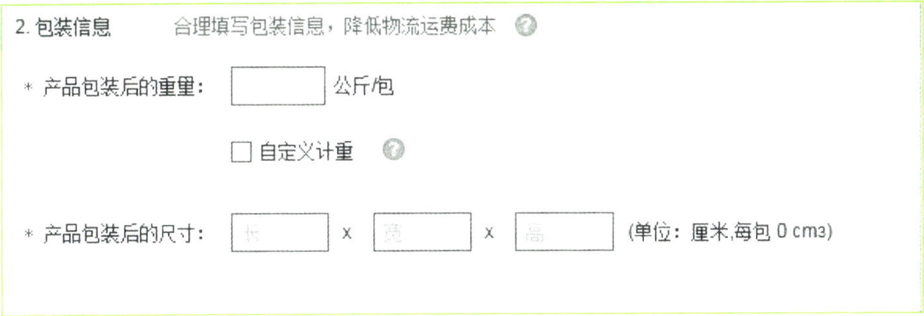

图 3-87 “包装信息”选项组

产品的重量决定了产品的国外运费，所以产品的重量与产品的定价不可分割。在填写包装信息时，卖家一定要填写准确，因为在不包邮费的情况下，系统会根据卖家填写的重量直接计算并显示运费给买家，如果包装信息不正确，则计算出来的运费会过高或过低，过高有可能吓跑买家，过低则会产生亏损。

3. 物流设置

合理的运费设置，可以大大降低产品的成本，因此在设置之前，一定要先跟物流公司确认好物流的价格和折扣，然后再核算具体的运费标准，如图 3-88 所示。物流设置主要是选择一个“产品运费模板”，因为有很多种物流方式可以选择，卖家可以将系统提供的所有物流方式设置成一个运费模板，在卖家上传产品的时候直接选择就可以了，买家也可以根据自己的需求选择自己想要的物流方式。

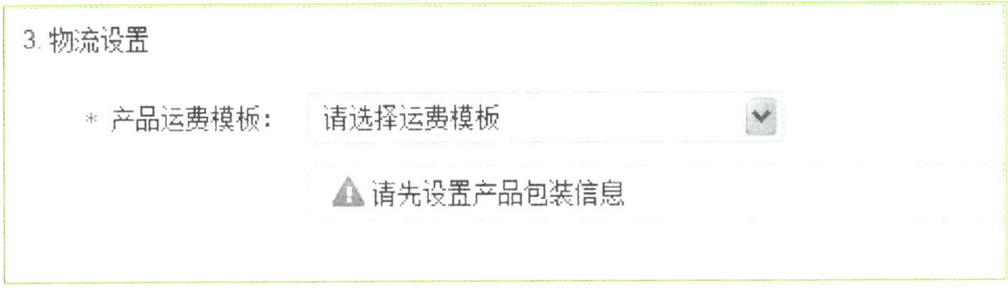

图 3-88 “物流设置”选项组

4. 服务模板

“服务模板”是对客户购买产品后遇到问题时如何解决进行的说明，比如，货不对版，客户需要退货时运费由哪方承担、无理由退货是否接受等，如图 3-89 所示。

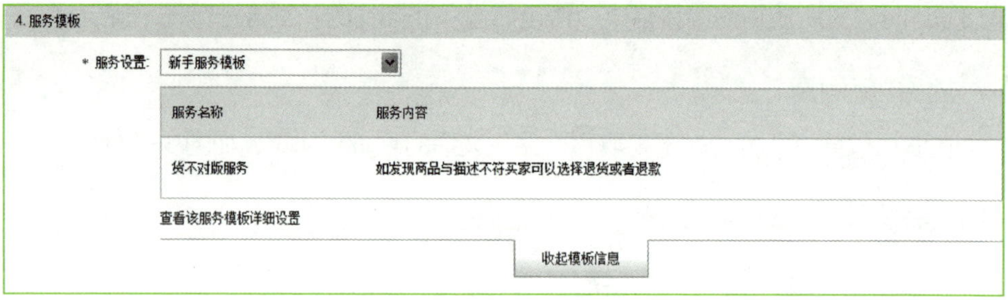

图 3-89 “服务模板”选项组

5. 其他信息

“其他信息”中主要包含产品组、产品有效期、支付宝及产品发布条款等信息。其中，“产品有效期”是指产品在线展示的期限，一般选择 30 天，如图 3-90 所示。

图 3-90 “其他信息”选项组

3.2.3 发布产品图片

当完成产品信息的填写后，就可以使用“提交”功能，发布产品并进入审核状态，审核通过后，买家就可以找到并购买卖家的产品了。

01 在编辑好产品信息后，在“发布产品”页面的最下方，单击“提交”按钮，如图 3-91 所示。

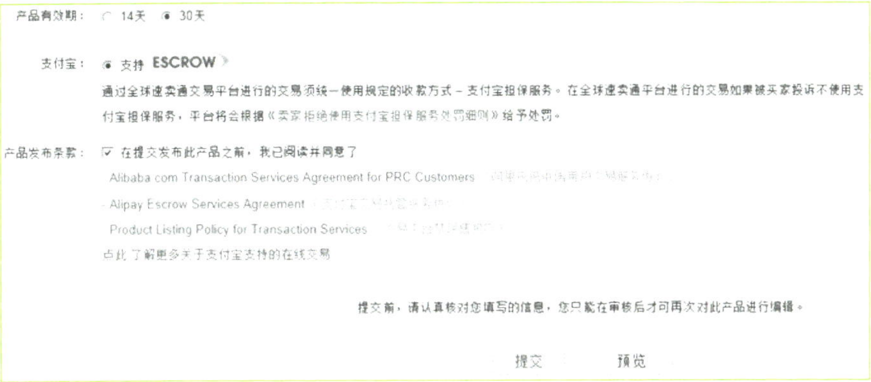

图 3-91 单击“提交”按钮

02 即可进入“产品管理”页面，提示产品信息已经成功提交，如图 3-92 所示。

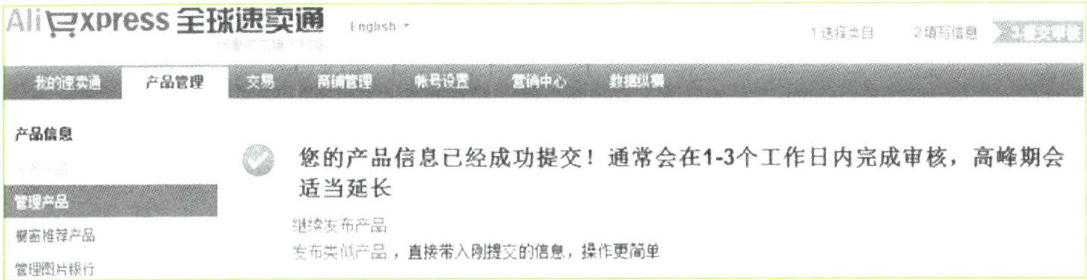

图 3-92 提示产品信息已经成功提交

3.2.4 产品信息审核

发布商品信息后等待速卖通的审核即可，只要按要求规范填写，一般都会通过。审核的状况在“产品管理”页面中查看，如图 3-93 所示，有 3 种审核状况，第一种是审核中，第二种是审核不通过，第三种是通过状态。

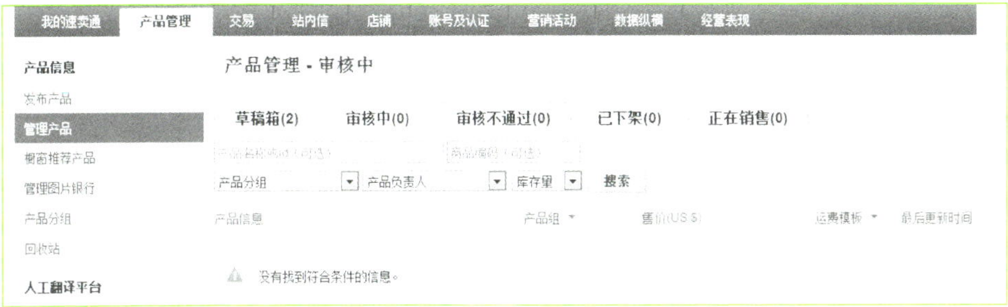

图 3-93 审核状况查看

如果发布的商品信息通过了审核，会转入在“正在销售”页面中，如图 3-94 所示。

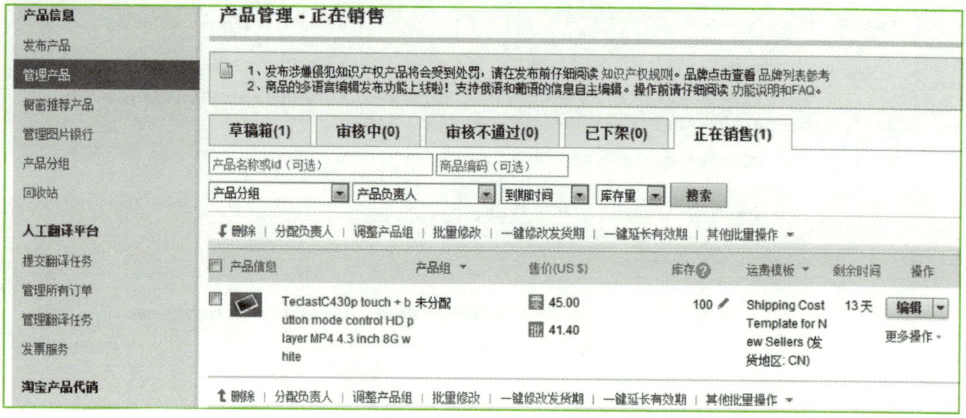

图 3-94　正在销售的商品信息

3.2.5 店铺开店营业

卖家不开通店铺也可以照常经营，但是展现给买家的页面非常粗糙，无任何装修效果。不开通店铺就像摆地摊一样，开通店铺如同在商店里面卖东西，所以开设店铺的买家访问量比不开设店铺的访问量要大很多，而且，据相关统计，成交率足足高出两倍以上。在正在销售的商品达到 10 以后选择店铺页面中的“店铺开通”选项即可，如图 3-95 所示。

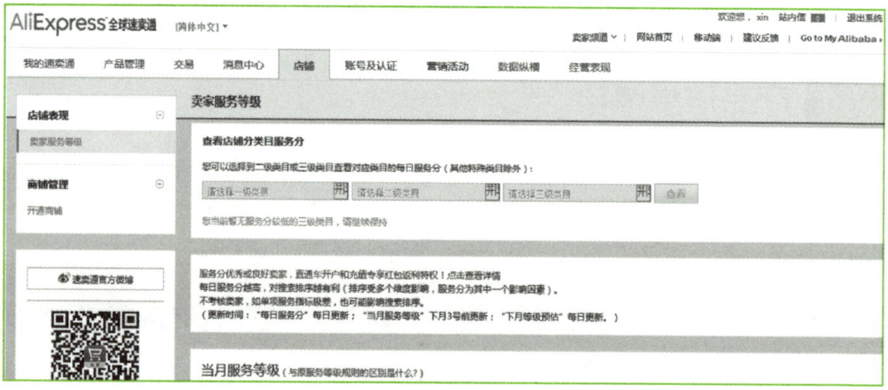

图 3-95　选择“开通商铺”选项

若正在销售的商品达到 10，则单击店铺页面中的“店铺开通”按钮即可。开通店铺后首先要给店铺命名，命名要用英文字符，若速卖通平台上已经存在此名称则输入无效。命名后如果觉得名字不妥还可以修改，但修改的权限只有每半年一次，卖家需要慎重考虑，如图 3-96 所示。

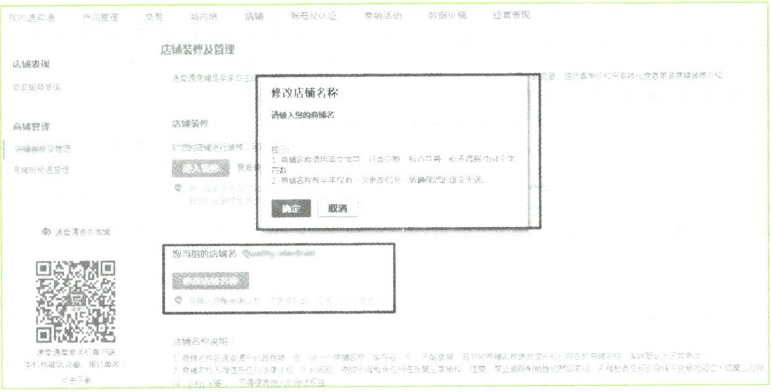

图 3-96　店铺名称的修改

3.3 »» 装修速卖通店铺

在完成店铺的开通后，就需要对店铺进行装修。装修店铺可以使买家产生认同感，是速卖通开店取得成功的一个重要因素。买家对店铺的认同感越强，就越容易成为意向客户。

3.3.1 选择店铺风格

“风格”是指店铺的整体形象给买家的综合感受。例如，在装修服装店铺时，女装一般是以女性为主，女性是以爱美为天性的，因此以浪漫温馨、时尚个性的风格为主比较适宜；男装则以沉稳、大气、稳重的风格去装修设计会比较好；童装以天真烂漫、阳光温馨可爱的氛围去装修；而老年人服装店则要注意色彩搭配，按照沉稳大气、健康权威的风格去设计。如图 3-97 所示为女装速卖通店铺的装修风格。

图 3-97　女装速卖通店铺的装修风格

风格是通过速卖通店铺的整体形象体现出来的，这个“整体形象”包含店铺的CI（标志、色彩、字体、标语）、版面布局、浏览方式、交互性、文字、语气及内容价值等诸多因素。一般而言，要求速卖通店铺的风格做到清纯简洁、主题鲜明，内容编排恰当合理，有一定的艺术感，美观、实用，能体现网站的基本功能即可。因此，在装修店铺时，最好给整个店铺定一个主色调，用于网站的标志、标题、主菜单和主色块，给人以整体统一的感觉，至于其他色彩，则应该只作为点缀和衬托，不能喧宾夺主。

在装修店铺时，除了要协调整体色彩外，所使用的图片、文案、字体等内容也要整体统一。另外，为了做外国人的生意，还要迎合外国人的习惯，例如对于欧美买家来说，他们追求的是简洁明了的设计风格、快速的导航设置。

3.3.2 购买装修模板

自己不会装修或想快速完成装修的卖家可以在装修市场选择模板。下面将介绍购买装修模板的操作方法。

01 在“店铺”页面中，单击“查看装修市场”超链接，如图 3-98 所示。

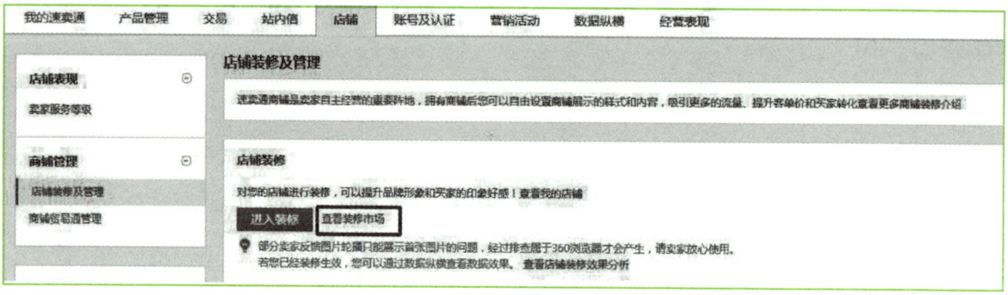

图 3-98　单击“查看装修市场”超链接

02 进入“装修市场”页面，选择并单击自己喜欢的装修模板超链接，进入“装修模板”页面，选择购买周期，单击“我要购买”按钮，如图 3-99 所示。

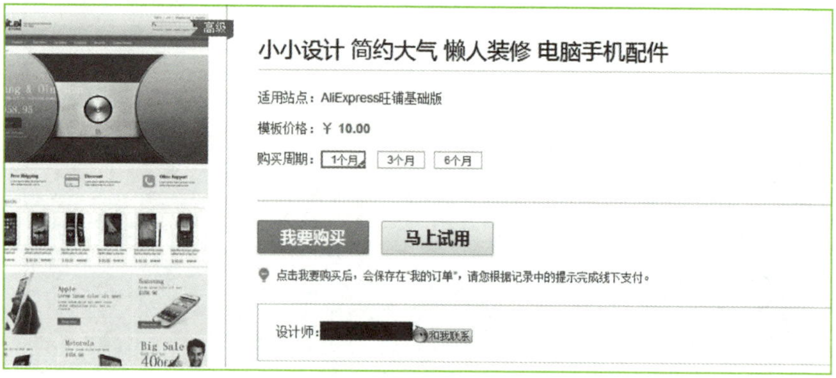

图 3-99　单击“我要购买”按钮

03 进入支付页面，再次根据提示完成支付，即可完场装修模板的购买。

3.3.3 认识店铺装修后台

在装修速卖通店铺时，有两种店铺装修方式，一种是购买模板装修，另一种是自己装修。当卖家使用“马上装修”功能时，则可以对店铺的页面管理和样式编辑等方面进行装修了。

1. 进入店铺装修后台

在装修店铺之前，首先要进入店铺装修后台，在“店铺”页面中，单击“马上装修”按钮，即可进入店铺装修后台，单击“装修”菜单，即可看到下拉菜单，包含“页面管理”和“样式编辑”两个子菜单，如图3-100所示。

图3-100 店铺装修后台

2. 页面管理

页面管理是店铺装修中最复杂也是最考验卖家装修能力的地方，卖家可以通过页面管理来增加、删除页面上的模块，以及修改模块的内容和顺序等。“页面管理”页面包含“页面编辑”和“布局管理”两个子界面，下面将对“页面管理”页面中的内容进行讲解。

（1）“页面编辑”界面

打开“页面管理”页面后，默认情况下将进入“页面编辑”界面，如图3-101所示，这个界面下，卖家可以在左侧选择需要编辑的页面（目前只开放了商铺首页的编辑，后续会增加其他页面），然后在右侧对这个页面中的内容进行编辑。

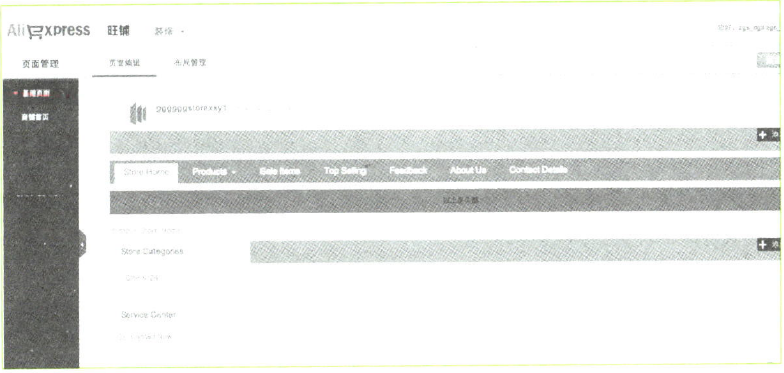

图3-101 “页面编辑”界面

在“页面编辑”界面中的右侧所有灰色区域都是不可编辑的，其余的区域如果想要编辑，则可以通过单击“添加模块”按钮，打开“模块管理”窗口，如图 3-102 所示，在打开的窗口中可以对图片店招、图片轮播、商品推荐、自定义内容区等模块进行添加编辑。

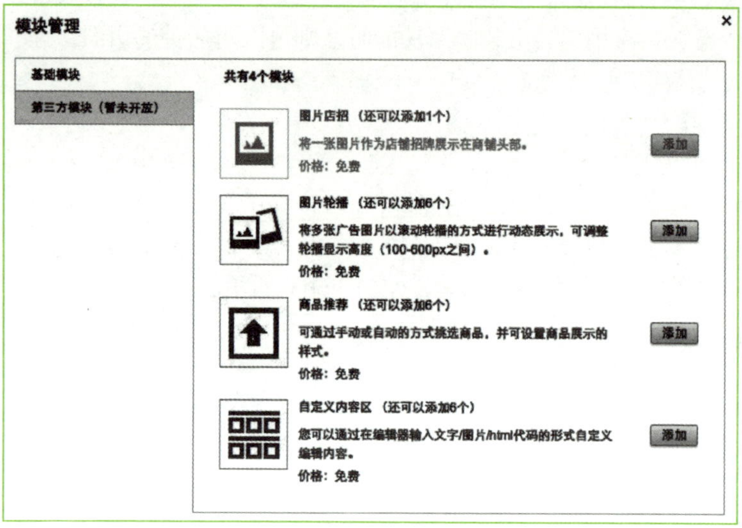

图 3-102 “模块管理”窗口

（2）“布局管理”界面

在“页面管理”页面中，单击“布局管理”选项卡，可以打开“布局管理”界面，如图 3-103 所示。

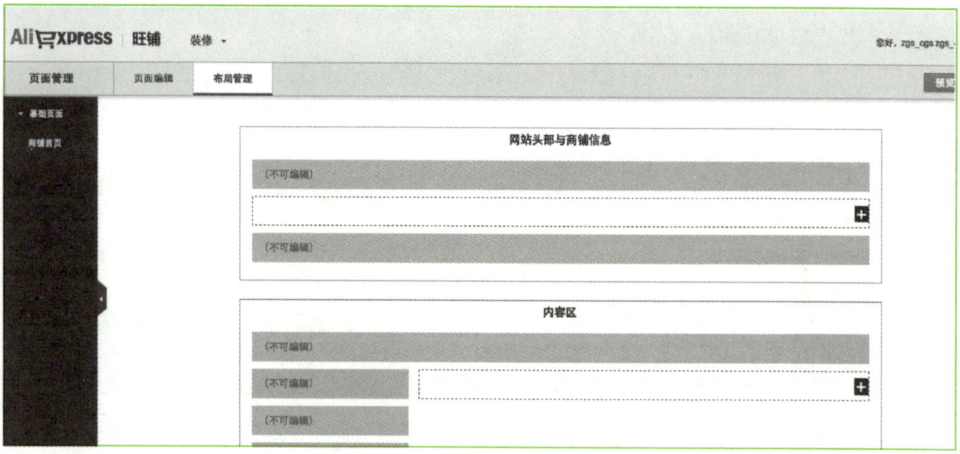

图 3-103 “布局管理”界面

在“布局管理”界面中，卖家可以看到整个店铺各个模块之间的布局结构，并可以从整体布局和风格上对店铺内容做出调整或者进行设置，同时可以进行模块的添加、顺序的移动及删除操作。需要注意的是，在这个页面中，不能进行模块具体内容的编辑操作，对具体内容的编辑操作是在“页面编辑”界面中进行。

店铺布局分为“可编辑”和“不可编辑”两种模块，“可编辑”模块为淡蓝色，将鼠标放置上去以后，会出现上下箭头（上下移动）、“+”号（添加模块）和“×”号（删除模块），卖家可以根据自己的需求进行操作。“不可编辑”模块为灰白色，不可以移动。

3. 样式编辑

在“样式编辑”页面中可以对商铺的背景颜色进行调整，如图 3-104 所示。在速卖通中提供了 4 种配色方案：湖蓝、蓝色、红色和棕色。一般情况下，店铺的背景颜色有两种展示方式：展示背景颜色和不展示背景颜色，卖家可以根据自己的喜好及版面设计要求进行选择并展示背景颜色。

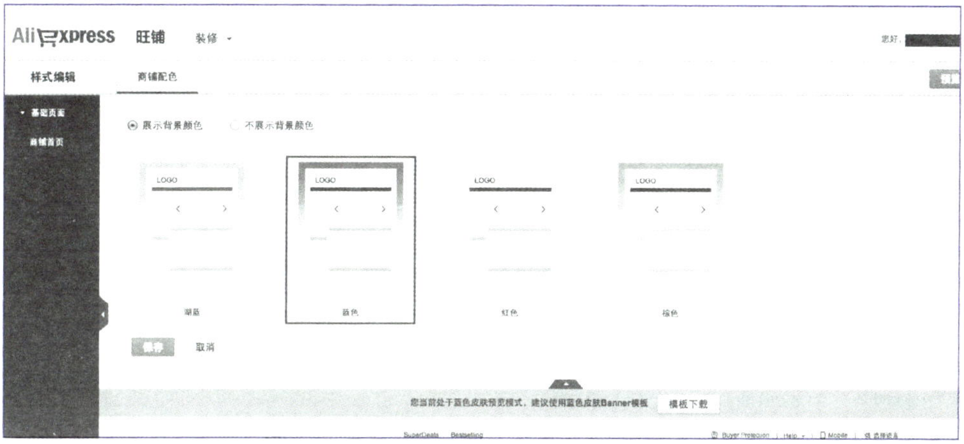

图 3-104 “样式编辑”页面

当选择对应的配色方案后，卖家可以在下方查看该配色方案的预览图，同时，卖家可以单击“模板下载”按钮，来下载速卖通中的视觉设计师设计好的 PSD 源文件，来快速生成一些商铺使用的图片。

3.3.4 设置“图片轮播”模块

图片轮播是卖家在商铺内展示一组图片的区域，一般情况下，可以设置 1 ~ 5 张图片（若设置一张图片则不轮播），并且为所有的图片分别指定超链接，在商铺前台实现图片轮流播放的效果，图片轮播的高度范围为 100 ~ 600px（像素），并且同一组轮播的图片最好宽度和高度保持一致，会给买家更好的体验。

01 在“页面编辑”界面中，单击“添加模块”按钮，打开“模块管理”窗口，在“图片轮播”选项组右侧，单击“添加”按钮，打开“图片轮播”界面，单击“添

加新图片”按钮，如图 3-105 所示。

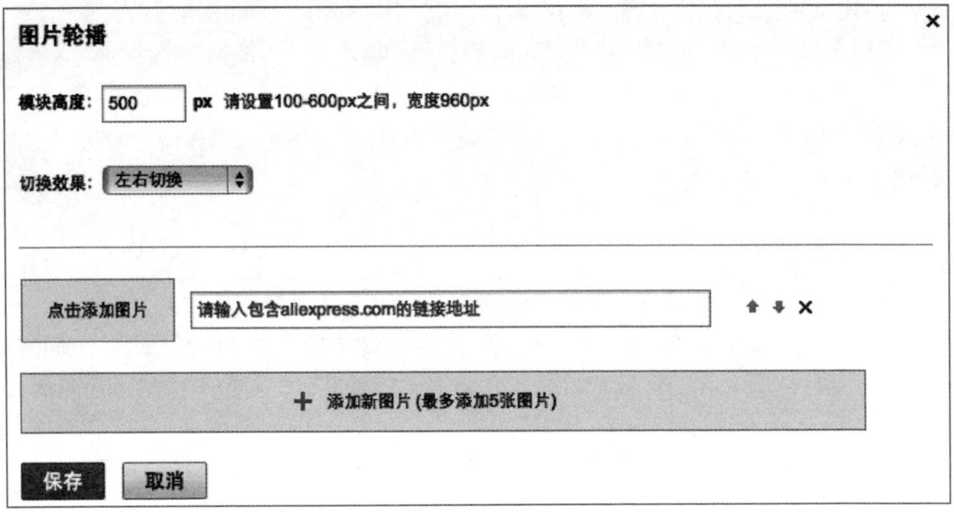

图 3-105　单击“添加新图片”按钮

02 在“图片轮播”界面的下方，将显示上传图片的区域，单击“从本机上传图片”按钮，如图 3-106 所示。

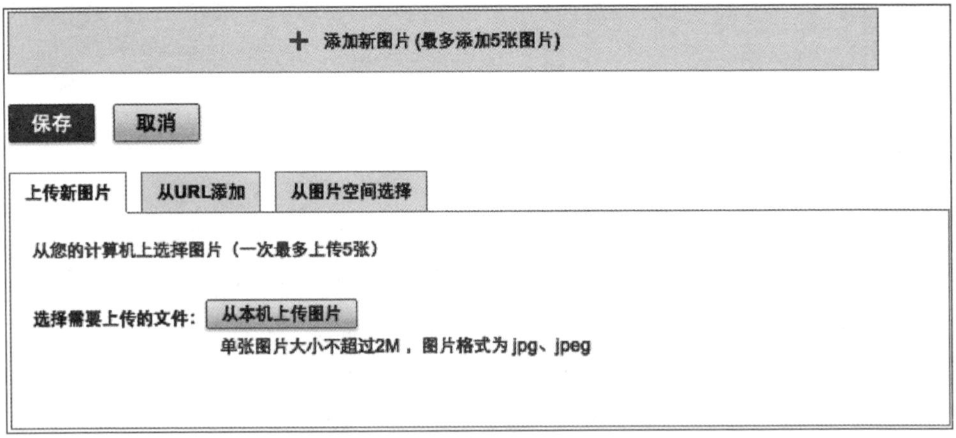

图 3-106　单击“从本机上传图片”按钮

03 即可选择图片并进行上传操作，图片上传成功后，单击“使用这张图片”超链接，如图 3-107 所示，即可在当前位置使用刚刚上传的图片。

图 3-107　单击“使用这张图片”超链接

3.3.5 设置“商品推荐”模块

“商品推荐”模块是商铺中最重要的模块，它承担了在商铺页面中向买家展示你的商品信息的任务，灵活运用好“商品推荐”模块可以有效地降低商铺商品管理的成本，并且可以提升商铺的转化率。在“页面编辑”界面中，单击“添加模块”按钮，打开“模块管理”窗口，在“商品推荐”选项组右侧，单击“添加”按钮，打开“商品推荐”界面，如图 3-108 所示。

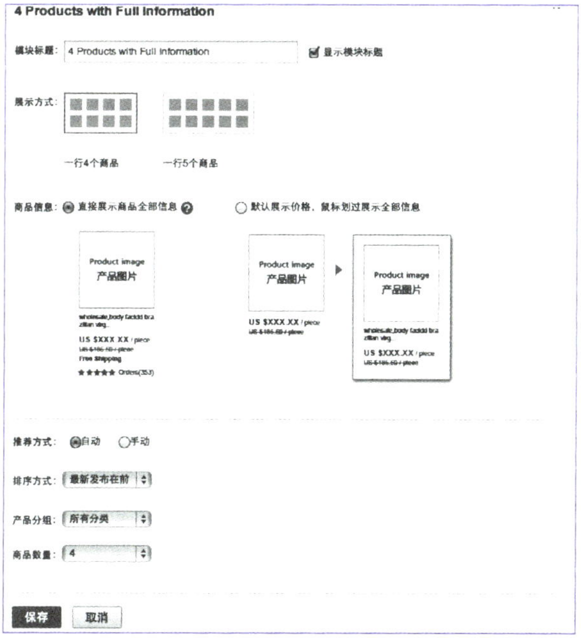

图 3-108 “商品推荐”界面

在打开的“商品推荐”界面中，各主要选项的含义如下：

- 模块标题：即商品推荐模块的标题，用于在装修平台标识出模块的名称，同时，如果选中“显示模块标题”复选框，那么在展示买家页面的时候展示标题栏，反之则不展示标题栏，直接展示商品信息。
- 展示方式：对于添加在右侧的商品推荐模块，可以选择一行展示 4 个或者 5 个商品，对于添加在左侧的商品推荐模块，则只能选择一列展示 4 ~ 20 个商品。
- 商品信息：对于添加在右侧的商品推荐模块，可以选择两种商品展示方式：一种是直接将商品的标题、价格、是否免运费、销量、评价等直接展示全；另一种是默认只展示价格，鼠标经过时才展示详细的信息。前者会让买家十分快捷地了解到商品的信息，但是文字内容较多，干扰较大，后者文字较少，可以让图片更加吸引买家的眼球，尤其适合服装等行业使用。
- 推荐方式：可以使用两种方式来设置商品推荐模块推荐的逻辑。

3.3.6 设置“图片店招”模块

店招是展示在商铺顶部，用于向买家展示商铺的LOGO、特色等的区域，店招图片在商铺内所有的页面都会展示，但是卖家只能设置一张图片，且店招的高度范围为100 ~ 150px（像素）。如图3-109所示为店招效果。

图3-109　店招效果

卖家在“模板管理”窗口中，单击“图片店招”右侧的“添加”按钮，将打开“店招”界面，在该界面中可以设置店招图片的大小并载入店招图片，如图3-110所示。

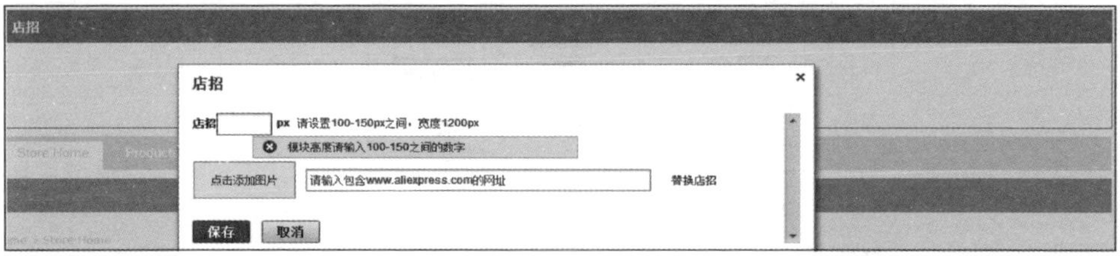

图3-110　“店招”界面

3.3.7 预览与发布店铺装修

在完成速卖通店铺的装修后，可以使用“预览”功能，预览装修的实时页面效果，当预览装修效果确认无误后，可以使用“发布”功能将装修成果发布到前台让卖家浏览。

01 在完成店铺的装修后，可以在店铺装修页面的右上角，单击“预览”按钮，如图3-111所示，即可预览装修效果。

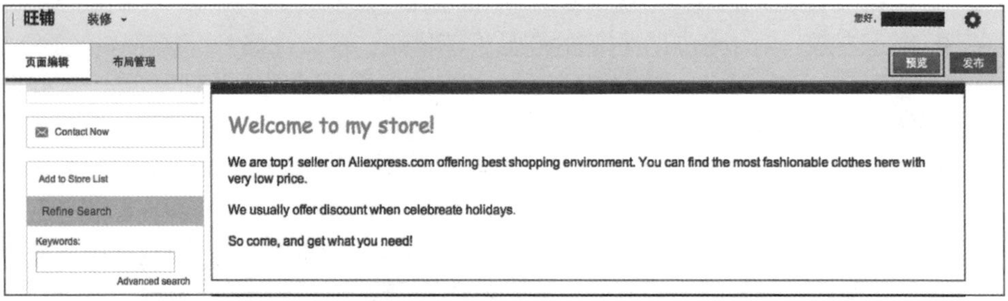

图3-111　单击“预览”按钮

02 预览后确认无误，则在页面的右上角单击“发布”按钮，如图 3-112 所示。

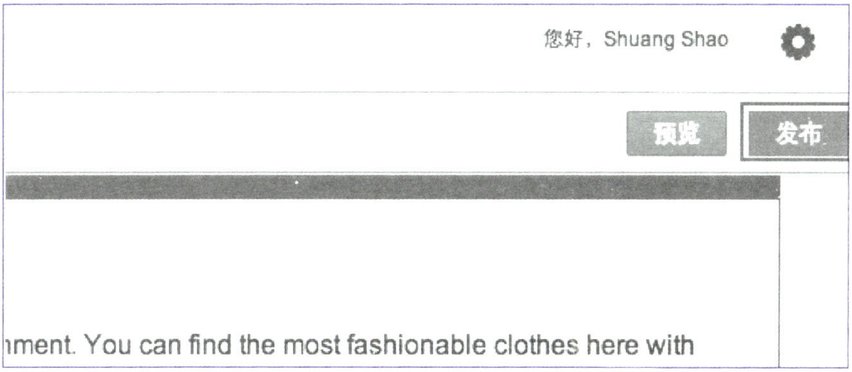

图 3-112　单击“发布”按钮

03 打开提示对话框，提示是否发布装修效果，单击“确定”按钮，如图 3-113 所示。

04 再次打开提示对话框，提示发布成功，单击“进入商铺”按钮，如图 3-114 所示，即可进入店铺，查看店铺装修效果。

图 3-113　单击“确定”按钮

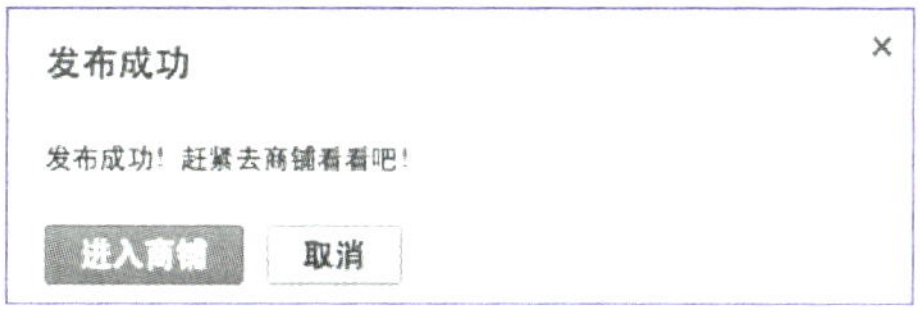

图 3-114　提示对话框

3.4 设置语言选择面板

语言文字的差异是买家购物过程中的一大阻碍，为了扩大自己的销售群体，卖家需要在店铺中设置语言选择板块，店铺中语言选择板块做得好，不仅可以引导买家进入自己熟悉的语言页面，而且可以起到美化与充实店铺的作用。设置语言选择面板首先是确定语言选择面板的位置，其次是添加语言图标与超链接地址。

3.4.1 确定语言选择面板的位置

语言选择面板可放置于 3 个位置，分别是网站头部的店招中、内容区的左侧与右上侧，如图 3-115所示。

图 3-115　语言选择面板的位置

放置于店招中的语言选择面板需要在装修市场购买模板，平台提供的模板只能上传图片。5 元的模板没有语言选择面板，只有 10 元的模板有，购买的模板已设计好语言选择面板，如图 3-116 所示。如果卖家想不花钱设置语言选择面板，那就只能将语言选择面板放置于内容区。

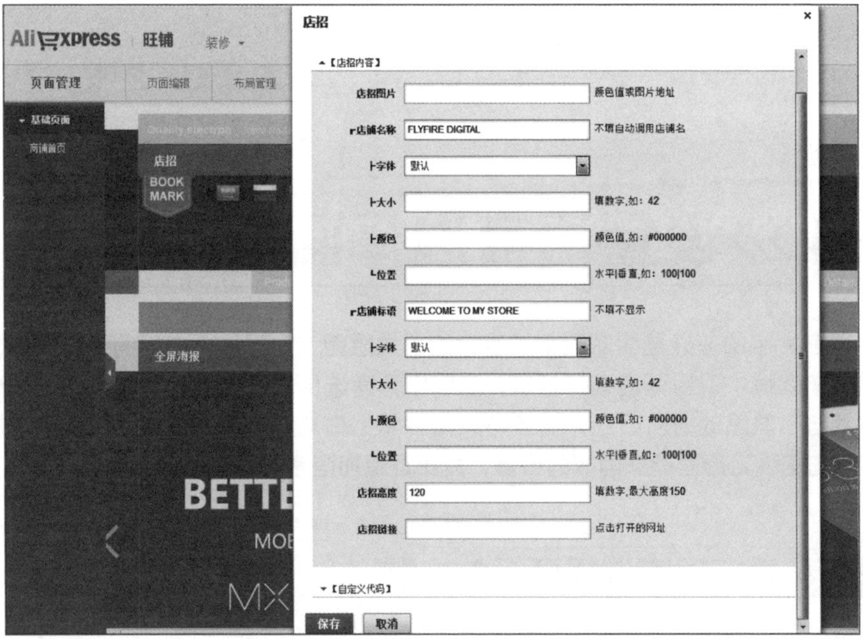

图 3-116　装修模板

3.4.2 添加语言图标和超链接地址

在添加语言图标与超链接地址前，先要从网上收集相应的语言图标与超链接地址。速卖通支持的语言有 16 种，除英语外其他语言分别是 Russian（俄语）、Portuguese（葡萄牙语）、Spanish（西班牙语）、French（法语）、Indonesian（印度尼西亚语）、German（德语）、Italian（意大利语）、Dutch（荷兰语）、Turkish（土耳其语）、Japanese（日语）、Korean（韩语）、Thai（泰语）、Vietnamese（越南语）、Arabic（阿拉伯语）、Hebrew（希伯来语）。卖家在发布信息的时候输入的英语，速卖通可自动转换为其他 15 语言。

卖家店铺的语言地址为：http:// 语言的英文名称 .aliexpress.com/store/ 店铺地址，例如卖家的德语地址为 http://de.aliexpress.com/store/182956547，那么意大利语的地址为 http://it.Aliexpress.com/store/182956547，其中改变就是语言的英文名称简写，卖家需要将这些简写形式记住。

网上有许多语言图标，收集以上各种语言的图标，要求大小与风格一致，如图 3-117 所示为部分语言的图标。

图 3-117　语言图标

找好语言图标后在语言图标中添加店铺的语言地址，下面介绍具体步骤。

01 进入店铺装修页面中，本例将语言选择功能放置在内容区的右上侧，在内容区的右上侧添加自定义模板，在模板的标题框中输入 Choose Your Language，单击自定义模板中的“图像”按钮，添加图片，如图 3-118 所示，添加后可以拖动图片进行排序。

图 3-118　添加语言图标

02 图片添加好后选中图标，然后单击“插入超链接”按钮，输入与图标相符的超链接地址，单击“测试链接”按钮查看超链接地址是否正确，测试无误后单击“确认”按钮完成添加，如图 3-119 所示，按同样的方式添加其余的超链接地址。

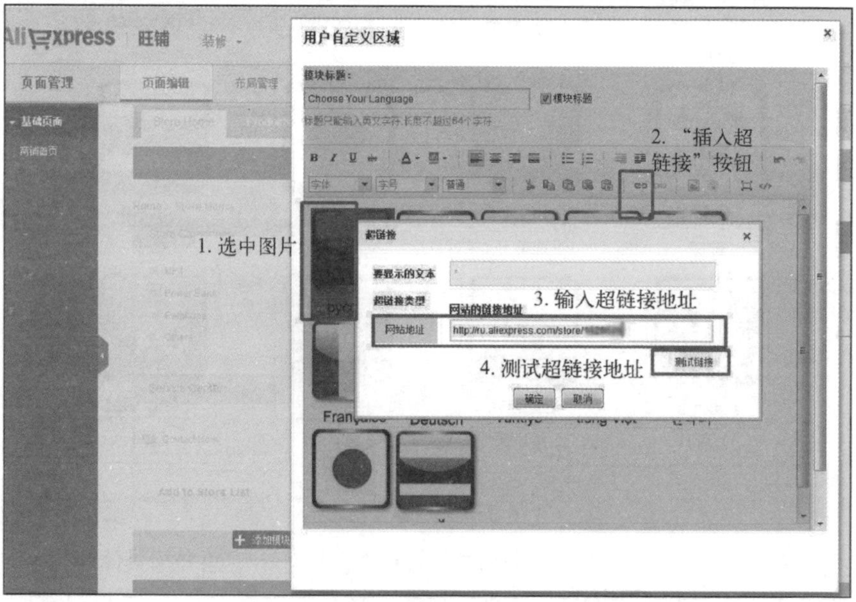

图 3-119　添加超链接地址

03 设置好的语言选择面板方便买家选择自己想要的语言店铺，如图 3-120 所示，单击语言面板中的图标，可以自动转到该图标标识的语言店铺中。

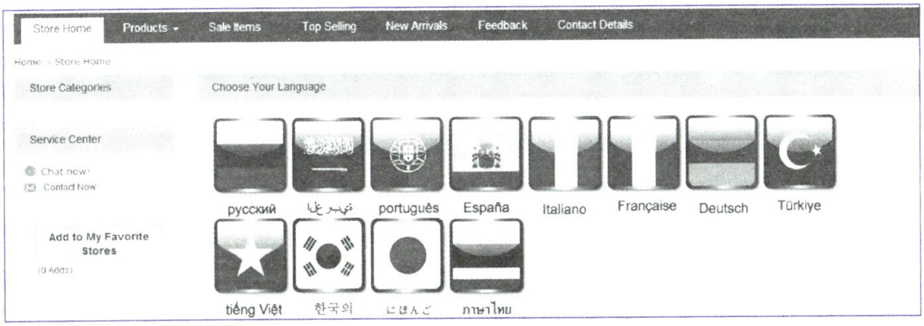

图 3-120　店铺的语言选择面板

3.5 »» 使用淘代销发布产品

淘代销是速卖通平台为卖家提供的一款产品发布工具，可以帮助卖家将淘宝和天猫上的商品信息自动翻译成英文，方便、快捷地批量导入速卖通平台。下面将详细讲解使用淘代销发布产品的操作方法。

3.5.1 认领淘宝产品

淘代销功能拥有淘宝产品一键导入、自动翻译全力协助、批量工具自主修改、图片空间不受限制 4 大核心功能，能够帮助速卖通卖家将淘宝网上的产品轻松地采集到全球速卖通平台进行销售。下面将详细介绍认领淘宝产品的具体步骤。

01 登录速卖通进入“我的速卖通”页面，在页面左侧的列表中，选择“淘宝产品代销”选项，如图 3-121 所示。

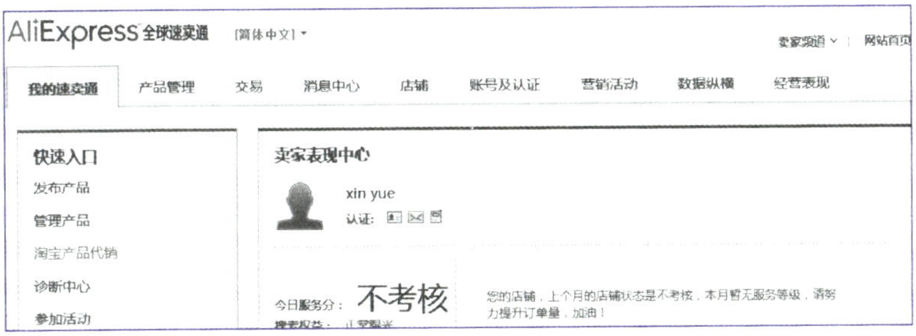

图 3-121　选择“淘宝产品代销”选项

02 进入“产品管理”页面，在文本框中输入淘宝店铺名称，单击“马上查询”按钮，如图 3-122 所示。

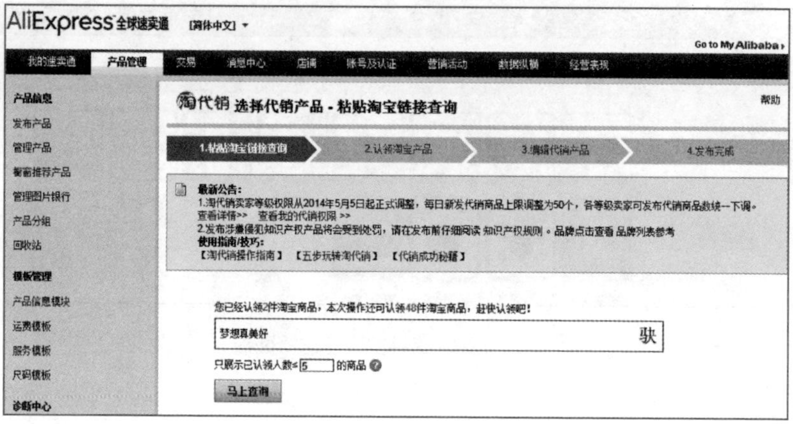

图 3-122　单击“马上查询”按钮

03 即可显示出查询结果，选择需要认领的衣服，单击其右侧的“认领”按钮，如图 3-123 所示。

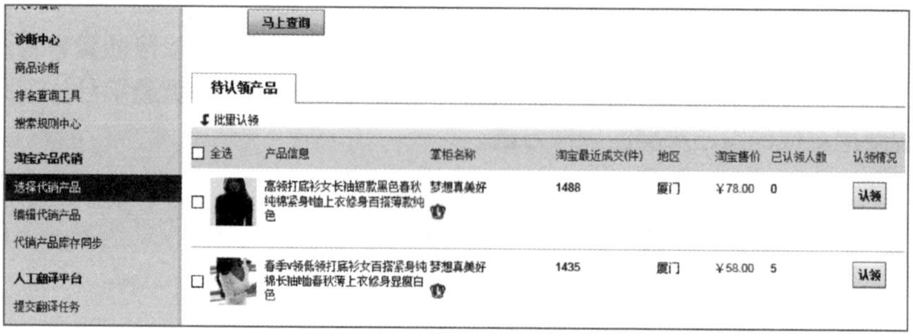

图 3-123　单击“认领”按钮

04 即可成功认领淘宝产品，并打开提示对话框，提示认领成功信息，如图 3-124 所示。

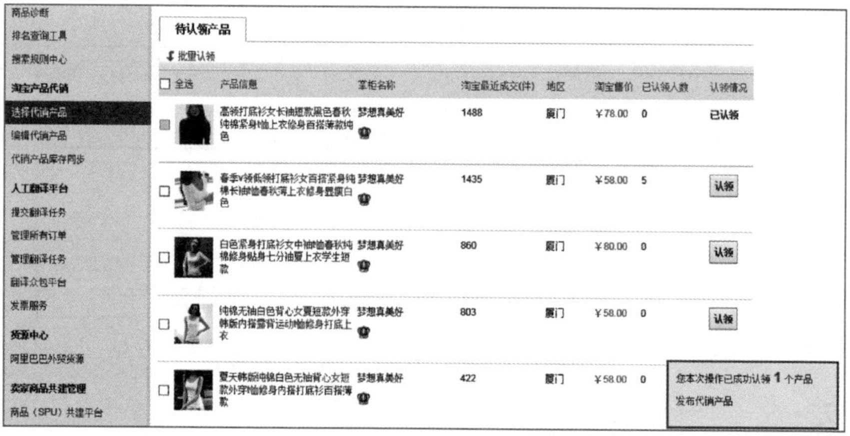

图 3-124　成功认领产品

3.5.2 编辑淘代销产品

在认领了淘宝的产品后，还需要在有效期内（7 天内），将产品的价格、重量、体积和运费填写齐全。在对代销产品进行编辑时，一般要编辑或确认以下信息。

◆ 产品标题：系统是通过翻译引擎，对淘宝标题进行导入和翻译的。

◆ 关键词：系统根据代销产品所在的类目，自动预设一个关键词。

◆ 类目属性：系统将淘宝产品的类目属性进行自动翻译，并自动映射成速卖通的类目属性；无法完全对应的属性，补充到自定义属性中。

◆ 产品主图：系统默认抓取淘宝产品的第一张主图。

◆ 简要描述：系统不提供导入。

◆ 详细描述图片：系统自动对淘宝产品的原始图片链接进行直接引用，不占用图片银行空间；但若卖家自主编辑且插入新的产品图片，则需要占用图片银行空间。

◆ 详细描述文本：系统不提供详细描述文本导入和翻译。

◆ 交货时间：系统默认为 7 天。

◆ 产品有效期：系统默认预设为 30 天。

◆ 重量、体积：系统不提供预设，需要补全发布。

◆ 运费模板：系统不提供预设，需要补全发布。

◆ 产品零售价格：已认领产品的初始美元价格，是在淘宝产品原始零售价格（非打折价格）的基础上，加上 10 元人民币国内运费，根据 6.2 的美元汇率来初步换算，并且加上了平台手续费率的。建议卖家根据自己的实际情况，合理调整。

下面将详细介绍编辑淘代销产品的具体步骤。

01 在"我的速卖通"页面中，选择"产品管理"选项，如图 3-125 所示。

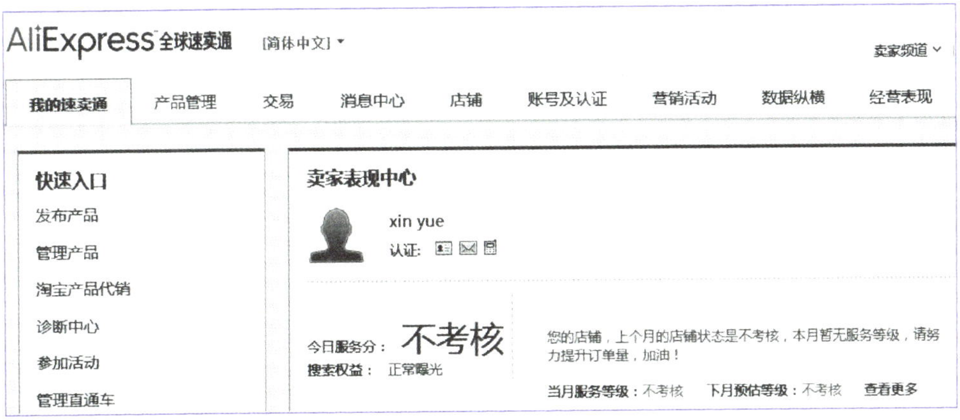

图 3-125 选择"产品管理"选项

02 进入“产品管理”页面，在“淘宝产品代销”列表中，选择“编辑代销产品”选项，如图 3-126 所示。

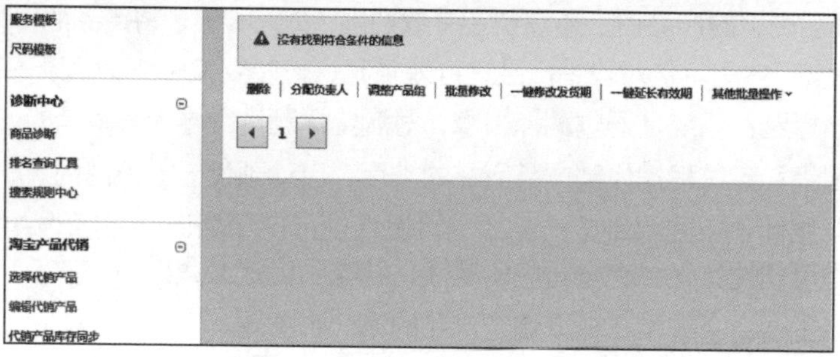

图 3-126 选择“编辑代销产品”选项

03 进入“编辑代销产品”页面，选择合适的淘宝产品，并单击其右侧的“编辑发布”超链接，如图 3-127 所示。

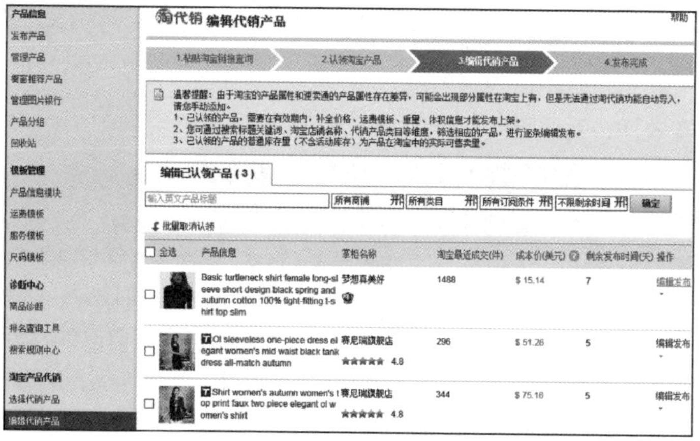

图 3-127 单击“编辑发布”超链接

04 进入“发布产品”页面，如图 3-128 所示，依次输入产品的价格、重量和邮费等信息，单击“提交”按钮，即可完成淘代销产品的编辑。

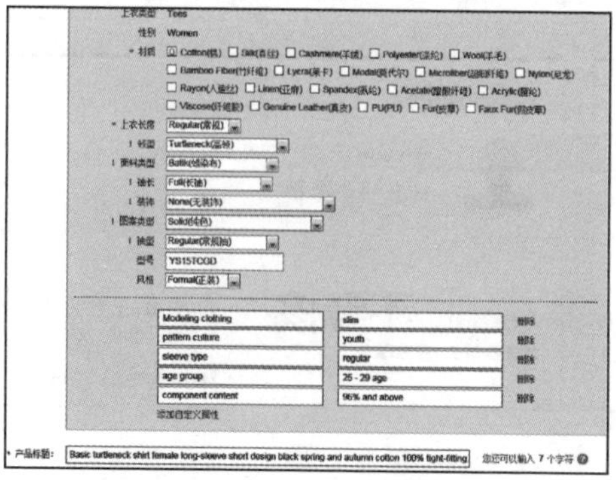

图 3-128 “发布产品”页面

3.5.3 发布淘代销产品

在完成淘代销产品的编辑后，单击“提交”按钮，即可提交发布的代销产品，并显示发布完成信息，如图 3-129 所示，当提交完成后，产品会进入审核状态，审核通过之后，即可上架销售。

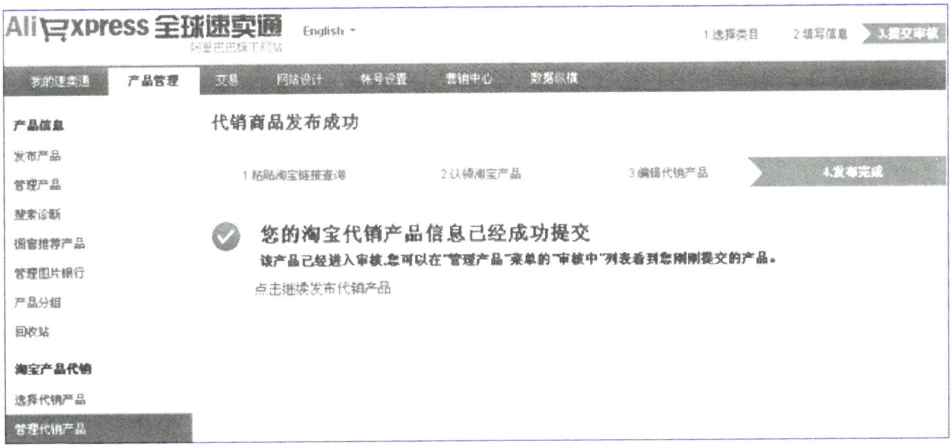

图 3-129　发布淘代销产品

3.5.4 查看代销权限

速卖通对淘代销的数量有严格限制，根据卖家等级不同来设定允许的数量。下面将介绍查看代销权限的具体步骤。

01 在“产品管理”页面中的“选择代销产品”界面中，单击“查看我的代销权限”超链接，如图 3-130 所示。

02

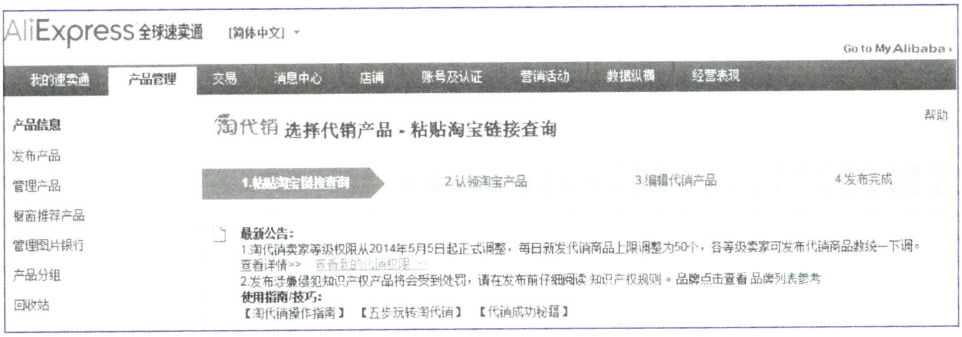

图 3-130　单击“查看我的代销权限”超链接

03 即可打开代销权限页面，如图 3-131 所示，在该页面中可以查看当前的淘代销等级对应的可发布淘代销商品总数，以及每日新发代销产品数。

AliExpress 全球速卖通
阿里巴巴旗下网站

尊敬的[redacted]

您当前的淘代销等级对应的可发布淘代销商品总数为100，每日新发代销产品数限制为50个。

请您合理安排，严肃对待，发布信息质量优质的代销商品。

提示：若卖家店铺成交不卖率、纠纷提起率过高，严重影响到买家购物体验，速卖通平台有权关闭卖家的淘代销权限。

淘代销卖家等级权限如下表所示：

代销等级	代销权限		等级生效条件
	每日新发限额	可发布代销商品数	
初级	50 个	100	1、完成账号认证 2、完成收款账户设置 3、速卖通账号当前不受网规处罚
中级	50 个	200	1、历史成功交易订单数>=5 笔 2、成功交易率>=80% 3、速卖通账号当前不受网规处罚
高级	50 个	500	1、历史成功交易订单数>=10 笔 2、成功交易率>=90% 3、速卖通账号当前不受网规处罚
提醒：目前已发布的代销商品不会受代销权限调整影响			

图 3-131　查看代销权限

第4章

速卖通店铺的商品与订单管理

当卖家在速卖通店铺中上传了大量的商品以后，就需要对商品进行科学的管理，尤其是当产品数量成千上万以后，管理就成为日常工作中很重要的组成部分。对商品的管理包含对发布过的产品进行编辑或调整、对店铺产品的选品和定价、对订单进行管理等。本章将详细讲解速卖通店铺的商品与订单管理技巧，以备卖家在后面的产品操作中能够更有效率地进行管理。

4.1 »有条理地管理店铺产品

在上传好店铺产品后，就需要对店铺中的产品进行管理，如诊断商品、修改发布的商品信息、修改商品发货期、下架商品及重新上架商品等。本节将详细讲解管理店铺产品的技巧。

4.1.1 诊断商品

商品诊断用于判定卖家发布的商品信息是否真实、准确、符合要求，在“商品诊断”页面中，可以看到商品诊断信息，如图 4-1所示。

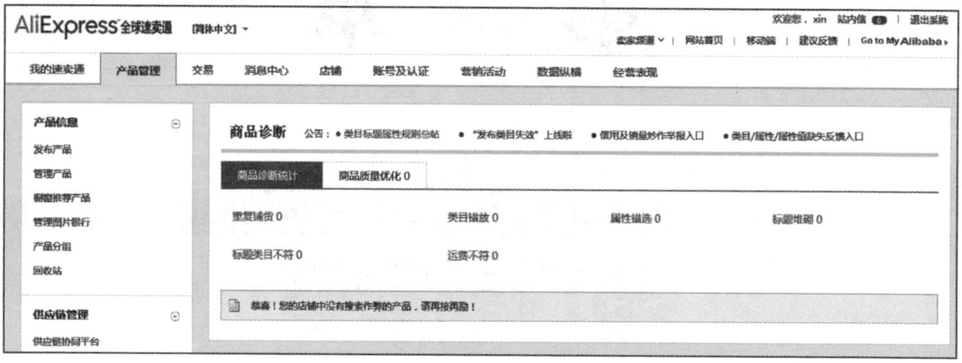

图 4-1 “商品诊断”页面

在卖家后台登入速卖通账号的时候，如果发布的商品信息有问题，进入后台页面时就会跳出提示信息，如图 4-2 所示。

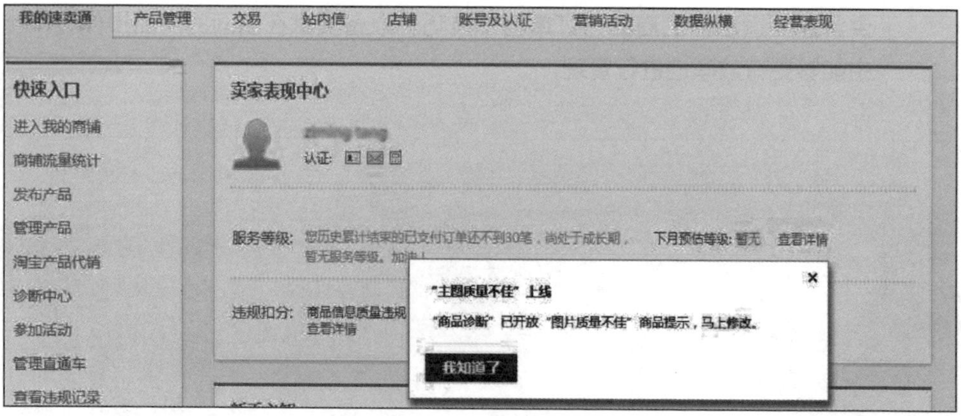

图 4-2 商品诊断信息

4.1.2 修改发布的商品信息

有的商品信息在发布后可能还需要对其进行修改，修改主要有以下几种：

- 信息填写错误。在发布商品信息的过程中，填错的情况在所难免，发布后卖家发现信息填写错误可以修改。
- 有的卖家在进货的时候有可能会遇到货品与上次的货品不一样的情况，这种情况就要修改商品信息。
- 需要完善商品信息的描述。

卖家第一次发布商品的时候，大多没有充分准备，商品信息描述得不完整，但为了获得订单卖家还是得快速发布，这就意味着商品信息发布后修改是不可避免的。在修改时要进入“正在销售”页面，如图 4-3 所示，可以直接在这个页面修改库存，但是更多的信息修改需要单击“编辑”按钮进入商品信息发布时的页面来进行修改。修改并单击“提交”按钮之后会跳出审核页面，这个过程与商品发布时的过程是一样的。

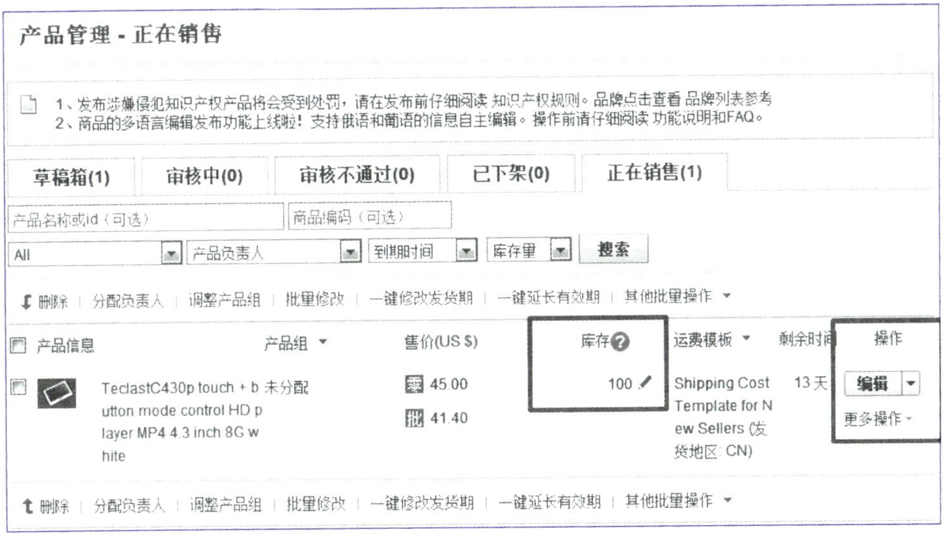

图 4-3 修改发布的商品信息

4.1.3 一键修改发货期

发货期是指买家在选择好商品并确定订单后，卖家接受订单后的一个发货时间。但是一般在春节、国庆节等重大节假日期间，常常会出现因为放假不能发货的问题。因为存在这种情况，速卖通提供了“一键修改发货期”的功能来相应解决该问题，卖家可以在放假前统一修改或延长发货期，让产品保持在线，既能留住订单，也不用担心发货期太短带来的纠纷和拍而不卖的情况出现。

在修改发货期时，有两种修改方式：一种是直接把所有的发货期改为一个指定的天数，或者增加（减少）一定的时间；另一种是在输入框中直接输入负数即可。

在“产品管理 - 正在销售”页面中，单击“一键修改发货期”超链接，打开“一键修改发货期”对话框，在打开的对话框中进行修改即可，如图 4-4 所示。

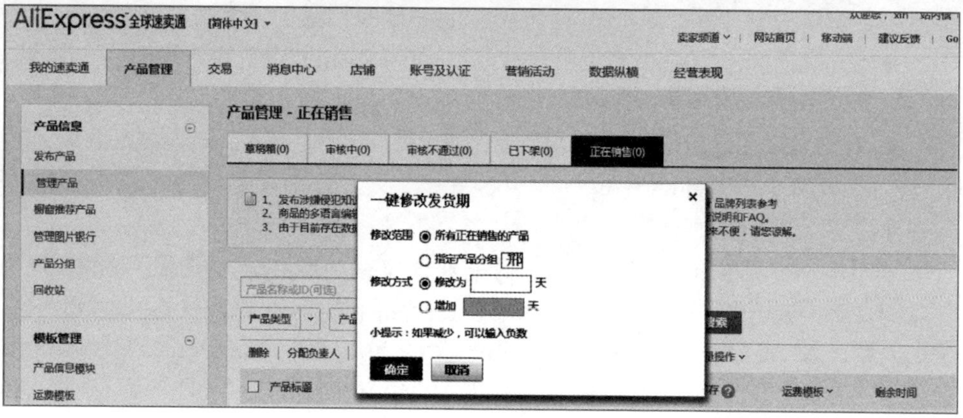

图 4-4　“一键修改发货期”对话框

4.1.4 一键延长有效期

一般情况下，速卖通店铺中的商品有效期是 14 天和 30 天，过了有效期的商品将会从“正在销售”状态转为“已下架”状态。但是使用“一键延长有效期”功能则可以在商品有效期快到期时，再次进行有效期的自动延长。

所有在 72 小时（3 天）内即将到期的产品都会出现在“我的速卖通”中的产品信息中，如果卖家有产品快要到期，会在这边有直观的显示，并且通过单击后面的数字，可以直接到达管理产品的列表页面，并且为卖家筛选出到期时间在 3 天内的产品，在“产品管理”页面，卖家还可以通过单击“一键延长有效期”按钮来对所有到期时间在 3 天内的产品进行有效期的延长（延长至产品设置的有效期，即 14 天或者 30 天），如图 4-5 所示。

对于到期时间在 3 天内的产品，卖家也可以通过在产品右侧“编辑”下拉菜单中选择“延长有效期”选项来对某个产品单独进行有效期的延长，如图 4-6 所示。

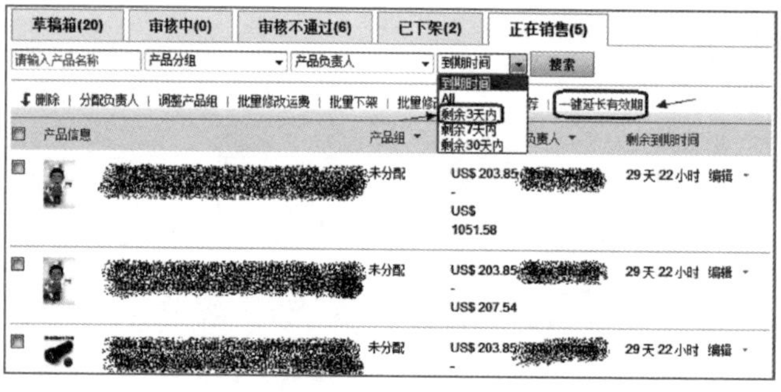

图 4-5　筛选出到期时间在 3 天内的产品

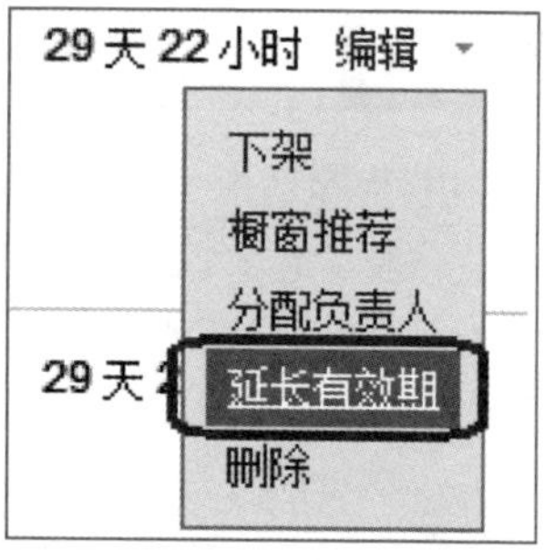

图 4-6　选择“延长有效期”选项

4.1.5 下架商品

有的商品卖家不卖了，需要从货架上撤下来，以免出现买家下了单卖家却无法发货的情况。下架商品时请单击“正在销售”页面中的“更多操作”下拉按钮，在“更多操作”下拉菜单中选择“下架”选项即可，如图 4-7 所示。

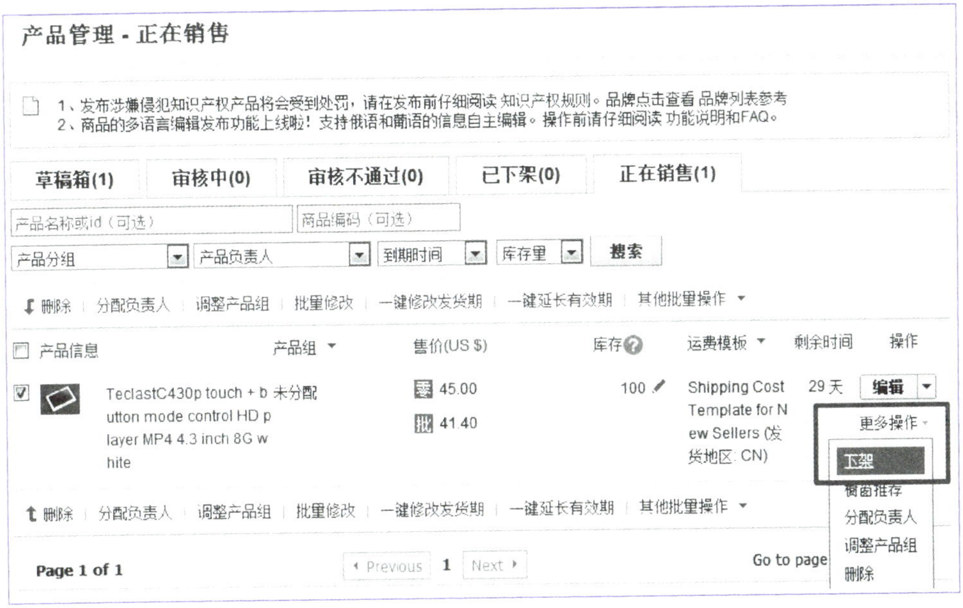

图 4-7　选择“下架”选项

4.1.6 重新上架商品

下架后的商品信息会转到已下架页面中，在已下架页面中最好填写下架原因，这样便于卖家下次选择是否需要上架，如果需要重新上架，则在“更多操作”下拉菜单中选择“上架”选项，如图 4-8 所示。如果下架原因是手动下架，则选择“上架”选项后下架状态马上转为正在销售状态；如果是其他原因可能要经速卖通审核才会批准上架请求。

4.1.7 删除商品信息

有的商品信息卖家彻底不需要了，这时就可以将其删除。删除商品信息有 3 种类型，一种是直接删除正在销售的商品信息，一种是删除已下架的商品信息，还有一种是删除草稿箱中的商品信息。操作到商品信息删除环节，商品信息的发布过程才算完全终结。

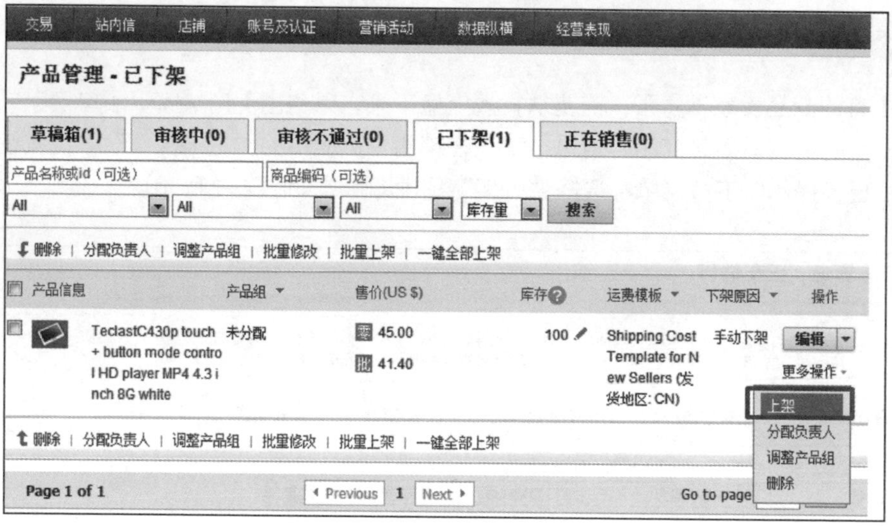

图 4-8　重新上架商品

4.1.8 商品布局信息

在添加多个产品信息后，可以对商品信息进行重新布局，如添加商品分组、关联产品链接等。通过重新布局商品信息，可以方便卖家的管理。

1. 类别分组与排序

商品的类别分组可便于买家查找，同时也方便卖家管理，速卖通为此设定了这一管理功能。进入速卖通卖家平台，单击“我要销售”一栏，选择“产品分组与排序”即可看到，如图 4-9 所示。

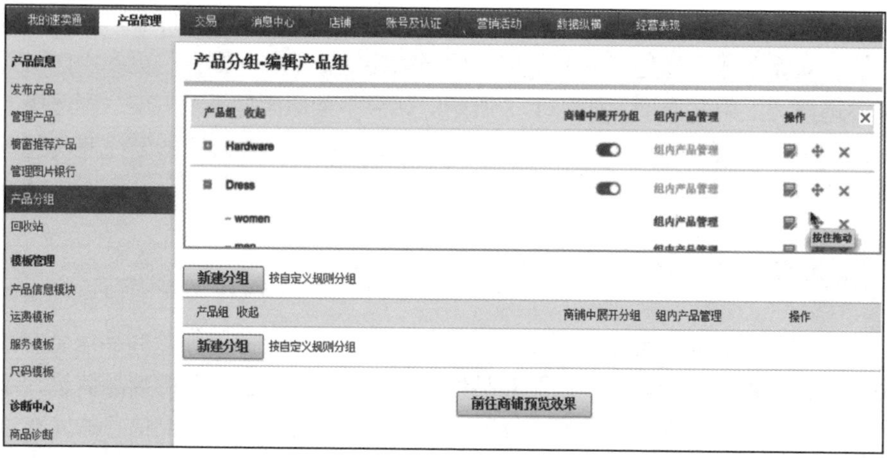

图 4-9　产品分组与排序页面

产品的分组有 3 种依据，下面将分别进行介绍。

- ◆ 按照类别分组，这种分组方式使用得较多，但不一定适合销售。
- ◆ 将热销的产品放到一组。
- ◆ 将促销的产品放到一组。

在对商品信息进行分组前需要建立几个大的类别文件夹，大的类别文件的设立需依据自己的经营范围，确定自己的经营范围后细分商品类别，规定商品的类别名称。商品信息的类别分组在买家平台显示为商品信息的类目，因此这个分组的设定不只是为了便于卖家管理商品信息，更是为了便于买家在类目查看卖家的商品。这也是商品组的名称不能采用非英文的原因。

下面将介绍设置商品信息分组的具体步骤。

01 在你的速卖通店铺后台中，选择“产品管理”选项，进入“产品管理”页面，选择“产品分组”选项，进入“产品分组－编辑产品组”页面，单击“新建分组”按钮，如图 4–10 所示。

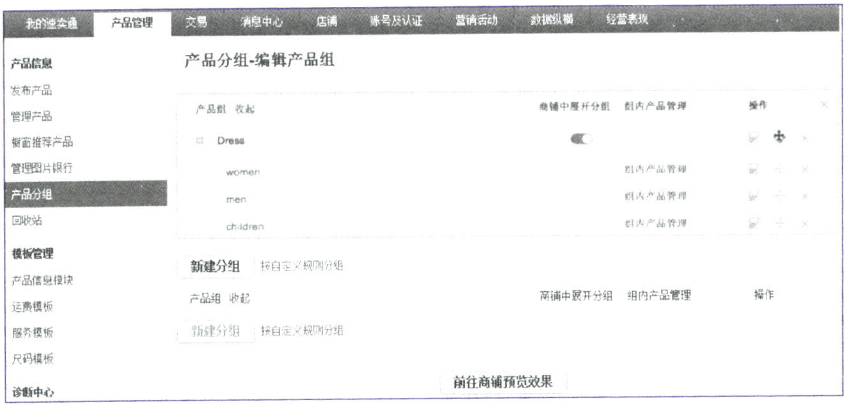

图 4–10 单击“新建分组”按钮

02 显示“产品组”文本框，输入名称，单击“保存”按钮，如图 4–11 所示。

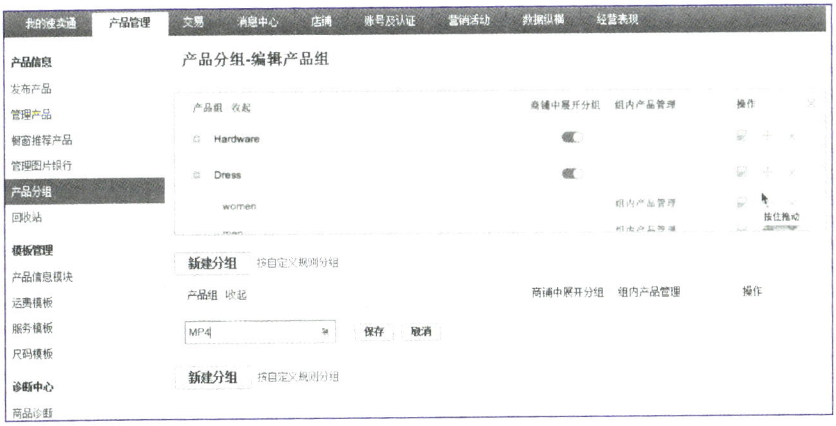

图 4–11 单击“保存”按钮

03 完成上述操作后即可创建产品组，并显示新创建的产品组，并单击其右侧的“组内产品管理”超链接，如图 4-12 所示。

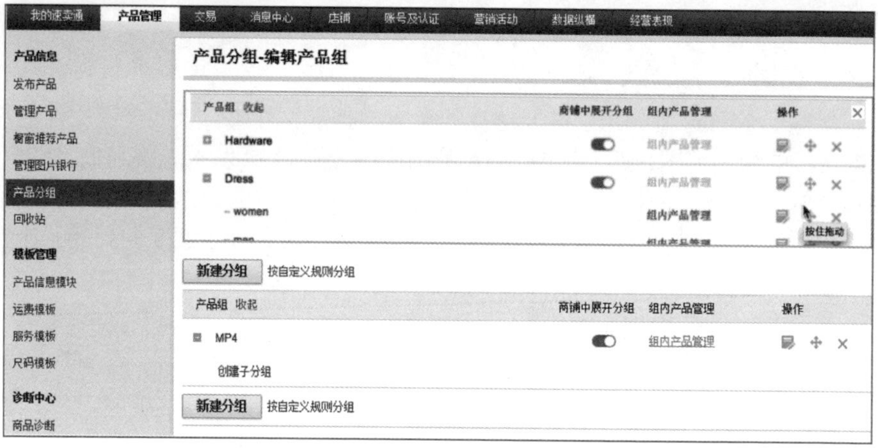

图 4-12 单击“组内产品管理”超链接

04 进入“产品分组 -MP4 组内产品管理”页面，单击“添加产品”超链接，如图 4-13 所示。

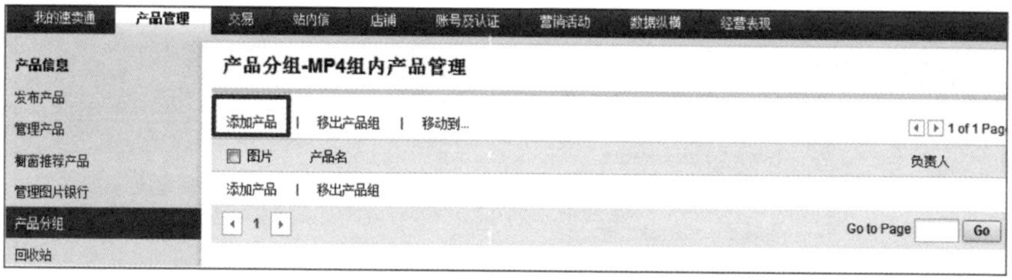

图 4-13 单击“添加产品”超链接

05 进入“添加产品”页面后选择商品信息，单击“确认”按钮后，被选的商品信息自动添加到组内，如图 4-14 所示。

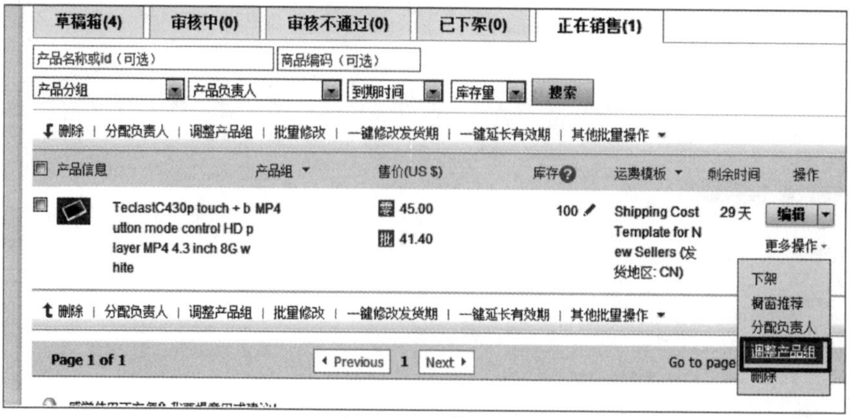

图 4-14 添加组内产品

2. 关联产品链接

有些产品之间有关联，比如同类产品之间可进行比较选择，商品的互补关系意味买一件商品就得买另一件商品，配件产品有很大的几率跟随主产品被售出。为便于买家查看相关商品，提高商品的销售量，卖家可用相关链接的方式为买家提供便捷查看服务，为此速卖通设定一个产品互联工具。产品互联工具在速卖通卖家后台的“详细描述模板”中，“详细描述模板”有一个“插入关联产品”按钮，使用该按钮，可以插入多个产品，如图 4-15 所示。

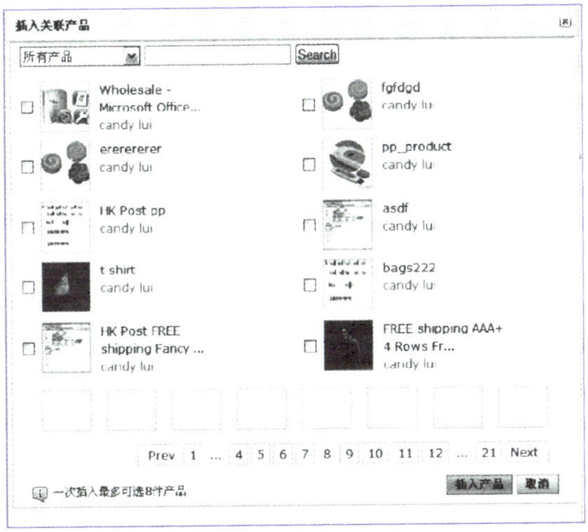

图 4-15　插入多个产品

在进行产品关联前要建立关联产品模块，产品模块的建立在产品信息模板中操作，将关联产品模板的名称填好，然后选择需要关联的商品信息，关联模板中共有 8 个格子可供插入，如图 4-16 所示。关联后预览效果，如果觉得可以直接单击“提交”按钮，当买家浏览其中一件产品时，关联的产品则会显示关联广告位上。

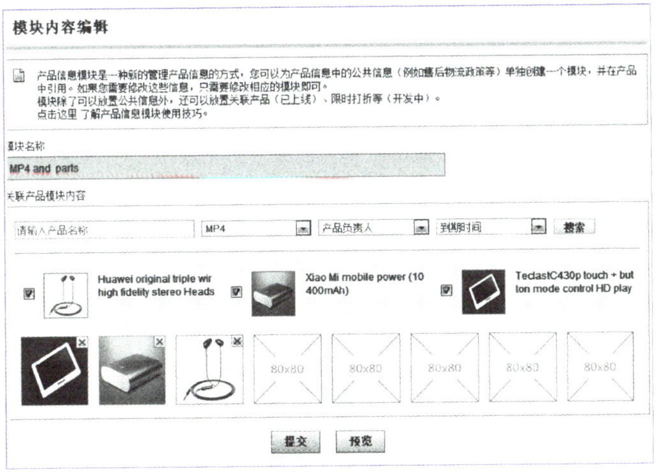

图 4-16　插入关联产品信息

4.2 店铺商品的选品技巧

作为速卖通卖家，均认为最让人头疼的问题是“商品销量好、竞争弱、市场空间大”，因此，选行选品成为了速卖通卖家最基础的工作，行业和产品选得好，可以事半功倍；相反，则可能事倍功半。

4.2.1 行业选品

根据平台当前产品销售情况确定卖家要经营的行业和产品的方法叫“行业选品”。在“行业选品”模块中包含行业概况和蓝海行业两个子模块。下面将对这两个子模块进行介绍。

1. 行业概况

在速卖通后台的“数据纵横”页面中，在“商机发现”列表中，选择“行业情报”选项，即可显示“行业概况”页面，在该页面中可以选择速卖通平台下的所有二级行业下对应的品类产品，时间标准包含 7 天、30 天和 90 天，如图 4–17 所示。

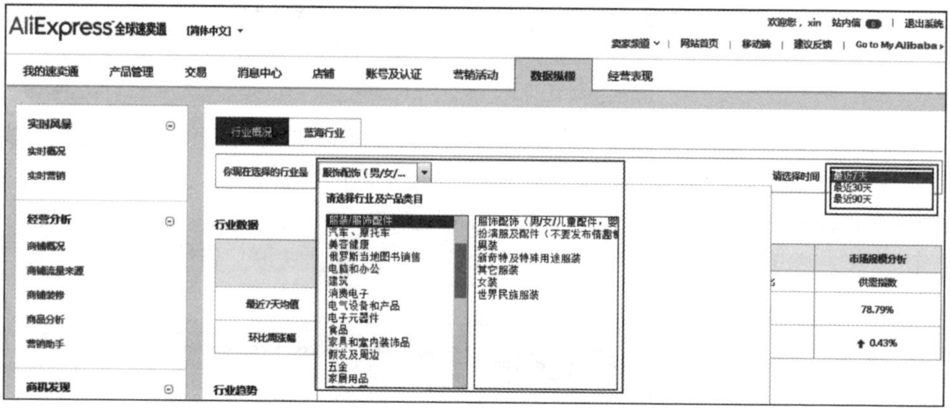

图 4–17 “行业概况”页面

在“行业概况”页面中包含行业数据、行业趋势和行业国家分布 3 个区域，下面将分别进行介绍。

（1）行业数据

行业数据用于显示产品行业的数据变动和市场行情变化情况。例如，以“美容健康”行业为例，查看美容健康行业最近 30 天的流量、成交转化和市场规模数据。在“你现在选择的行业是”下拉列表框中，选择“美容健康”行业，则“行业数据”选项组中的数据会发生变化，如图 4–18 所示。

行业概况 | 蓝海行业

你现在选择的行业是 底妆/遮瑕 请选择时间 最近30天

行业数据

	流量分析		成交转化分析		市场规模分析
	访客数占比	浏览量占比	支付金额占比	支付订单数占比	供需指数
最近30天均值	4.72%	1.94%	0.55%	0.56%	32.69%
环比周涨幅	↑ 1.72%	↑ 1.04%	↓ -9.84%	↓ -6.67%	↓ -1.98%

图 4-18 “行业数据”选项组

在“行业数据”选项组中，各指标的定义如下：

◆ 访客数占比：在统计时间段内行业访客数占上级行业访客数的比例。

◆ 浏览量占比：在统计时间段内行业浏览量占上级行业浏览量的比例。

◆ 支付金额占比：在统计时间段内行业支付成功金额（排风控）占上级行业支付成功金额（排风控）的比例。

◆ 支付订单数占比：在统计时间段内行业支付成功订单数（排风控）占上级行业支付成功订单数（排风控）的比例 。

◆ 供需指数：在统计时间段内行业的商品指数 / 流量指数。供需指数越小，竞争越小。

（2）行业趋势

“行业趋势”选项组包含“趋势图”和“趋势数据明细”两个选项卡。其中，在“趋势图”选项卡中可以帮助卖家查看选择行业（零配件）在某个相对时间段内的数据趋势情况，如图 4-19 所示，在查看趋势图时，卖家还可以选择“支付金额占比”“浏览量占比”“支付订单数占比”和“供需指数”等选项依次查看相关趋势图，了解各指标的相关走势。

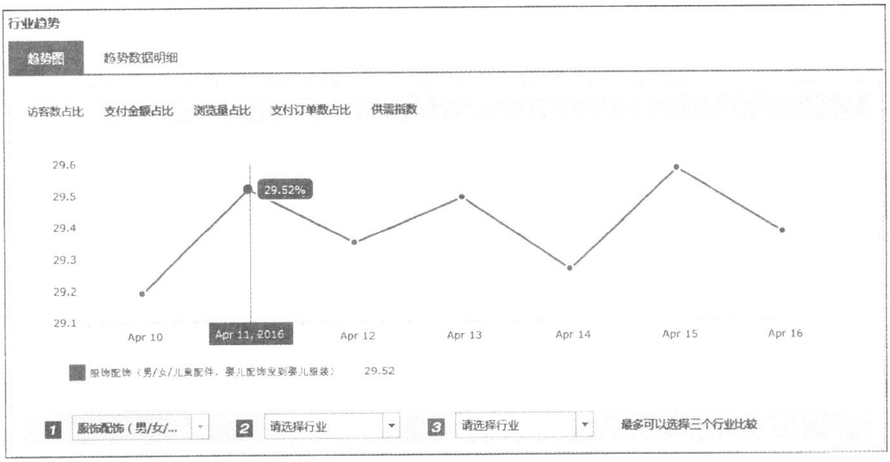

图 4-19 “趋势图”选项卡

在“趋势图”选项卡中还可以再选择两个行业进行对比分析，以从横向角度充分了解市场行情的变化情况，选择较好的产业，如图 4-20 所示。

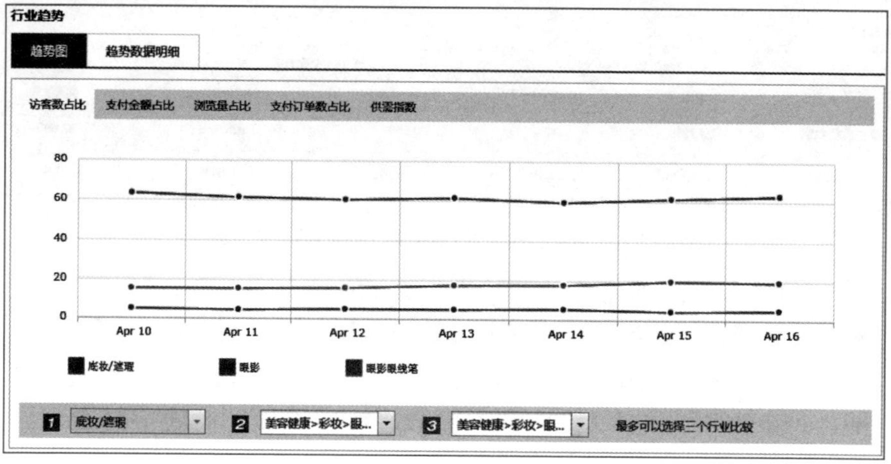

图 4-20　多行业对比分析

在“趋势数据明细”选项卡中提供了所选择行业每天的数据情况，并且能够下载最近 30 天的原始数据做进一步分析，如图 4-21 所示，例如 4 月 13 日的流量分析、成交转化分析及市场规模分析一目了然。

行业趋势

趋势图　趋势数据明细　　下载最近30天原始数据

	流量分析		成交转化分析		市场规模分析
	访客数占比	浏览量占比	支付金额占比	支付订单占比	供需指数
2016-04-10	29.19%	15.95%	16.95%	28.19%	79.99%
2016-04-11	29.52%	16.61%	17.94%	29.29%	78.11%
2016-04-12	29.35%	16.7%	18.65%	30.46%	78.27%
2016-04-13	29.49%	16.79%	18.85%	30.38%	78.28%
2016-04-14	29.26%	16.36%	17.83%	29.75%	79.18%
2016-04-15	29.58%	16.22%	17.56%	30.38%	78.21%
2016-04-16	29.38%	15.9%	17.37%	29.08%	79.59%

1

图 4-21　“趋势数据明细”选项卡

（3）行业国家分布

在“行业国家分布”选项组中可以看到哪些国家对这种行业的需求比较大，卖家可以根据选定行业的“访客数”和“支付金额”的分布情况，在进行商品发布及运费设置时，做更多的针对性操作，以便让目标国家的海外买家可以更加方便地购买商品，提升商品的转换率，如图 4-22 所示。

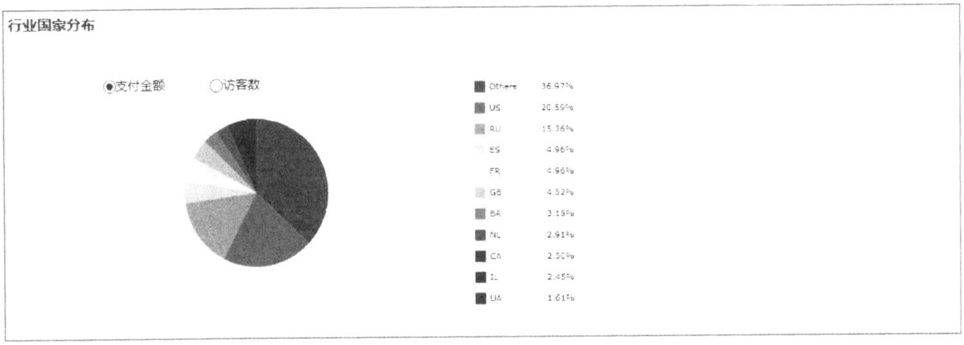

图 4-22 “行业国家分布”选项组

2. 蓝海行业

蓝海行业是指当前竞争相对不激烈，需求大于供给，充满新的商机和机会的行业。在“行业情报”页面中，单击“蓝海行业”选项卡，切换至“蓝海行业”选项卡，在该选项卡中包含“一级行业蓝海程度”和“蓝海行业细分”两个选项组。

（1）一级行业蓝海程度

速卖通平台推荐了 9 个一级的蓝海行业，蓝色越深的行业表示竞争越不激烈，卖家会有更大的发展空间，如图 4-23 所示。

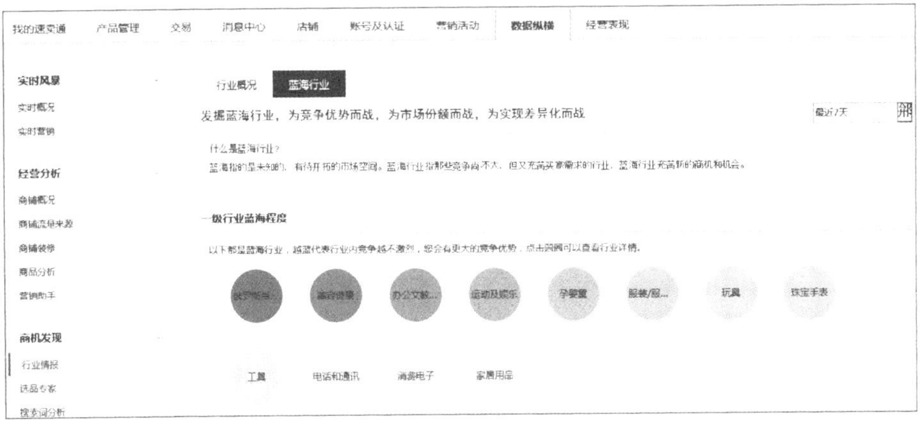

图 4-23 “一级行业蓝海程度”选项组

（2）蓝海行业细分

在“蓝海行业细分”选项组中可以帮助卖家进一步选择更细化的优势蓝海行业，例如，在选项组的相应列表框中，选择“汽车、摩托车”行业，在该行业下又将细分出具体的商品，如图 4-24 所示。

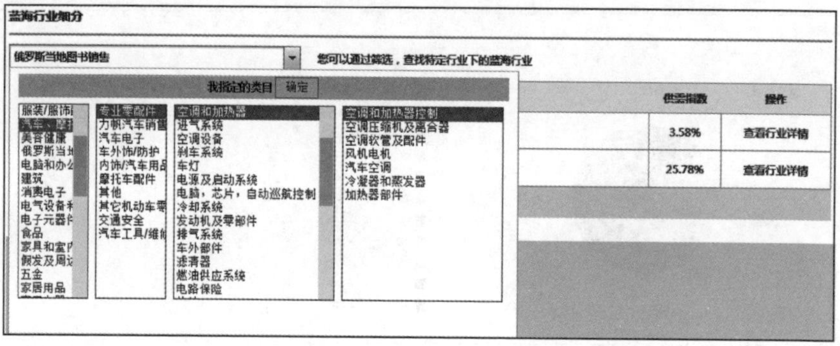

图 4-24 “蓝海行业细分”选项组

在“蓝海行业细分”选项组中，单击“查看行业详情”超链接，如图 4-25 所示，则可以返回到对应的“行业趋势”选项组，以方便卖家研究更加详细的数据，进而快速塑造竞争优势，赚取更多的商业机会。

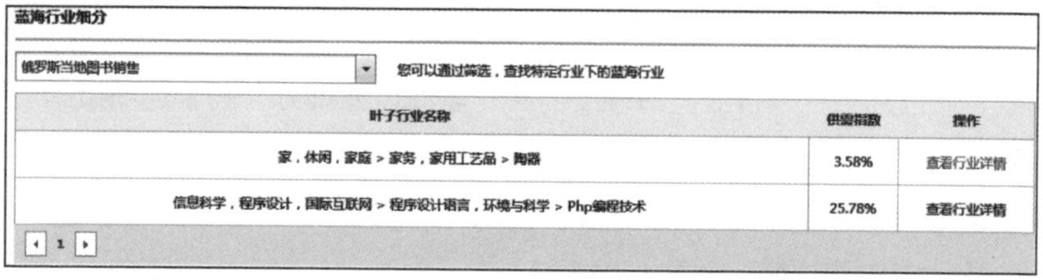

图 4-25 单击“查看行业详情”超链接

4.2.2 产品选品

产品选品是以行业为维度，提供行业下热卖商品和热门搜索关键词的数据，让用户能够查看海量丰富的热卖商品资讯，并多角度分析买家搜索关键词。一般情况下，产品选品包含属性选品、关键词选品、网站推荐选品及同行业卖家款式参考选品 4 种选品方式，下面将分别进行介绍。

1. 属性选品

产品的属性选品需要用到的工具是选品专家，该工具包含“热销”和“热搜”两个维度。其中，“热销”代表卖家角度，“热搜”代表买家角度，如图 4-26 所示。

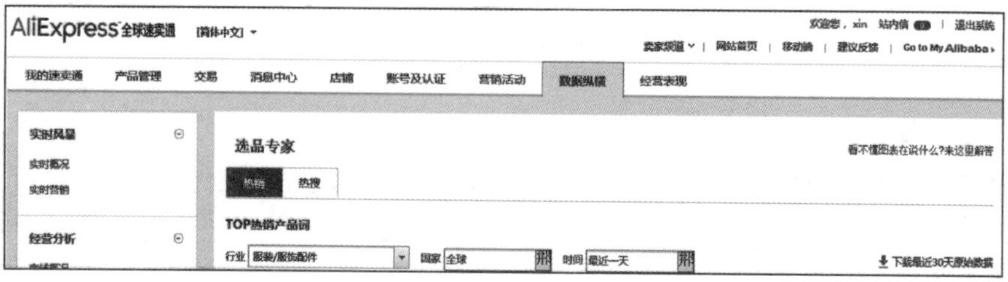

图 4-26 “选品专家”页面

(1) 热销

在“选品专家”页面中，选择“热销”维度，选择服装行业下的女装，“国家”选择“全球”范围，“时间”选择“最近 7 天”，即可显示出热销数据，如图 4-27 所示。在选择完成后，单击页面中的“下载最近 30 天原始数据”超链接，即可下载 Excel 表格，并查看表格中的数据，如图 4-28 所示。在下载完表格后，从卖家角度可以看出卖家主要在卖哪些属性的女装，根据这些属性的特征来选择所要经营的女装款式。

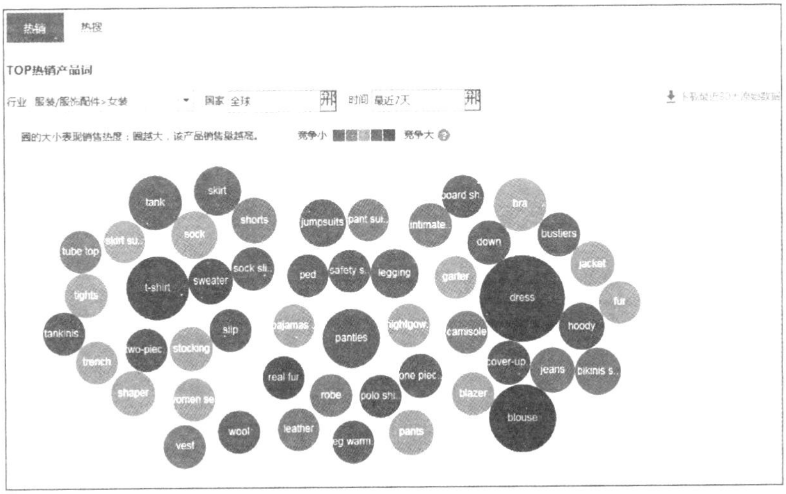

图 4-27　显示出热销数据

	A	B	C	D	E	F
1	行业	国家	商品关键词	成交指数	浏览-支付转化率排名	竞争指数
2	女装	全球	bikinis set	12831	13	0.35
3	女装	全球	blazer	2811	27	0.46
4	女装	全球	blouse	75434	1	1.16
5	女装	全球	ɔoard short	217	46	0.04
6	女装	全球	bra	32571	3	0.53
7	女装	全球	bustiers	2709	33	0.94
8	女装	全球	camisole	547	38	0.41
9	女装	全球	cover-ups	2660	29	0.19
10	女装	全球	down	3647	34	0.75
11	女装	全球	dress	123403	5	2.03
12	女装	全球	fur	346	48	0.67
13	女装	全球	garter	2242	26	0.35
14	女装	全球	hoody	11367	21	0.97

图 4-28　Excel 表格

在下载的表格中有 3 个指标，下面将分别进行介绍。

◆ 成交指数：在所选行业及所选时间范围内，累计成交订单数经过数据处理后得到的对应指数。成交指数不等于成交量，指数越大，成交量越大。

◆ 浏览—支付转化率排名：在所选行业及所选时间内，商品关键词的支付转化率排名。

◆ 竞争指数：在所选行业及所选时间范围内，商品关键词对应的竞争指数。指数越大，竞争越激烈。

（2）热搜

在“选品专家”页面中，选择“热搜”维度，选择美容健康行业下的彩妆，“国家”选择“全球”范围，“时间”选择“最近 7 天”，即可显示出热搜数据，如图 4–29 所示。

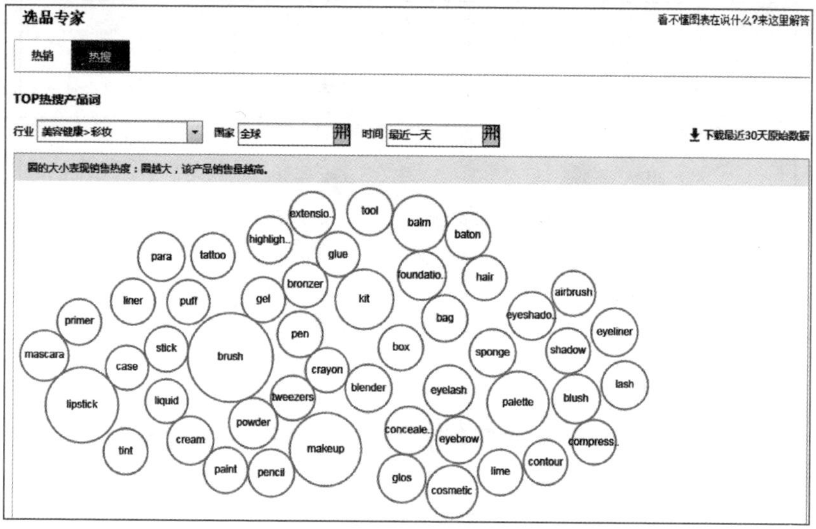

图 4–29　显示出热搜数据

在选择完成后，单击页面中的“下载最近 30 天原始数据”超链接，即可下载 Excel 表格，并查看表格中的数据，如图 4–30 所示。在下载完表格后，从卖家角度可以看出买家主要在买哪些属性的彩妆，根据这些属性的特征来选择所要经营的彩妆产品。

	A	B	C	D	E	F	G
1	行业	国家	商品关键词	搜索指数	搜索人气	浏览-支付转化率排名	竞争指数
2	彩妆	全球	airbrush	1347	647	45	88.05
3	彩妆	全球	bag	2600	1906	46	64797.1
4	彩妆	全球	balm	8862	3837	36	13.2
5	彩妆	全球	baton	2080	871	48	3634.03
6	彩妆	全球	blender	3337	1632	32	14.02
7	彩妆	全球	blush	4546	2083	35	44.09
8	彩妆	全球	box	1636	1144	47	11592.5
9	彩妆	全球	bronzer	1809	886	26	15.04
10	彩妆	全球	brush	32494	12482	19	348.72
11	彩妆	全球	case	1073	726	43	1456.76
12	彩妆	全球	compressor	1174	748	50	249.71
13	彩妆	全球	concealer	3530	1527	25	84.9
14	彩妆	全球	contour	1613	789	41	54.17

图 4–30　Excel 表格

在下载的表格中有 4 个指标，下面将分别进行介绍。

- ◆ 搜索指数：在所选行业及所选时间范围内，搜索该关键词的次数经过数据处理后得到的对应指数。搜索指数不等于搜索次数，指数越大，搜索量越大。
- ◆ 搜索人气：在所选行业及所选时间范围内，搜索该关键词的人数经过数据处理后得到的对应指数。搜索人气不等于搜索人数，人气越大，搜索人越多。
- ◆ 浏览—支付转化率排名：在所选行业及所选时间内，商品关键词的支付转化率排名。
- ◆ 竞争指数：在所选行业及所选时间范围内，商品关键词对应的竞争指数。指数越大，竞争越激烈。

2. 关键词选品

在进行产品选品时，除了属性选品之外，还有关键词选品。关键词选品是通过“搜索词分析”功能帮助卖家轻松查询买家搜索关键词，可分行业、分国家查询最近 7 天或者 30 天买家搜索的热门词、飙升词及零少词，并还可以通过下载原始数据查看搜索词报告。

（1）热搜词

“热搜词”指标包括是否品牌词（需要提交授权证明，否则会被处罚）、搜索人气、搜索指数、点击率、浏览—支付转化率、竞争播放，以及 TOP3 热搜国家等，在“数据纵横”页面中，选择“商机发现”列表框中的“搜索词分析”选项，进入“搜索词分析”页面，选择“热搜词”维度，选择好产品行业，即可显示出产品搜索词的人气数据，并查看最高的人气数据，如图 4-31 所示，卖家可以根据搜索词里面买家的搜索词来选择行业的产品。

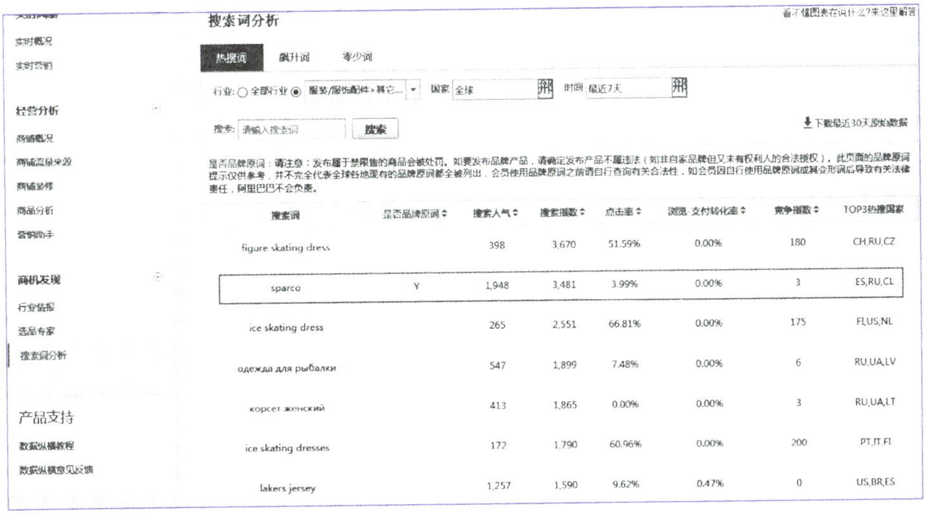

图 4-31 “热搜词”页面

(2) 飙升词

“飙升词”的指标包括是否品牌词、搜索指数、搜索指数飙升幅度、曝光商品数增长幅度、曝光卖家数增长幅度等。在“飙升词”的指标数据中，卖家需要更加关注“搜索指数飙升幅度”数据，该指标的飙升幅度越大，就意味着最近这段时间买家的关注度越集中，而且很有可能是新生产品；而“曝光商品数增长幅度”和“曝光卖家数增长幅度”也从侧面反映出买家的消费需求，其数值越大，对这种产品需求的增加速度也越快。

在“数据纵横”页面中，选择“商机发现”列表框中的“搜索词分析”选项，进入“搜索词分析”页面，选择“飙升词”维度，选择好产品行业，即可显示出产品飙升词的人气数据，如图 4-32 所示。

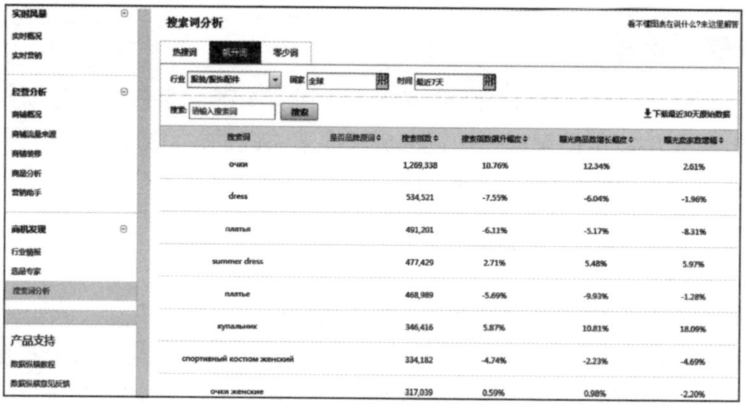

图 4-32 “飙升词”页面

(3) 零少词

“零少词”是指具备一定相关热搜程度，但供应商发布产品较少，通常该词对应的精确匹配产品数量不超过一页，并且在同行业中竞争度较低的关键词。

在“数据纵横”页面中，选择“商机发现”列表框中的“搜索词分析”选项，进入“搜索词分析”页面，选择“关键词”维度，选择好产品行业，即可显示出产品零少词数据。例如，选择“消费电子”行业，将显示出该行业中的零少词数据，如图 4-33 所示。

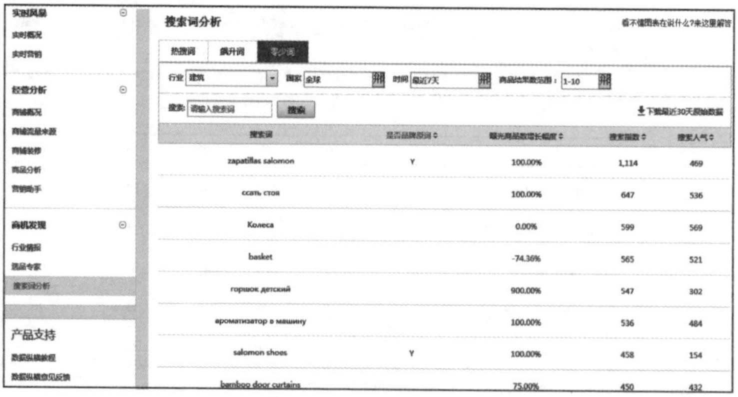

图 4-33 “零少词”页面

3. 网站推荐选品

在速卖通平台中都含有一些行业在某个时间段内的流行趋势，例如男装行业在速卖通平台中流行的类目产品，如图 4–34 所示。

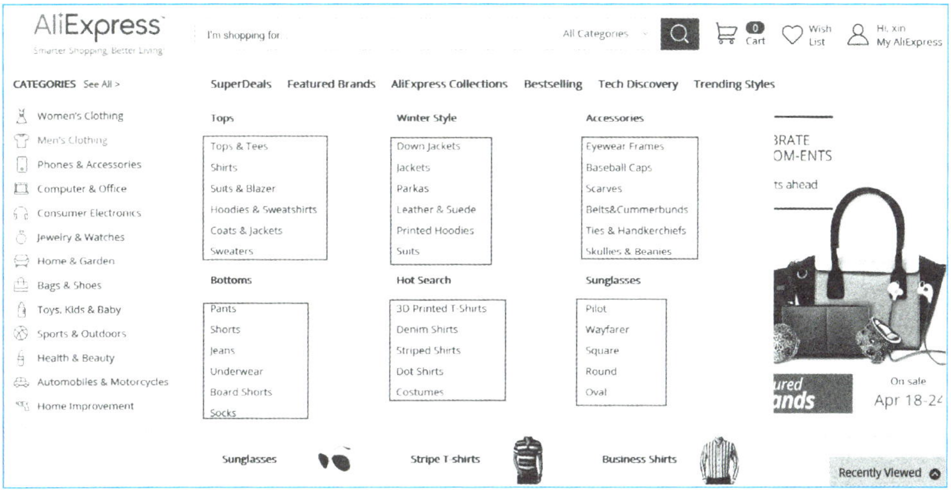

图 4–34 查看流行的类目产品

在速卖通平台中除了关注平台流行的类目产品，还要多关注各个行业板块的推荐产品，以帮助卖家更好地选择产品，如图 4–35 所示。

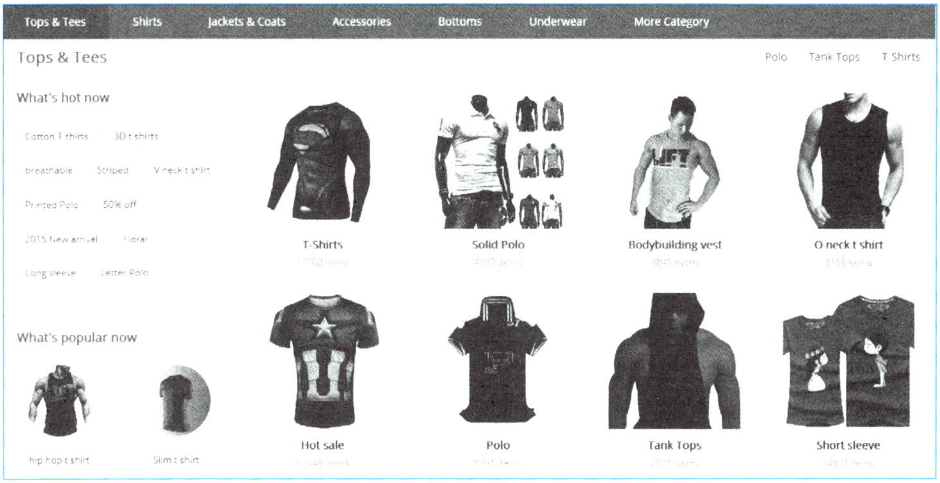

图 4–35 查看推荐产品

4. 同行业卖家款式参考选品

在卖家在选择产品时，还可以在买家首页中输入想要了解的产品名称，以订单降序排列，查看该类目下卖得好的卖家在卖什么款式的产品。例如，在买家首页的搜索文本框中输入产品词 dress，即可查看到连衣裙类目下热卖的款式产品，如图 4–36 所示。

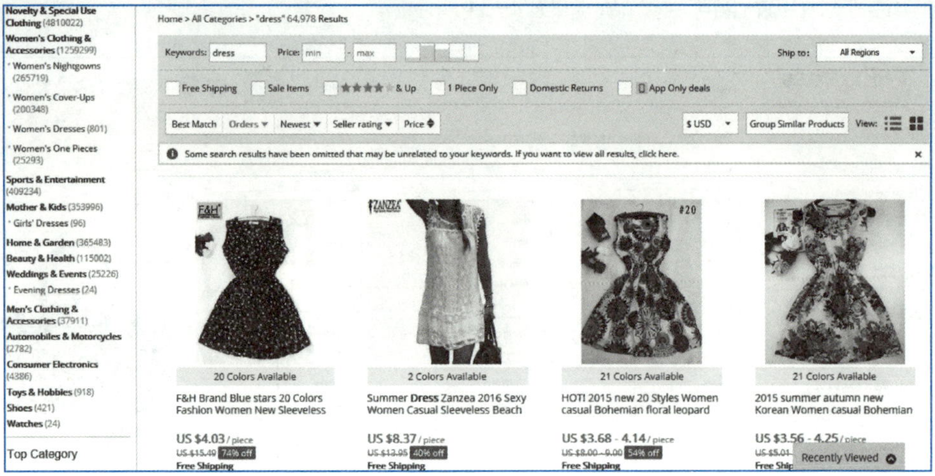

图 4–36　查看连衣裙的热卖款式

4.2.3 国家站选品

为了解决新兴市场中大量不具备英语能力的新买家的语言问题，新的小语种分站也逐渐上线。因此，对不同语种的国家进行有针对性的选品也显得格外重要。一般来说，国家站选品包含目标国家选品和目标国家热搜词选品两种选品手法，下面将分别进行介绍。

1. 目标国家选品

在全球市场进行选品时，有些产品的流量虽然大，但是竞争也非常激烈，造成了选品数据不够精确的情况出现。但是如果使用语言对准目标国家来进行选品，则可以很精准地看出一个产品类目的热销度和竞争度。

例如，在全球市场中，搜索“服装 / 服饰配件”行业下的“女装”产品，会发现 dress 和 blouse 虽然流量大，但是竞争力也大，很难抉择，如图 4–37 所示。

但是在巴西市场，卖家可以根据选品专家看出 blouse 的热销度远大于 dress，且竞争度远小于 dress，效果如图 4–38 所示。

2. 目标国家热搜词选品

在进行目标国家选品时，还可以借助搜索词分析工具，找出 blouse 所在的细分行业来自巴西的热搜词，并整理与 blouse 有关的葡萄牙语搜索词，即可显示出热搜词选品的数据结果，如图 4–39 所示。

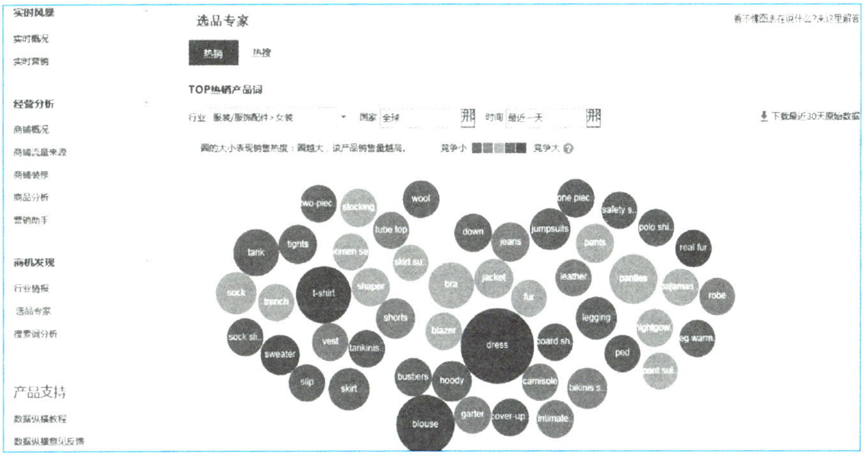

图 4-37 “女装”全球市场

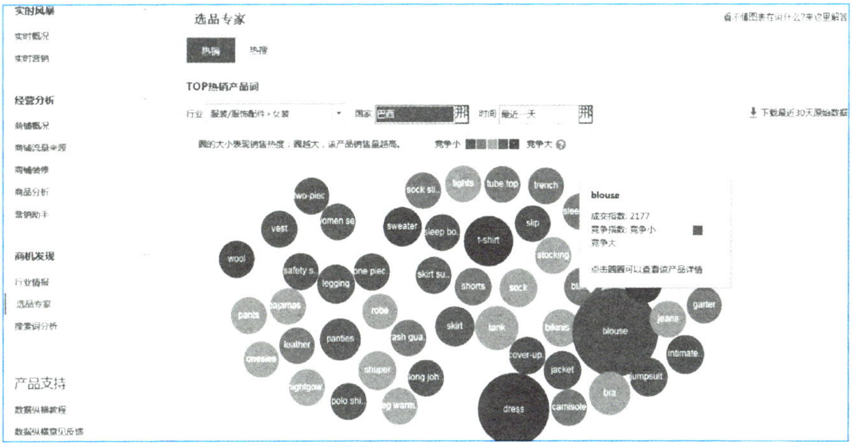

图 4-38 “女装”巴西市场

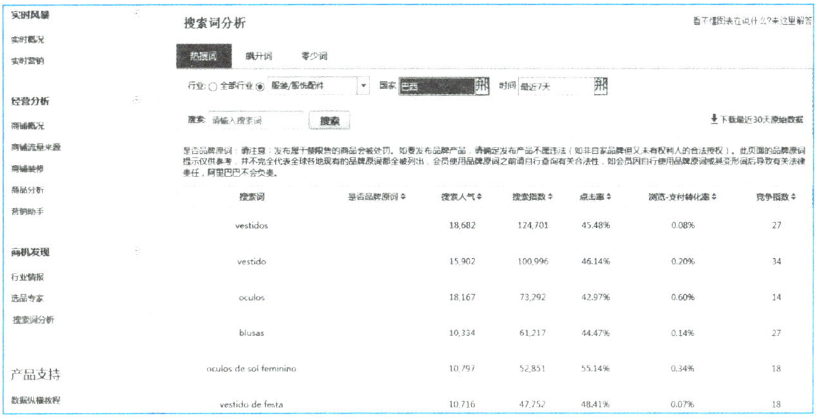

图 4-39 英国国家热搜词选品

4.2.4 潮流趋势选品

潮流趋势是速卖通平台利用站内外数据挖掘并整合，分析出服装、服饰、鞋包、珠宝手表等类目的流行趋势，并希望通过该流行趋势推动有一定供应能力和市场敏锐度的卖家，开发出新款商品，以带动潜力增长。因此，具有相关流行元素、特征、描述、关键词、图片的商品，将有机会在速卖通各个分站的流行趋势频道中曝光。而且，为了保障买家的体验，目前潮流趋势选品功能只开放给主营行业是 Fashion 相关行业，如男装、女装、童装、珠宝手表、鞋、包，并且店铺最近 30 天交易额满足一定条件的卖家。如表 4–1 所示为潮流趋势选品的满足条件。

表 4–1　潮流趋势选品的满足条件

一级发布类目	店铺近 30 天交易额（美元 $）
Apparel & Accessories	≥ 5000
Jewelry & Watch	≥ 3000
Luggage & Bags	≥ 3000
Shoes	≥ 3000
Kids & Mothercare	≥ 3000

在一般情况下，卖家还可以通过速卖通买家首页的 SuperDeals、Featured Brands 及 Aliexpress 等板块，仔细观察速卖通所推荐的产品信息，并选出符合自己需要的商品，如图 4–40 所示。

图 4–40　速卖通板块

4.3 》推荐具有优势的产品

使用橱窗推荐位可以提高速卖通店铺的浏览量，增加店铺的成交量，对于新开店的卖家而言，是一种十分重要的营销手段。速卖通网上的商品种类繁多，通过使用橱窗推荐位可以使卖家的商品脱颖而出。

4.3.1 产品的推荐原则

在推荐商品时，需要正确选择进行推荐的产品，充分合理地安排推荐位置。进行商品推荐的产品可以说是店铺的橱窗，除了展示产品本身外，也有助于带动店内其他产品的浏览量。

在推荐橱窗产品时，一定要选准产品，下面将介绍选准推荐产品的方法。

◆ 性价比高的产品：把在同类产品中具有一定优势的拳头商品作为橱窗推荐是无可非议的。

◆ 已经有很多买家购买的产品，也就是速卖通店铺中的人气产品。

◆ 命名很完善的产品：只有商品标题包含买家搜索时输入的关键词，产品才会被搜索到。命名完善的标题就是指符合买家搜索习惯，同时又能概括产品特色和卖家的标题。命名完善的标题会让产品被搜索到的几率大增，获得更多的展示机会。

◆ 图片精美的产品：图片是否精美会直接影响产品的浏览量，漂亮的产品可以吸引更多买家的注意，同时也给店铺的其他宝贝争取了展示的机会。

◆ 低价位的产品：买家在搜索产品的时候，为了找到便宜的产品，很多买家喜欢按照价格来搜索产品，所以价格较低的产品往往会最先展示在买家面前。

图 4-41 店铺中的橱窗推荐产品

4.3.2 使用橱窗推荐位

速卖通的橱窗推荐位可以提高产品的曝光量和排名，一般而言，添加橱窗推荐的产品要比没有添加橱窗推荐的产品曝光量高 8 ~ 10 倍。如图 4-41 所示为店铺中的橱窗推荐产品。

1. 获得橱窗推荐位方式

目前获得橱窗推荐位的方式有两种：一种是根据卖家的不同等级，系统会自动分配不同数量的橱窗推荐位作为奖励；另一种是参加一定的活动，可能会获得额外橱窗推荐位的奖励。如表 4-2 所示为速卖通各个等级店铺获得橱窗推荐位的数量。

表 4-2　速卖通各个等级店铺获得橱窗推荐的数量

服务等级	优秀	良好	及格	不及格
奖励橱窗数	3 个	1 个	无	无
有效期	7 天	7 天		

通过上表可以看出店铺等级及格或不及格是没有橱窗位的，只有店铺服务等级良好才能获得一个橱窗位，而店铺服务等级优秀则可以获得 3 个橱窗位，并且橱窗位是可以不断累加的。例如：某个速卖通店铺本月被评为优秀店铺，该店铺可以获得 3 个橱窗位，如果本月没有使用橱窗位，那么会剩下 3 个，若下个月该店铺还是被评为优秀店铺，则可以再获得 3 个橱窗位，那么下个月就可以使用 6 个橱窗位。每个橱窗位的有效期为 7 天，一般是从产品使用橱窗位时才开始计算的。

2. 设置橱窗产品

在速卖通后台页面中，选择“产品管理”选项，进入“产品管理”页面，在左侧“产品信息”列表框中，选择“管理产品”选项，进入“产品管理”页面，选择产品，在“其他批量操作”列表框中，选择“橱窗推荐”选项即可，如图 4-42 所示。

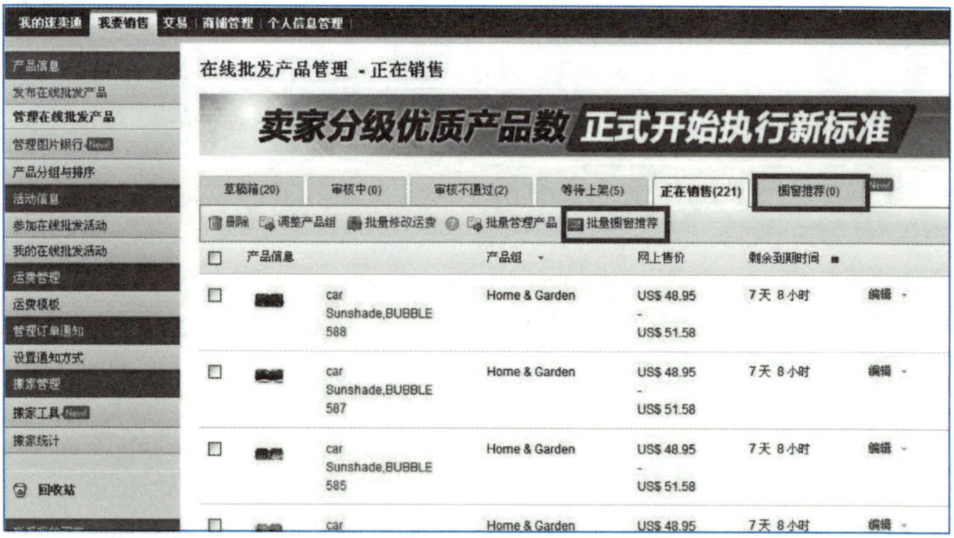

图 4-42　推荐橱窗产品

如果卖家推荐的橱窗产品已经超过了卖家可以使用的橱窗产品数，平台将会提醒卖家减少橱窗产品推荐数量，如图 4-43 所示。

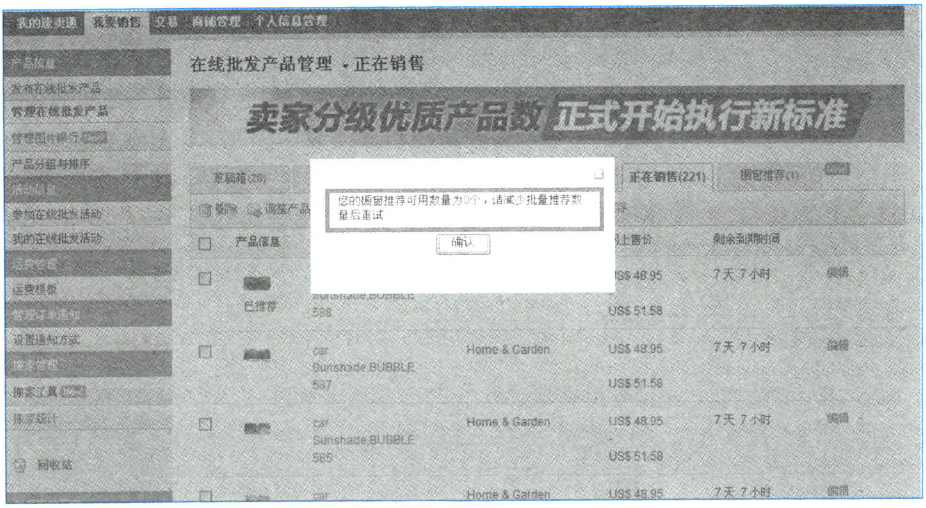

图 4-43　平台提醒橱窗数量

3. 取消已推荐的橱窗产品

如果需要取消已经推荐的橱窗产品，进入橱窗推荐的模块，选择需要取消的橱窗推荐产品，单击“批量取消橱窗推荐”按钮即可完成，如图 4-44 所示。

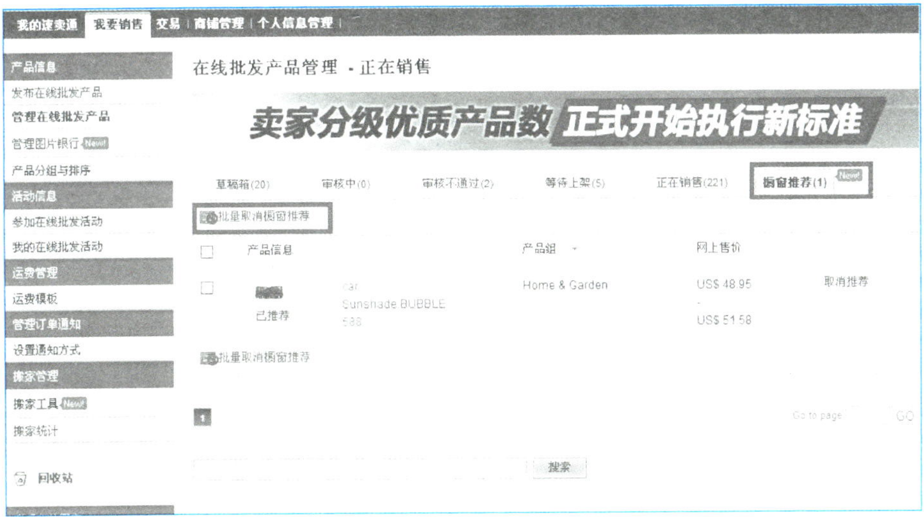

图 4-44　取消已推荐的橱窗产品

4. 替换橱窗产品

当卖家取消已有橱窗产品时，空余下来的橱窗推荐资源不会被取消，卖家仍然可以通过橱窗设定的方式再次使用。

4.4 》店铺产品的定价技巧

为速卖通店铺里的产品定价应该谨慎，产品价格定高了，会让海外买家望而生畏，产品价格定低了，则有可能会让海外买家怀疑价廉质差。因此，以什么样的标准制定自己的产品价格，并且还能够获得市场认可，就显得至关重要。本节将详细讲解店铺产品的定价技巧，以帮助卖家更好地为产品制定出合理的价格。

4.4.1 清楚产品定价的常见误区

在为产品定价前，一定要清楚产品定价的一些常见误区，下面将分别进行介绍。

1. 粗心大意误操作

卖家在填写产品价格时，常常会因为粗心大意而填错产品价格，这类问题最典型的代表就是把 LOT（份）和 PIECE（件）搞混。有的卖家在产品包装信息的销售方式一栏选择的是“打包出售”，填写产品价格的时候，误把 LOT 当成 PIECE，填的是一件产品的单价。结果，买家看到的实际产品单价也就严重缩水了。这也是目前平台上某些产品的价格低得离谱的一个重要原因。

另外，还有一些卖家，不注意货币单位，把美元看成人民币，数字是对了，单位却错了。本来是 100 元人民币一件的商品，最后显示出来的实际产品价格成了 100 美元一件了。这样的产品价格当然只会把买家吓跑。总之，卖家在填写产品价格信息的时候一定要谨慎细心，不要因小失大。

2. 随意定价

如果卖家由于之前没有外贸经验，或者是不熟悉 wholesale（批发）这种明码标价的模式，或者是还没有投入相应的精力和时间，对于全球速卖通平台上的产品如何定价，心里是不太清楚和确定的。所以，就造成了有些卖家填写产品价格的时候，都是随随便便胡乱填写。

比如，有个卖家因为没有时间确认产品价格，就把所有的产品都设为 1 美元还免运费，她原以为买家肯定会怀疑，不会购买。没想到，真的有买家下单了。最后，她只好跟买家解释。

随意定价的方式只会极大地伤害买家的购买体验，对卖家的信誉和口碑更是会产生严重的影响。所以，卖家最好考虑周全了，再确定产品价格。

3. 销售方式不恰当

有的卖家销售的产品规格小、货价低，比如零配件、快消用品。一个产品的单价可能就只有几美分甚至是更低。可是在选择销售方式的时候，却选择按 PIECE 出售。试想，如果国外的买家真的要买一个产品，卖家是卖还是不卖呢？对于这类产品规格非常小、货价也比较低的产品。因此，卖家可以选择打包出售的方式，以几十件或者几百件为一个单位打包销售。

4.4.2 产品定价必须要考虑的因素

有很多速卖通卖家认为产品定价是速卖通开店中最简单的一件事情，而且自己对定价了如指掌。所以，常常会很武断地制定一个恒久不变的标准价格。但是在大多数情况下，这种标准价格不仅不会带来任何利润，反而会造成利润的大量流失。因此，在给产品定价前一定要清楚考虑好影响定价的因素，以免造成挽回不了的损失。

1. 市场竞争情况

卖家在为产品定价时，应该要考虑市场上其他产品的定价技巧和具体价格，再仔细权衡，从而为自己的产品制定一个具有诱惑力的价格。而且产品吸引力的大小，直接决定着买家购买的意愿及数量。如果产品没有一定的吸引力，无论卖家如何促销、降价，都不能成功出售。

2. 市场性质

卖家在为产品定价时，还要考虑买家的消费习惯，一旦卖家习惯了一种品牌的产品，就会形成一种购买习惯，并且不易改变。

其次应该考虑销售市场的大小，在销售一种产品时，要准确定位自己的买家群体，并了解由这种买家群体构成的销售市场走向。

3. 销售策略

根据产品性质、企业形象及店铺的特性，制定合理的产品销售策略。例如，销售品质优良的名牌产品，即使制定的价格高也会让买家就觉得物超所值。一些流行性的产品，也需要制定高价，且过了流行期后，产品会销价。如果销售过时的产品，则需要定低价，具有诱惑力的低价才会使产品顺利地打开销路。

4.4.3 店铺商品科学合理的定价技巧

产品价格是买家十分敏感的事，产品价格不是影响海外买家购买产品的唯一因素，但绝对是一个至关重要的关键点。合理的产品定价可以帮助卖家迎合国外买家的需求，从而赢得更多的订单；不合理的产品定价则可能使卖家和订单失之交臂，甚至影响卖家的交易信用和利益。因此，掌握店铺商品科学合理的定价技巧，也变得至关重要。

1. 非整数定价法

“非整数定价法”是指将产品零售价格定成带有零头的做法，而且该方法能够刺激消费者购买，从而获得明显的经营效果。例如，一个原本价值为 10 美元的连衣裙，现在定价为 9.78 美元，肯定更能激发买家的购买欲望。9.78 美元虽然与 10 美元只差了 0.22 美元，但它给予消费者的心理信息是不一样的：9.78 美元要比 10 美元便宜好多。如图 4-45 所示为产品的非整数定价价格。

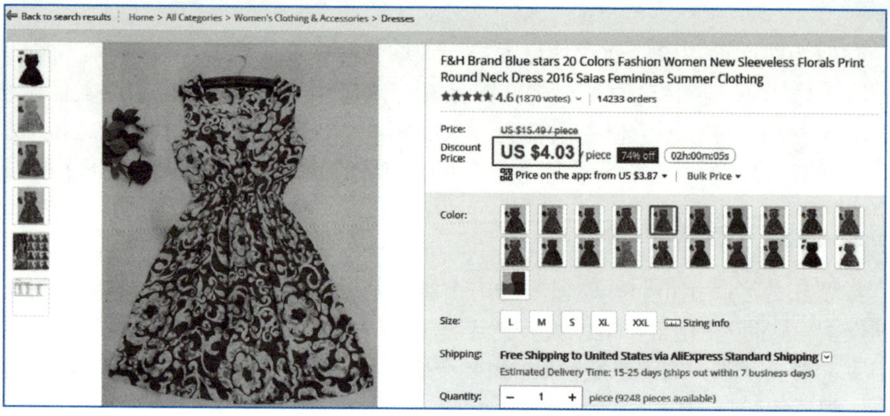

图 4-45　产品的非整数定价价格

2. 成本加成定价法

成本加成定价法又叫毛利率定价法、加额法或标高定价法，是多数卖家采用的一种定价方法，其优点是计算方便。在众多市场因素趋于稳定的情况下，使用这种定价方法可以帮助卖家获取正常利润。同时，同类产品在各速卖通店铺的成本和加成率都比较接近，定价也不会相差太大，相互之间的竞争也不会太激烈。如图 4-46 所示为两款同类产品的价格对比。

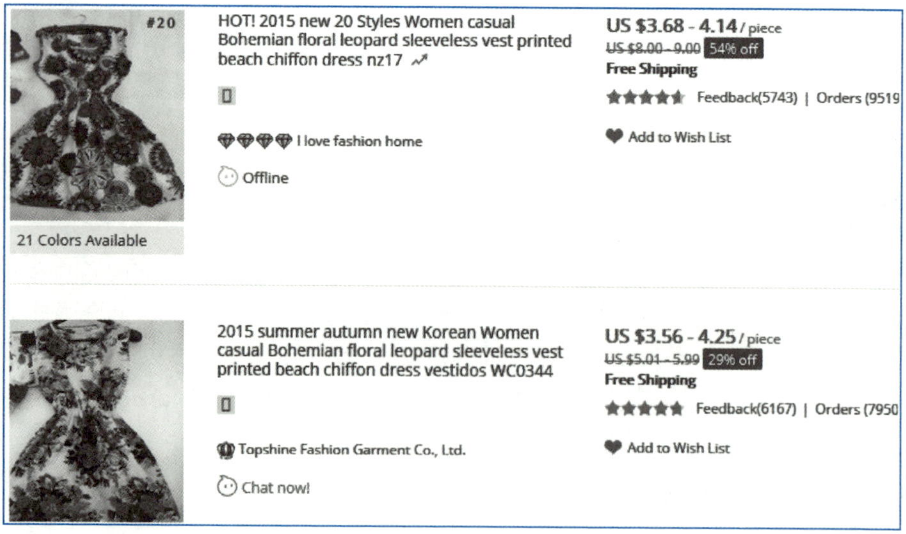

图 4-46　两款同类产品的价格对比

3.“特价品”定价法

卖家将少量产品的价格降低至成本，以此来招揽买家，增加对其他产品连带式的购买，以便达到销售的目的。运用这种方法要选择一些多数买家需要的“特价品”，而且市场价格要为买家熟悉。这样才能让买家知道这种产品的价格要比一般市场价格低很多，从而吸引更多的买家，刺激购买。

4. 习惯定价法

卖家将少量产品的价格降低至成本，以此来招揽买家，增加对其他产品的连带式购买，以便达到销售的目的。运用这种方法要选择一些多数买家需要的“特价品”，而且市场价格要为买家所熟悉。这样才能让买家知道这种产品的价格要比一般市场价格低很多，从而吸引更多的买家，刺激购买。

5. 折扣定价法

所谓折扣定价法，就是对商品的原价进行有条件的打折销售，以此鼓励消费者购买，适度增加销量。折扣有很多种，数量折扣是其中的一种，即买一件商品与同时买多件商品的价格肯定是有区别的，购买数量较多时，甚至可以享受批发价。

很多卖家会利用季节打折、降价保证及运费优惠等让价技巧，让消费者在心理上获得安全感与实惠感，从而刺激消费者的重复购买欲望。如图 4-47 所示为平板电脑产品的限时折扣。

图 4-47 平板电脑产品的限时折扣

4.4.4 产品高价定位与低价定位法则

同一件产品，可能会定出很高的价格，也有可能会定出超低的价格。因此，卖家在为产品定价时，一定要清楚高价定位与低价定位的法则，以弄清楚中间的价格门道。

1. 高价定位法则

高价定位法则是针对一些买家的攀高心理而实施的。采用高价策略，将商品的价格定得很高，能够在短期内获取尽可能多的利润。同时，高价又满足了买家求新、求异和求品位的心理。

下面将介绍从各个方面进行高价定位的法则。

（1）从买家角度进行的高价定位

许多买家追求的是自己独占某些奢侈品，所以有时高价也是增加需求的重要原因之一。而降价则会导致需求的下降，因为降价意味着商品拥有者社会地位的贬值。当店铺的目标买家是上流社会人士时，必须高价定位商品。

（2）标志商品高品质而进行的高价定位

在商品价格与需求关系中，存在一种“便宜没好货”的效应，即消费者通常把高价看作优质商品和优质服务的标志，因而在商品价格较高的情况下，也能起到刺激和提高需求的作用。

在许多情况下，许多消费者往往以“一分钱，一分货”“好货不便宜，便宜无好货”的观念去判断商品的质量，因此，高价能给人留下高级商品、优质商品的印象。

（3）标志服务高水平而进行的高价定位

如同商品高价能体现商品高品质一样，高价同样能体现服务的高水平。对于以高价定位的店铺，除了要时刻关注消费者对商品的反应，不断提高商品质量、增加商品功能、增加新的款式外，还要搞好服务工作，增强消费者对商品的安全感和依赖感。高价所标志的高水平服务，也能满足一些人的需求。

采取高价策略时应十分慎重，只有具有独特功能、独占市场、仿制困难且需求弹性小的商品，才能在较长的时间内保持高价，否则会因价格太高而失去买家。

2. 低价定位法则

现在许多商家都采用“每日低价”的法则，此法则强调的是把价格定得低于正常价格，但高于竞争对手打折后的价格。低价法则在通常情况下是具有竞争力的，但是并非“价格低廉”就一定有较高的销量。这是因为过低的价格会造成买家对商品质量和性能的不信任感和不安全感。买家会认为，那么便宜的商品，恐怕很难达到想象的质量水平，性能也未必好。要有效地运用这一策略，必须具备以下条件：

- 进货成本低，业务经营费用低，低费用才能支撑低价格。
- 存货周转速度快，商品都能卖掉。经常降价尽管利润受损，但可以尽快把商品销售出去。
- 买家对商品的性能和质量很熟悉，价格便宜会促使卖家大量购买，如日常生活用品、食品等。
- 向买家充分说明价格便宜的理由。
- 店铺必须在买家心目中享有较高的信誉，不会有经营假冒伪劣商品之嫌。

4.4.5 利用定价公式给产品定价

速卖通店铺中的产品定价是一项非常重要的工作，因此在给产品确定一个价格时，要了解产品定价的计算公式。一般来说价格是按照这个公式计算的：成本＋运费＋平台交易费＋利润 = 销售价格，就是把所有支出的费用加上利润，就等于实际销售的价格。例如，做淘代销的卖家，在淘宝网购买一条手链的价格是 20 元，淘宝卖家不包邮运费是 8 元，那么淘代销卖家的进货成本就是 20+8=28 元。假设手链的重量为 30 克，销往俄罗斯等国家，再以邮政小包的俄罗斯运费是 90 元 / 千克来计算，运费就是 90×0.03=2.7 元，挂号费是 10 元，则运费是 10+2.7=12.7 元；平台交易费是 5%（0.05 元），想赚取的利润是 10 元，则销售价格最低为 28+12.7+0.05+10=50.75 元。

4.4.6 管理不一样的产品定价

在给产品定好价格后，由于管理的产品价格多而且烦琐，很多卖家不会管理多个产品的价格，造成了每次都要花费很多时间去重新核算。因此，卖家要想做到高效且直观地管理产品，则可以使用 Excel 表格来很规范地管理大量的产品，当以后再查找产品时，就可以立马查询到产品的所有信息，如产品进价、产品重量、产品售价等。如图 4-48 所示为速卖通店铺的产品信息表。

编号	图片	产品网址	进货地址	采购价（人民币）	重量（KG）	成本（美元）	售价（美元）
FYJL07		http://seller.aliexpress.com/	深圳欧琴服装厂	35	0.3	11.37	14.78
THJK08		http://seller.aliexpress.com/	深圳欧琴服装厂	45	0.3	13.06	16.98
IJL074		http://seller.aliexpress.com/	深圳欧琴服装厂	48	0.3	13.56	17.52
SWXXZ4		http://seller.aliexpress.com/	深圳欧琴服装厂	52	0.3	13.89	18.08

图 4-48　速卖通店铺的产品信息表

4.5 》店铺的订单管理

当卖家上传的商品达到一定数量后，随着流量的增加，订单也会越来越多。因此，管理订单成为卖家要关注的重中之重。在本节中，将详细讲解订单管理的基本操作，包括订单的分析与确认、订单批量导出及管理订单评价等。

4.5.1 概述管理订单

订单管理主要是在“管理订单”页面中完成的，在速卖通后台，选择“交易”选项卡，进入“我的订单”页面，如图 4-49 所示。

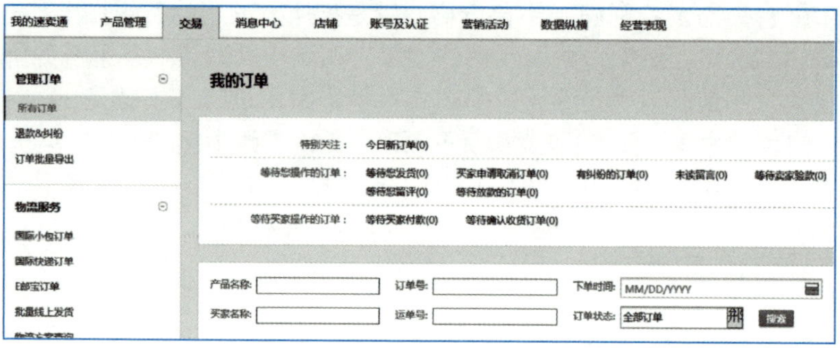

图 4-49 “我的订单”页面

在“我的订单”页面中包含当前订单的基本情况，主要分为 3 组：特别关注、等待你操作的订单和等待买家操作的订单，下面将分别进行介绍。

1. 特别关注

“特别关注”选项组中的信息主要包含今日的“已经付款订单”和“未付款订单”。

2. 等待你操作的订单

“等待你操作的订单”选项组中包含等待你发货的订单、买家申请取消的订单、有纠纷的订单等信息，下面将分别进行介绍。

- 等待你发货：已经通过风险审核并且资金已经到账的订单，需要卖家发货后填写发货通知或是线上发货的订单。如图 4-50 所示为“等待你发货”信息。

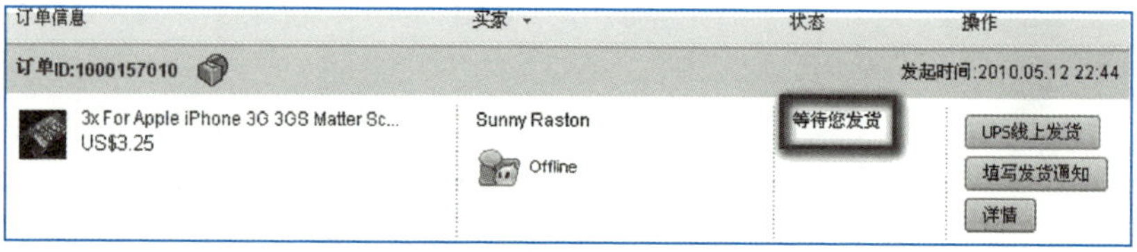

图 4-50 “等待你发货”信息

- 买家申请取消订单：买家付款后由于各种原因取消的订单。
- 有纠纷的订单：由于某些原因，买家提出异议或是向速卖通提起仲裁的订单。
- 未读留言：买家下单后和卖家进行沟通的信息，比如催促发货、询问货物流向等。
- 等待卖家验款：买家下订单后，将货款支付到速卖通平台，等待速卖通平台通过风险审核的订单。

◆ 等待你留评：买家确认收货，交易结束后，双方可以互相评价，等待卖家留置评价的订单。

◆ 等待放款的订单：买家未在规定时间内确认是否收到货物，阿里巴巴会对卖家提供的货运信息进行核实，并根据核实结果进行放款操作。还有一种情况是等待银行清算处理。

3. 等待买家操作的订单

“等待买家操作的订单”选项组中包含等待买家付款、等待确认收货订单等信息，下面将分别进行介绍。

◆ 等待买家付款：买家虽然下了订单，但是还未将款项打入速卖通平台。如图 4-51 所示为“等待买家付款”信息。

图 4-51 “等待买家付款”信息

◆ 等待确认收货订单：卖家填写发货通知后，买家确认收到货之前的订单。

4.5.2 买家下单

买家在选择产品后，则可以在产品详细页面中，单击“Buy Now”按钮，如图 4-52 所示，即可进入创建订单页面。买家成功填写订单信息并提交后即可生成订单。

买家在下单后，卖家需要注意以下 3 点：

◆ 作为卖家，可以在“我的订单”页面中查询订单信息。

◆ 在买家未付款之前，卖家可以调整价格。如果买家要求你调整价格，在双方协商之后，你可以在“进行中的订单”页面中，选择需要修改折扣的订单，单击“调整价格”按钮，进入订单详情页面，对折扣信息进行修改，如图 4-53 所示。如果买家已经付款，则卖家无法再调整交易价格。

图 4-52 单击“Buy Now”按钮

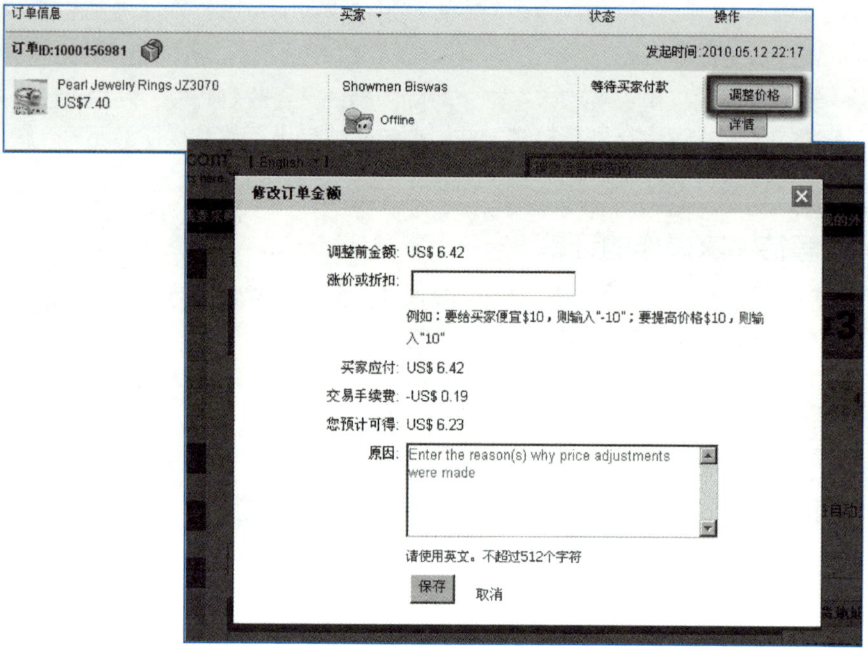

图 4-53 对价格进行修改

◆ 如果买家还未付款，卖家可以通过订单详情查看买家剩余付款时间。如果买家逾期未付款（20 天），订单将会自动关闭。请卖家时刻关注买家付款的剩余时间，提醒买家尽快付款，同时注意在买家付款成功过后进行发货，如图 4-54 所示。

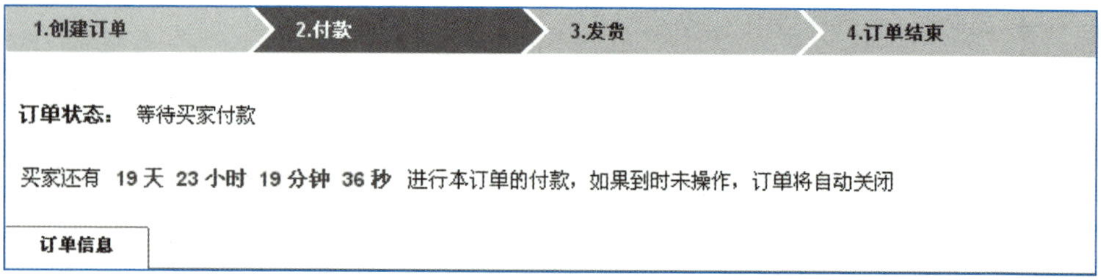

图 4-54 查看订单状态

4.5.3 订单的分析与确认

在买家下单后，用户需要对买家的订单信息进行分析与确认。每一个订单都有订单号，单击订单号可以进入“订单详情”页面，在该页面中，包含有 4 部分内容：订单状态和发货提醒、客户的地址信息、货物信息和买卖双方来往信息。如图 4-55 所示为客户地址信息。

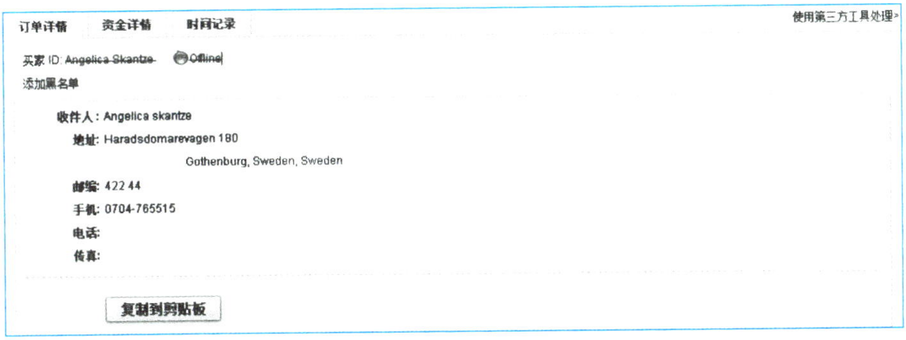

图 4-55　查看客户地址信息

单击买家姓名右侧的“小人头”图标，则可以在打开的窗口中向买家发送信息，如图 4-56 所示。另外，如果“小人头”图标为绿色，则表明买家在线；而如果为灰色，则表明买家离线。

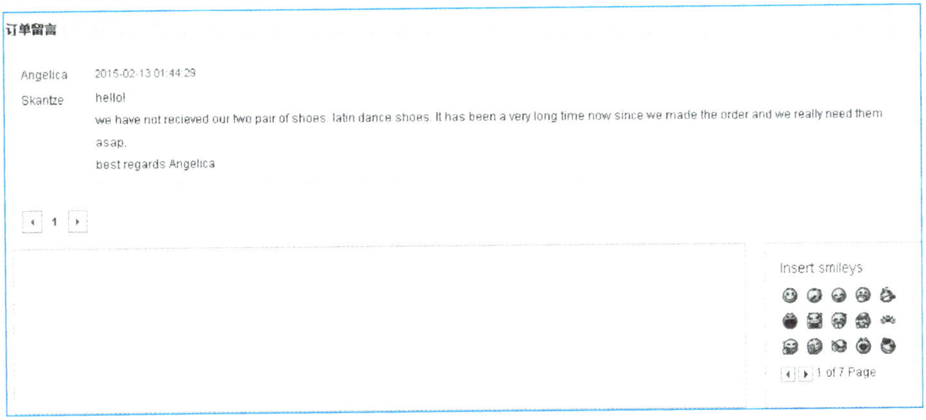

图 4-56　“订单留言”页面

一般情况下，卖家可以根据“订单详情”页面中的相关信息，确认买家购买的产品及数量，确认买家的联系方式（确定客户来自哪个国家，地址信息是否有异议，如果客户的信息里面名字不是全名的话，即使包裹到达邮局，对方也是没有办法收件的），并确认买家选择的物流方式是否为最优方式等，进而初步核算相应的运费、交易手续费和利润，并规划下一步的发货环节。

4.5.4 订单中的退款与纠纷

在交易过程中，由于各种原因，一些纠纷不可避免，在“交易”页面中，选择“退款 &纠纷”选项，即可进入“退款 & 纠纷”页面，如图 4-57 所示。在该页面中，可以查看所有相关的订单列表，卖家可以根据纠纷状态来选择订单。买家提出退款申请后，需要卖家的确认，卖家可以选择同意纠纷内容进入纠纷解决阶段，或者拒绝纠纷内容与买家进一步协商。

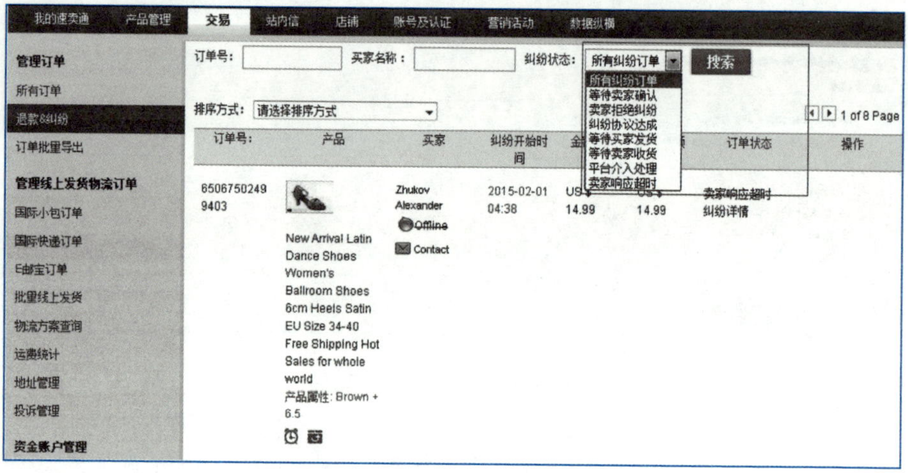

图 4-57 “退款 & 纠纷”页面

总体来说，速卖通解决纠纷的方案是先让买卖双方协商解决，若无法达成一致的意见，则可以提交至平台进行裁决，其流程如图 4-58 所示。

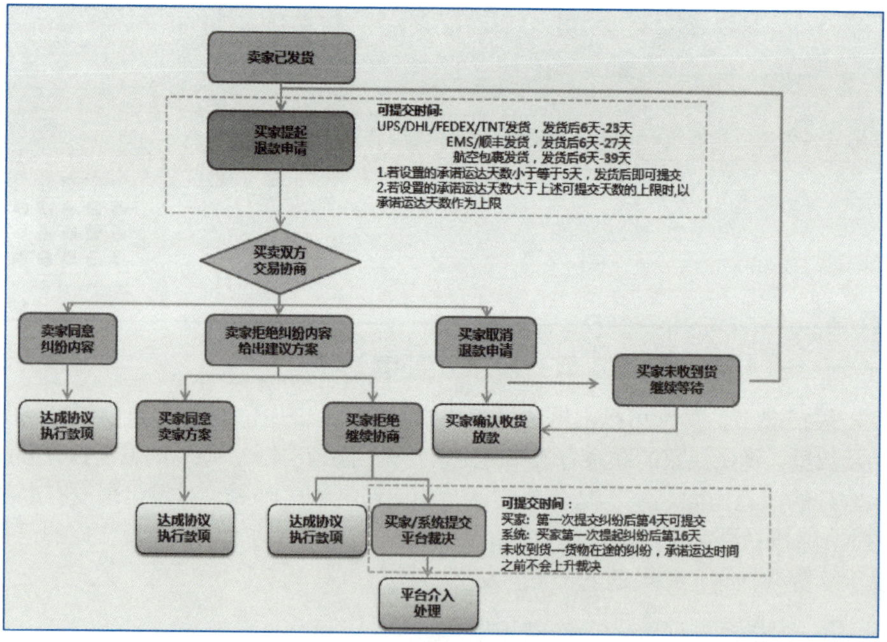

图 4-58 纠纷解决流程示意图

下面将详细介绍纠纷解决流程图。

1. 买家提起退款申请

一般情况下，买家在交易过程中未收到货或者收到的货物与约定不符时，可以提起退款申请，纠纷便由此产生。买家在提起退款申请时，需要做到以下两点：

（1）买家提交退款申请时间

卖家填写发货追踪号以后，根据不同的物流方式，买家可以在不同的期限内提起退款申请。

◆ 商业快递（UPS/DHL/FEDEX/TNT）：第 6 天 ~ 第 23 天。

◆ EMS/ 顺丰：第 6 天 ~ 第 27 天。

◆ 航空包裹发货：第 6 天 ~ 第 39 天。

（2）买家端操作

在订单的详情页中，买家可以看到“Open Dispute”按钮，单击该按钮就可以提交退款申请，当买家提交退款申请时纠纷即产生。提交退款申请后，买卖双方可以就退款申请进行协商解决，协商阶段平台不介入处理。

2. 买卖双方交易协商

买家提起退款申请后，需要卖家的确认，卖家可以选择同意纠纷内容进入纠纷解决阶段，或者拒绝纠纷内容与买家进一步协商。尤其需要注意的是，需要在系统提示的时间内接受或拒绝买家提出的纠纷，否则系统会根据买家提出的退款金额执行。如图 4–59 所示为“订单详情”页面。

图 4–59 “订单详情”页面

买卖双方在进行纠纷协商时，卖方一般有接受纠纷、拒绝纠纷和买家取消退款申请 3种态度，下面将分别进行介绍。

（1）卖家接受纠纷

若卖家同意买家提起的退款申请，可单击“同意纠纷内容”按钮进入纠纷解决阶段。买家提起的退款申请有以下 3 种类型：

- 买家未收到货，申请全额退款：卖家接受时会提示卖家再次确认退款方案，若同意退款申请，则退款协议达成，款项会按照买家申请的方案执行退款。
- 买家申请部分退款不退货：卖家接受时会提示卖家再次确认退款方案，若同意退款申请，则退款协议达成，款项会按照买家申请的方案执行部分退款及部分放款，如图 4-60 所示。

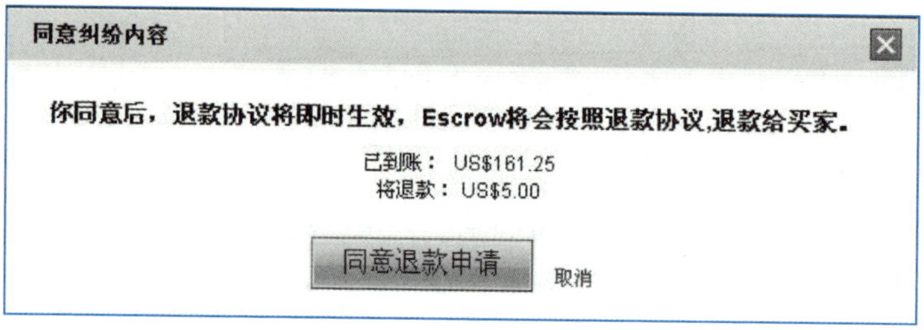

图 4-60　买家申请部分退款不退货

- 买家要求退款退货：若卖家接受，则需要卖家确认收货地址，默认卖家注册时填写的地址，若不正确，则单击“修改收货地址”按钮进行修改，如图 4-61 所示。

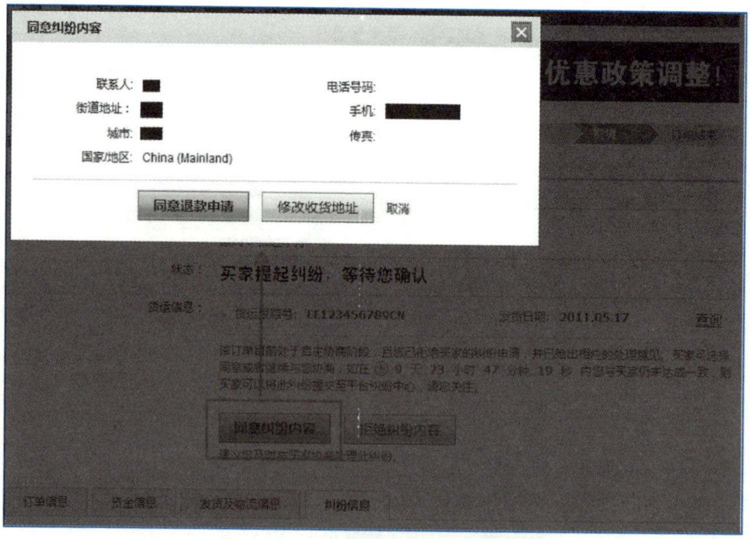

图 4-61　买家要求退款退货

卖家确认了收货地址后，需要等待买家退货，买家需在 10 天内填写退货单号，若 10 天内未填写，视买家放弃退货，系统直接放款给卖家。卖家确认收货地址后，到买家填写退货订单号的 30 天内，卖家均可以单击“放弃退货”按钮，如图 4-62 所示。

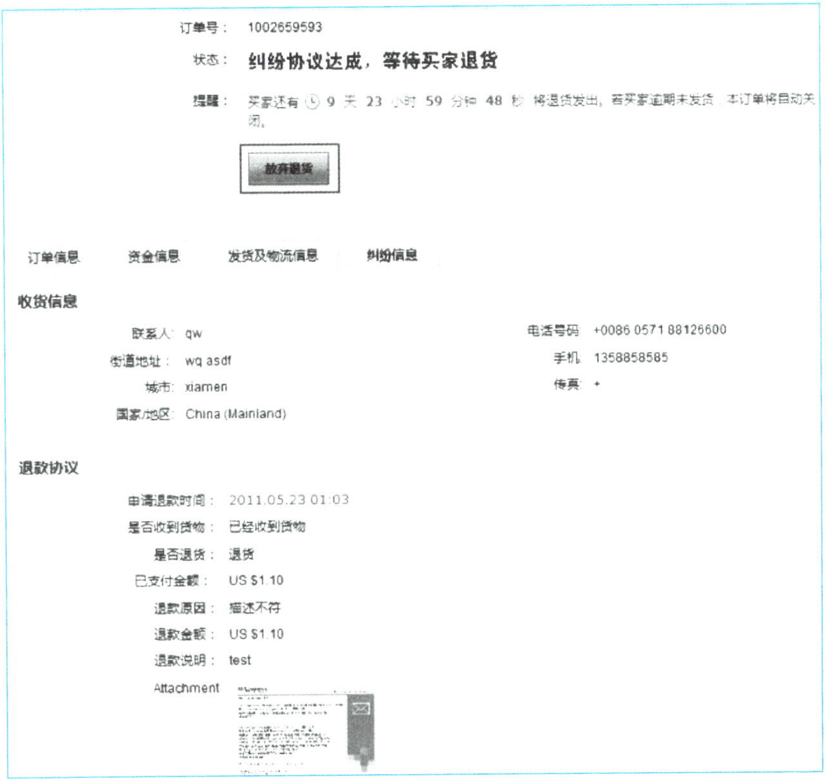

图 4-62　单击“放弃退货”按钮

卖家在放弃退货后，则系统将直接退款给买家，并显示提示对话框，单击“确定”按钮即可，如图 4-63 所示。

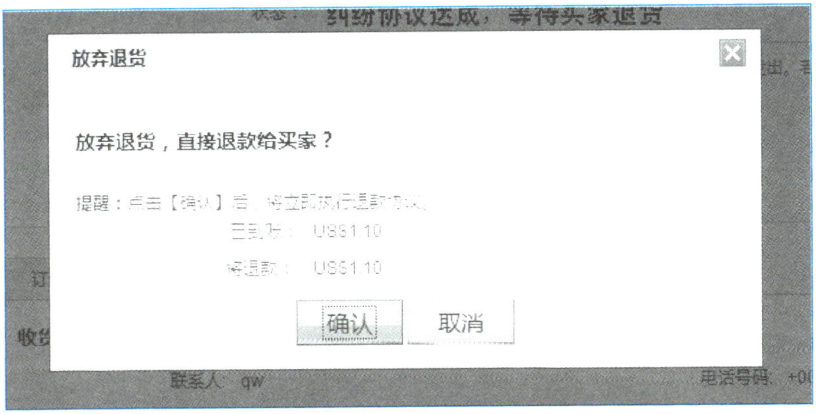

图 4-63　提示对话框

若买家已经退货，填写了退货单号，则需要等待卖家确认，如图 4-64 所示。

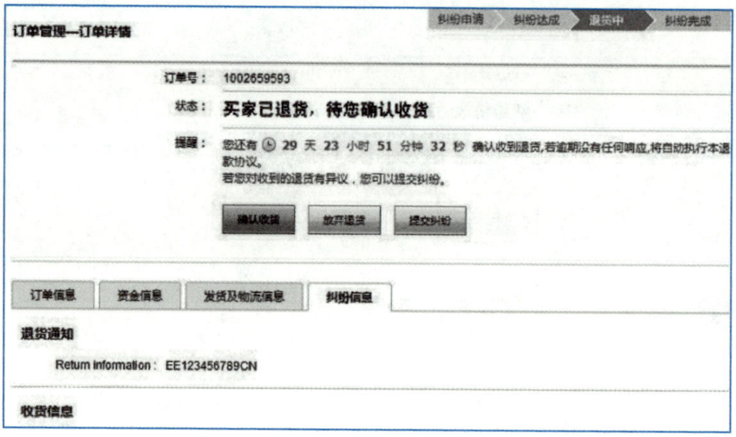

图 4-64　等待卖家确认

卖家需在 30 天内确认收到退货。

◆ 若确认收到退货，并同意退款，则单击“确定”按钮，速卖通会退款给买家，如图 4-65 所示。

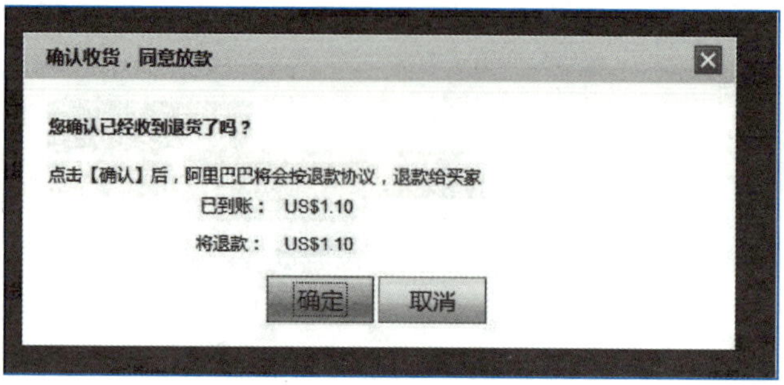

图 4-65　确认收货，同意放款

◆ 若卖家在接近 30 天的时间内，没有收到退货，或收到的退货货不对版，可以提交至平台进行纠纷裁决，平台会在两个工作日内介入处理，卖家可以在投诉举报平台查看状态及进行响应。平台裁决期间，卖家也可以单击“撤诉”按钮撤销纠纷裁决，如图 4-66 所示。

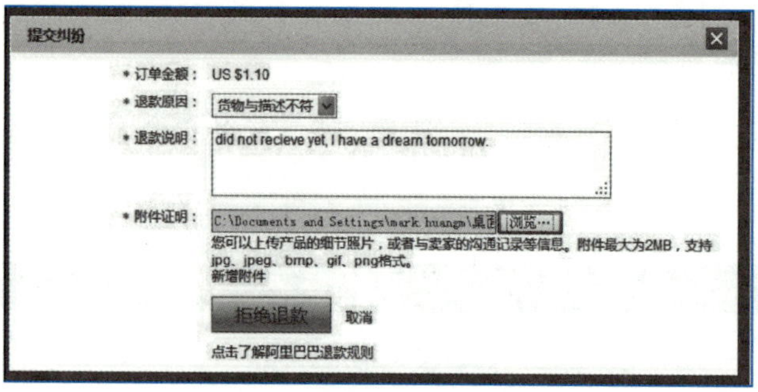

图 4-66　提交纠纷

- ◆ 若 30 天内卖家未进行任何操作，即未确认收货，未提交纠纷裁决，系统会默认卖家已收到退货，自动退款给买家。

（2）卖家拒绝纠纷

若卖家不接受买家的退款申请，可以单击“拒绝纠纷内容”按钮并填写卖家建议的解决方案，如图 4–67 所示，在该图内所填写的退款金额和拒绝理由均是卖家给出的解决意见，若买家接受，则退款协议达成，若不接受，还须继续协商。

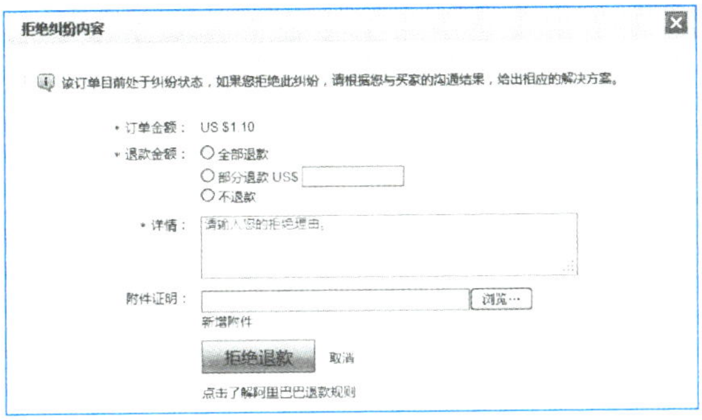

图 4–67　填写拒绝纠纷内容

卖家在拒绝纠纷时，需要注意以下两点：

- ◆ 买家若未收到货提起退款申请，必须上传拒绝时的附件证明为，卖家可以提供发货底单、物流公司的查单、物流官方网站的查询信息截图等证据，证明卖家已发货及物流状态；
- ◆ 买家提起货不对版的退款申请，拒绝时的附件证明为选填，卖家可以提供产品发货前的图片、沟通记录、重量证明等证据，证明卖家如实发货。

拒绝退款申请后，需要等待买家确认。若买家接受卖家的方案，则退款协议达成，款项会按照双方协商的方案执行；若买家不接受卖家的解决方案，可以选择修改退款申请，再次与卖家确认，继续协商。

（3）买家取消退款申请

买卖双方协商阶段，买家可取消退款申请，若买家因为收到货物取消了退款申请并确认收货，则交易结束进入放款阶段；若买家因为其他原因取消退款申请（如货物在运输途中，愿意再等待一段时间），则继续进行交易流程。

买家在取消退款申请时，需要注意以下两个问题：

- ◆ 买家第一次提起退款申请的第 4 天若还未达成一致意见，买家可以提交至平台进行纠纷裁决；同时若双方一直在协商中，买家未提起纠纷裁决，从买家第一次提起退款申请的第 16 天系统会自动提交到平台进行裁决。建议卖家主动积极地与买家协商，尽快解决纠纷。
- ◆ 买家提起退款申请后，在提交至平台进行纠纷裁决前，有取消退款申请的权利，若买家在纠纷中存在一定的误解，建议卖家积极与买家沟通，双方达成一致，买家如取消退款申请，则交易继续。

3. 提交平台裁决

如果买卖双方无法达成一致的意见，则可以将纠纷提交至平台进行裁决。裁决的提交包括以下 3 种情况。

- 买家提交纠纷裁决：自买家第一次提起退款申请开始第 4 天至第 15 天，若买卖双方无法协商一致，买家均可以提交至平台进行裁决。
- 系统提交纠纷裁决：自买家第一次提起退款申请开始截至第 16 天，卖家未能与买家达成退款协议，买家未取消退款申请也未提交至平台进行裁决，系统会自动提交至平台。
- 卖家提交纠纷裁决：若买家申请退款退货，在买家填写了退货地址的 30 天内，卖家未收到退货或收到的退货货不对版，可以提交至平台进行裁决。

当订单纠纷进入平台仲裁阶段时，卖家可以在速卖通后台中，在具体的订单详情页面中，单击“查看”超链接，直接进入投诉举报平台，查看处理进度和结果，如图 4-68 所示。

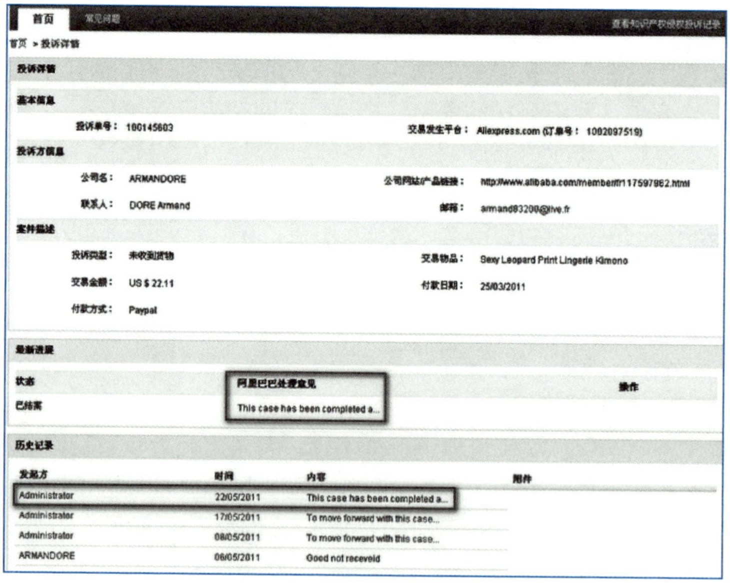

图 4-68　查看处理进度和结果

4.5.5 管理评价

当交易正常结束后，买卖双方可以对彼此进行评价，其评价包含五分制评分和评论两部分。当完成评价后，卖家就需要对买家的评价进行管理，如卖家对买家的评价很满意，则可以回复买家评价；如卖家认为买家给的评价不公平，那么在评价生效后一个月内，可以在系统中提起请求，请买家修改给对的评价等。下面将对评价的管理技巧进行讲述。

1. 回复评价

在评价生效后 30 天内，如果卖家对评价很满意，则可以就评价进行一次回复，以进一步说明你的观点。下面将介绍其具体步骤。

01 在速卖通店铺后台中，单击“交易”选项，进入“交易”页面，单击“管理交易评价”选项，进入“管理交易评价”页面，在“已生效的评价”标签内，找到需要回复的评价，单击“回复”按钮，如图 4-69 所示。

图 4-69　单击“回复”按钮

02 进入“评价回复”页面，在“我的回复”下方的文本框中输入回复内容，如图 4-70 所示，单击“提交”按钮即可回复评价。

图 4-70　“评价回复”页面

2. 修改评价

卖家在请求买家修改评价时，需要注意以下两点：

◆ 卖家每月可以提请买家修改评价的总次数是有限的。每月 1 日，系统设定卖家本月的限额（前一个月卖家收到的评价数量的 1%，最低 3 次），每发送一次修改评价的要求，使用一次机会，限额用完后，卖家将不能提请任何买家修改评价。

- 卖家向买家发送请求后，买家有 7 天的时间决定是否修改评价。如果 7 天内买家没有修改评价，那么本条评价将不能再被修改，所以请尽量在提起修改请求之前，与买家事先沟通好。

在速卖通店铺后台中，单击“交易”选项，进入“交易”页面，单击“管理交易评价”选项，进入“管理交易评价”页面，在“已生效的评价”标签内，找到需要修改的评价，单击“请求买家修改”按钮，如图 4–71 所示，在打开的页面中，输入请求买家修改评价的原因，然后单击“发送”按钮发送给买家即可。

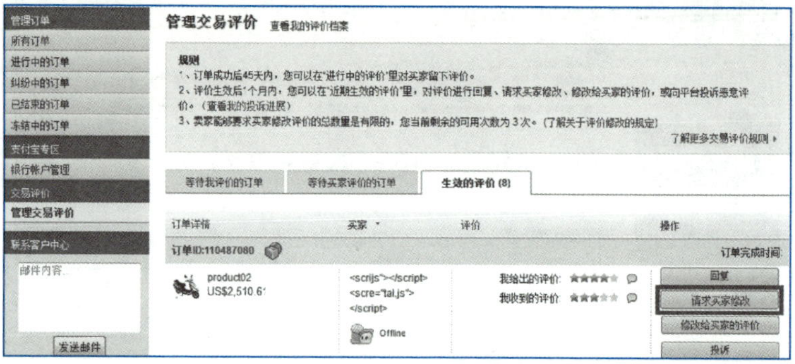

图 4–71　单击“请求买家修改”按钮

3. 投诉违规评价

如果卖家认为自己收到的某条评价属于违规评价，则可以在评价生效后 30 天内，在系统里向平台提起一次投诉，要求平台移除该评价。平台收到投诉后，会根据卖家提交的理由和证据做出判断，以判定是否移除评价。下面将介绍具体步骤。

01 在速卖通店铺后台中，单击“交易”选项，进入“交易”页面，单击“管理交易评价”选项，进入“管理交易评价”页面，在“已生效的评价”标签内，找到需要投诉的评价，单击“投诉”按钮，如图 4–72 所示。

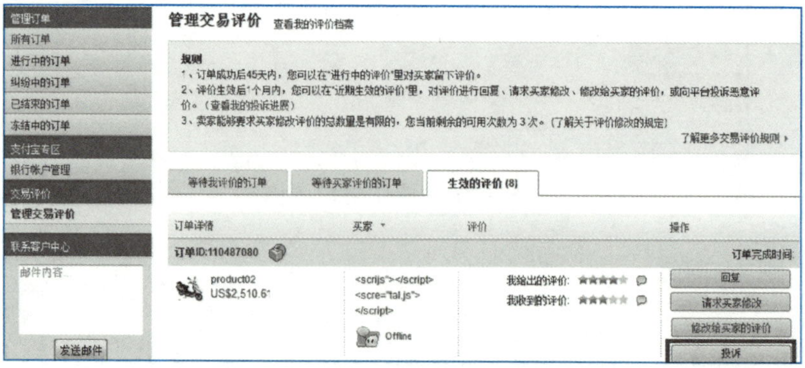

图 4–72　单击“投诉”按钮

02 在打开的“投诉操作”页面中，选择你投诉的违规类型、补充详情（可选）、上传凭证图片，如图 4- 73 所示，单击“提交”按钮即可。

图 4-73 “投诉操作”页面

03 在提交投诉以后，卖家可以在“管理交易评价”页面中，单击“查看我的举报处理进程”超链接，进入“违规评价投诉进展”页面，即可查看投诉处理进度，如图 4-74 所示。

图 4-74 查看投诉处理进度

4.5.6 订单批量导出

使用“订单批量导出”功能，可以提升卖家订单管理的效率，既能更便利地对订单进行管理，也能更方便地将物流相关信息提交给货代。

在速卖通店铺后台中，单击“交易”选项，进入“交易”界面，单击“订单批量导出”选项，进入“订单批量导出”页面，如图 4-75 所示，在打开的页面中，修改要导出的订单字段和订单条件，单击“订单批量导出”按钮即可。

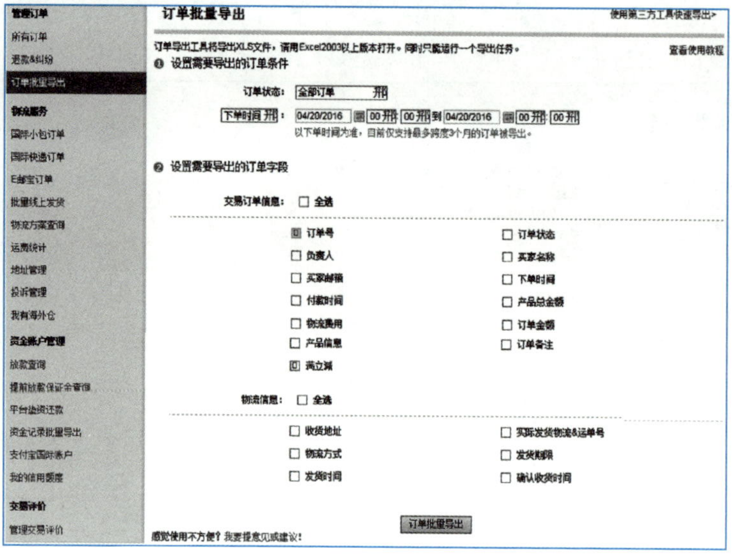

图 4-75 “订单批量导出”页面

4.5.7 管理订单通知

当买家下订单时，卖家常常想第一时间获得这个好消息，此时，可以使用“设置通知方式”功能实现。速卖通订单通知方式有短信通知、Trade Manager 和邮件通知 3 种，卖家可以根据其指引简单地进行设置，这样就能及时获得订单信息。

在速卖通店铺后台中，单击“产品管理”选项，进入“产品管理”界面，在左侧列表框中，单击“设置通知方式”选项，进入“全球速卖通订单通知”页面，如图 4-76 所示，在打开的页面中进行相应设置即可。

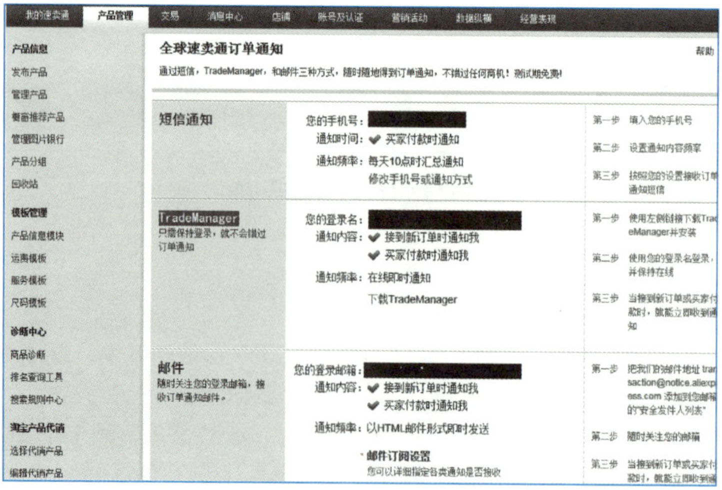

图 4-76 “全球速卖通订单通知”页面

第5章

速卖通店铺的发货与物流

在进行订单的确认和管理后，卖家就需要将货物进行包装，并交给物流公司进行发货。发货是整个交易过程中非常关键的一步，涉及整个流程是否能够正常进行，也是最容易出问题的环节之一。因此，了解各种物流方式，熟练掌握发货流程是每个速卖通卖家的必备技能。本章将详细讲解产品的包装技巧、设置物流模块、速卖通线上发货、海外仓集货物流及发货超时与延长收货时间等内容，帮助卖家快速掌握。

5.1 »» 清楚各种物流方式

作为速卖通的新手卖家，在开店之前一定要清楚国际物流，其实和国内物流差不多，一般情况下，人们在国内寄快递，都是找顺丰、申通、中通、圆通等快递，各个快递发货的价格不一样，但是寄快递的方式都差不多。因此，国际快递与国内快递其实也是类似的，只是比国内快速运费贵，并且运送时间长。如表 5-1 所示为国内快递与国际快递的差异。本节将对各种国际物流方式进行详细讲述。

表 5-1　国内快递与国际快递的差异

	国内快递	国际快递
运输方式	圆通、申通、中通、宅急送等	EMS、TNT、DHL、UPS、FEDEX、SF、HongKong Post、China Post
产品包装	不用填写	需要填写产品包装后的体积和重量，以正确地计算运费
快递运费计算方法	一般按照重量算	按照产品包装体积、重量、买家所在地区、采购量，再根据不同物流公司的不同运费标准和运费计算公式计算
快递运费	同城普通 10 ～ 15 元，异地购超过 20 元	快递费用差异大，比国内快递要高
货运时间	周期短	周期稍长
货物跟踪信息	卖家发货后，要填写有效发货通知，和货运跟踪号，以方便货物跟踪和放款	

5.1.1 邮政物流

邮政物流包括各国及中国香港邮政局的邮政航空大包、小包，以及中国邮政速递物流分公司的 EMS、ePacket 等。下面依次对这几种常见的邮政物流方式进行介绍。

1. EMS

邮政特快专递服务 (Express Mail Service，EMS) 是中国邮政速递物流与各国及地区邮政合作开办的中国大陆与港澳台和其他国家之间寄递特快专递的一项服务。由于是跟其他国家及地区的邮政合办的，所以 EMS 在各国及地区邮政、海关、航空等部门均享有优先处理权。

EMS 国际快递的投递时间通常为 3 ～ 8 个工作日，不包括清关的时间。由于各个国家及地区的邮政、海关处理的时间长短不一，有些国家的包裹投递时间可能会长一些。其资费标准、体积和重量限制、EMS 跟踪查询等信息，卖家可以在 EMS 快递网站 http://www.ems.com.cn/ 中查询，如图 5- 1 所示。

一般来说，EMS 具有以下优缺点，下面将分别介绍。

◆ **优点：** 运费比较便宜，一般找货代都可以拿到至少5折的折扣，EMS直达国家都是按照重量计算运费的，自2012年7月1日起，EMS线上发货针对邮件长、宽、高三边中任一单边达到60cm以上（包含60cm）的，都需要进行计体积重量操作，体积重量(kg)=长(cm)×宽(cm)×高(cm)/6000。长、宽、高测量值精确到厘米(cm)，厘米(cm)以下去零取整。500克(g)以下的物品可以按文件价格计算。可以当天收货，当天操作，当天上网，清关能力比较强。能运送出关的物品也比较多，其他公司限制运行的物品它都能运送。如化妆品、箱、服装、鞋子、等各种礼品及各种特殊商品等。

◆ **缺点：** 相比于商业快递速度偏慢。查询网站信息滞后、通达国家较少、一旦出现问题，只能做书面查询、时间较长。

图5-1　EMS快递网站

2. ePacket

ePacket，俗称e邮宝，是中国邮政为适应国际电子商务寄递市场的需要，为中国电商卖家量身定制的一款全新经济型国际邮递产品。国际e邮宝和中国香港国际小包服务一样都是针对轻小件物品的空邮产品。目前，该业务限于为中国电商卖家寄件人提供发向美国、加拿大、英国、法国和澳大利亚的包裹寄递服务。

e邮宝在正常情况下的7~10个工作日即可完成妥投，在妥投后美国、澳大利亚和加拿大的e邮宝业务提供全程时限跟踪查询，但不提供收件人签收证明；而英国e邮宝业务提供收寄、出口封发和进口接收信息，不提供投递确认信息。

卖家在选择e邮宝物流时，一定要清楚该物流方式的体积和重量限制。

◆ **最高限重：** 单件最高限重2kg。

◆ **最大尺寸：** 单件邮件长、宽、厚合计不超过90cm，最长一边不超过60cm。圆卷邮件直径的两倍和长度合计不超过104cm，长度不得超过90cm。

◆ **最小尺寸**：单件邮件长度不小于 14cm，宽度不小于 11cm。圆卷邮件直径的两倍和长度合计不小于 17 cm，长度不少于 11cm。

3. 中国邮政大、小包

中国邮政的包裹大小邮寄方式有大包和小包两种，下面将分别进行介绍。

（1）中国邮政大包

中国邮政航空大包服务是中国邮政区别于中国邮政小包的新业务，是中国邮政国际普通邮包裹 3 种服务方式中的航空运输方式服务，可寄达全球 200 多个国家，对时效性要求不高而重量稍重的货物，可选择使用此方式发货，其重量一般在 2kg 以上，一般在 15 个工作日左右可送达。

中国邮政大包的相关资费及体积和重量的限制根据运输物品的重量及目的国家而有所不同，如图 5-2 所示为从中国发往英国的重量为 10kg 的包裹运费价格。

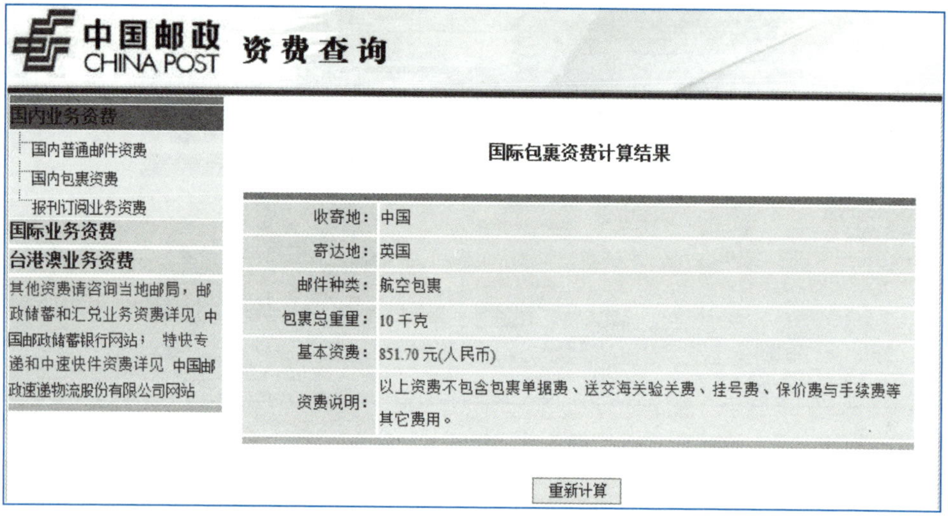

图 5-2　从中国发往英国的中邮大包运费价格

中国邮政大包具有以下优缺点：

◆ 优点：运费便宜，首重和续重都是 1kg，清关能力强，能邮寄的物品比较多。(如化妆品、包、服装鞋子、各种礼品及许多特殊商品等)，派送网络世界各地都有。

◆ 缺点：限制重量约 20~30kg，运送时间比较长，到达许多国家的货物状态无法在网站上查询跟踪。

（2）中国邮政小包

中国邮政航空小包又称中国邮政小包、邮政小包、航空小包，是指包裹重量在 2kg 以内，外包装长、宽、高之和小于 90cm，且最长边小于 60cm，通过邮政空邮服务寄往国外的小邮包。它包含挂号、平邮两种服务，可寄达全球各个邮政网点。挂号服务费率稍高，可提供网上跟踪查询服务，中国邮政航空小包出关不会产生关税或清关费用，但在目的地国家进口时有可能产生进口关税，具体根据每个国家海关税法的规定而各有不同，一般在 15 个工作日左右可送达。

中国邮政小包具有以下优缺点：

- 优点：运费便宜，首重和续重都是100g，清关能力强，能邮寄的物品比较多。(如化妆品、包、服装鞋子、各种礼品及许多特殊商品等)，派送网络世界各地都有。
- 缺点：限制重量 2kg，运送时间比较长，到达许多国家的货物状态无法在网站上查询跟踪。

4. 其他国家和地区的邮政小包

邮政小包是使用较多的一种国际物流方式，依托万国邮政联盟网点覆盖全球，其对于重量、体积、禁限寄物品要求等方面的特点均存在很多共同点，然而不同国家和地区的邮政所提供的邮政小包服务却或多或少存在一些区别，主要体现在不同优势区域会有不同的价格和时效，以及对承运物品的限制不同。

为了让各速卖通卖家能够灵活地使用各种小包渠道，下面将介绍各种国家和地区的小包：

- **中国香港小包**：时效中等，价格适中，处理速度快，上网速度快。
- **新加坡小包**：价格适中，服务质量高于邮政小包一般水平，并且是目前常见的手机、平板电脑等含锂电池商品的运输渠道。
- **瑞士邮政小包**：欧洲线路的时效较快，但价格较高。欧洲通关能力强，欧洲申报国家免报关。
- **瑞典小包**：欧洲线路的时效较快，俄罗斯通关及投递速度较快，且价格较低。是俄罗斯首选的物流方式，而且在某些时段安检对带电池的产品管制不严，可以用于寄带电产品。

5.1.2 商业物流

速卖通平台上常用的快递方式包括 TNT、DHL、UPS、FEDEX 等。不同的国际快递公司具有不同的渠道，在价格、服务和时效上都有所差别。下面对这些常用的快递方式分别进行介绍。

1. TNT

TNT 快递是全球最大的快递公司之一，为企业和个人客户提供全方位的快递服务。在欧洲、中东、非洲、亚太和美洲地区运营航空和公路运输网络。

TNT 快递的运费包括基本运费和燃油附加费两部分，其中燃油附加费每个月变动，如图 5-3 所示为 2016 年 2 月 1 日新调整的燃油附加费价格。

自2016年2月01日起
中国出发到亚太国家，空运燃油附加费2.57人民币/千克
中国出发到亚太以外国家，空运燃油附加费5.43人民币/千克
亚太国家出发到中国，空运燃油附加费0.82人民币/千克
亚太以外国家出发到中国，空运燃油附加费1.29人民币/千克

图 5-3　2016 年 2 月 1 日的燃油附加费价格

在使用TNT快递发货后，卖家可以在发货次日实现网上追踪，全程时效为3~5天，经济型时效为5~7天。卖家在使用TNT快递发货时，一定要清楚该快递对重量和体积的限制：单件包裹不可以超过70kg，3条边分别不可以超过2.40×1.50×1.20（m），体积重量超过实际重量需按照体积重量计费，体积重量的算法为长 × 宽 × 高 /5000（cm）。

卖家在使用TNT快递发货时，要注意一些操作事项，以免出现发货纰漏。

- TNT快递运费不包含货物到达目的地海关可能产生的关税、海关罚款、仓储费等费用，因货物原因无法完成目的地海关清关手续或收件人不配合清关，导致货物被退回发件地（此时无法销毁），所产生的一切费用如收件人拒付时，则需由卖家承担。
- 若因货物原因导致包裹被滞留，不能继续转运，其退回费用或相关责任由发件人承担。
- 卖家若授权货代公司代为申报，如因申报原因发生扣关或延误，货代公司大多不承担责任。
- 如果TNT包裹需要申请索赔，则需在包裹上网后21天内提出申请，逾期TNT将不受理。
- 一票多件计算方式：计算包裹的实重之和和体积重量之和，取之较大者。
- TNT不接收仿牌货物，扣关不负责。

卖家在使用TNT快递发货时，要清楚该快递有以下优点：

- 速度快，通关能力强，提供报关代理服务。
- 可免费、及时、准确追踪、查询货物。
- 在欧洲和西亚、中东及政治、军事不稳定的国家有绝对优势。
- 时效为2~4个工作日，通至全球，特别是到西欧大概只需要3个工作日，可送达国家比较多。
- 网络覆盖比较全，查询网站信息更新快，遇到问题响应及时。
- 纺织品类大货到西欧、澳大利亚、新西兰有优势。
- 可以通达沙特，但需提供正版发票。

2. UPS

UPS，全称为United Parcel Service，是世界上最大的快递承运商与包裹递送公司，

1907年成立于美国，作为世界上最大的快递承运商与包裹递送公司，UPS同时也是专业的运输、物流、资本与电子商务服务的领导性的提供者。UPS每天都在世界上200多个国家和地域管理着物流、资金流与信息流。通过结合货物流、信息流和资金流，UPS不断开发供应链管理、物流和电子商务的新领域。

使用UPS快递发送一票多件货物时，其总计费重量是依据运单内每个包裹的实际重量和体积重量中较大者计算，并且不足0.5kg的按照0.5kg计，超过0.5kg按照1kg计。而每票包裹的计费重量为：每件包裹的计费重量之和。UPS快递的派送时间一般为2~4个工作日，但是如果遇到海关查车等不可抗拒的因素，派送时间则以海关放行为准。

在使用UPS国际快递小型包裹服务时，要注意体积和重量的限制，若超出体积和重量的限制，则需要对每个包裹收取超重超长378元的附加费。

- 每个包裹最大重量为70kg。
- 每个包裹最大长度为270cm。
- 每个包裹最长尺寸：长+周长：{（2×宽）+（2×高）}=330(cm)。

卖家在使用UPS快递发货时，要清楚该快递有以下优点：

- 速度快，服务好。
- 强项在美洲线路和日本线路，特别是美国、加拿大、南美、英国，适宜发快件。
- 一般2~4个工作日可以送达。去美国，差不多48个小时能到达。
- 货物可以送达全球200多个国家和地区；可以在线发货，全国109个城市均提供上门取货服务。
- 查询网站信息更新快，遇到问题解决及时。

3. FEDEX

FEDEX即联邦快递，是全球最具规模的快递运输公司，为全球超过235个国家及地区提供快捷、可靠的快递服务，总部设于美国田纳西州。成立于1973年4月，在中国的香港、上海，以及东京、新加坡均设有区域性总部。

FEDEX包含有中国联邦快递优先型服务和中国联邦快递经济型服务，其区别主要如下：

- 中国联邦快递优先型服务具有时效快和清关能力强等特点，其递送的时效为2~5个工作日，可以为全球超过200多个的国家及地区提供快捷、可靠的快递服务。
- 中国联邦快递经济型服务具有时效快和清关能力强等特点，其价格相对于中国联邦快递优先型服务的价格更加实惠，递送的时效为4~6个工作日，能够为全球超过90个国家及地区提供快捷、可靠的快递服务。

联邦快递的资费标准最终以其官网公布的为准，其官网网址为：http://www.fedex.com/cn/rates/，如图5-4所示。

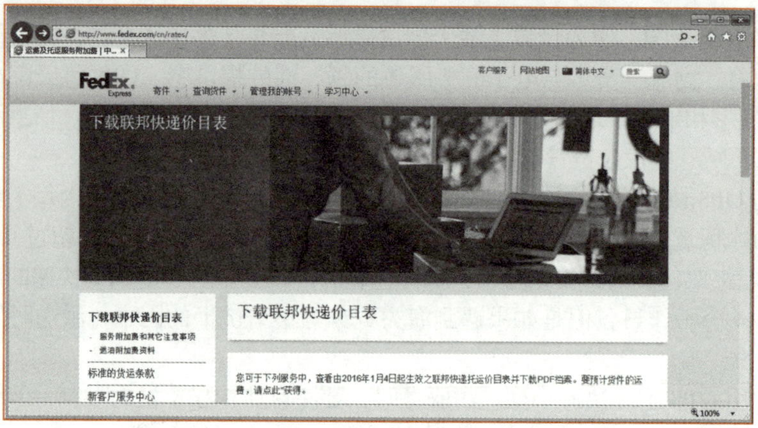

图 5-4　联邦快递资费官网

在联邦快递中邮寄货品时，单件的最长边不能超过 274cm，最长边 + 其他两边的长度的两倍不能超过 330cm；一票多件（其中每件不能超过 68 千克），单票的总重量不能超过 300kg，超过 300kg 的请提前预约；单件或者一票多件中的单件包裹有超过 68kg，则需要提前预约。

卖家在使用 FEDEX 快递发货时，要清楚该快递有以下优点：

◆ 适宜走 21kg 以上的大件，到南美洲的价格较有竞争力。

◆ 一般 2~4 个工作日可送达。

◆ 网站信息更新快，网络覆盖全，查询响应快。

卖家在使用 FEDEX 快递发货时，要清楚该快递有以下缺点：

◆ 价格较贵，需要考虑产品的体积和重量。

◆ 对托运物品限制也比较严格。

4. DHL

DHL 国际快递是全球物流行业的市场领导者，致力于在国际包裹、快递、空运及海运、公路和铁路运输，以及合同物流及国际邮政服务方面提供专业化的服务。可以寄达 220 个国家及地区，涵盖超过 120 000 个目的地的网络，向企业及私人顾客提供专递及速递服务。

DHL 国际快递的参考时效包含上网时效和妥投时效两种，下面将分别介绍。

◆ 上网时效：参考时效从客户交货之后第二天开始计算，1~2 个工作日会有上网信息。

◆ 妥投时效：参考妥投时效为 3~7 个工作日（不包括清关时间，情况特殊除外）。

DHL 国际快递对寄往大部分国家的包裹要求为：单件包裹的重量不超过 70kg，单件包裹的最长边不超过 1.2m。

在 DHL 国际快递时，一定要清楚该快递的操作注意事项。

◆ 物品描述。报品名时需要填写实际品名和数量。不接受礼物或样品申报。

- ◆ 申报价值。DHL 对申报价值是没有要求的，客户可以自己决定填写的金额，建议按货物的实际价值申报，以免产生高额的关税和罚金。
- ◆ 收件人地址。DHL 有部分国家不接受 PO Box 邮箱地址，必须要提供收件人电话，填写的以上资料应该用英文填写，不能使用其他语种。

卖家在使用 DHL 快递发货时，要清楚该快递有以下优点：

- ◆ 去西欧、北美有优势，适宜走小件，可送达国家网点比较多。
- ◆ 一般 2~4 个工作日可送达，去欧洲一般 3 个工作日，到东南亚一般两个工作日。
- ◆ 查询网站的货物状态更新也比较及时，遇到问题解决的速度快。

卖家在使用 DHL 快递发货时，要清楚该快递有以下缺点：

- ◆ 走小货价格较贵不划算，DHL适合发 5.5kg 以上，或者 21kg~100kg 的货物。
- ◆ 对托运物品限制也比较严格，拒收许多特殊商品，部分国家不提供 DHL 包裹寄递服务。

5.1.3 专线物流

国际专线服务是互联易通过整合全球资源，与海外快递公司合作，将货物在国内分拣，直飞航班进行清关和配送。速卖通平台中的常用国际专线有燕文专线、中俄航空专线、中东专线、芬兰邮政和中俄快递，下面将分别进行介绍。

1. 燕文专线

燕文专线（Special Line−YW）的物流商为北京燕文物流有限公司，它是国内最大的物流服务商之一，该物流公司已经开通拉美专线、俄罗斯专线、印尼专线。燕文专线的计算方法是：1g 起重，每个单件包裹限重在 2kg 以内。如图 5−5 所示为从中国华北地区发往美国的中国小包最新价格比较图表（2016 年 4 月 21 的价格表）。

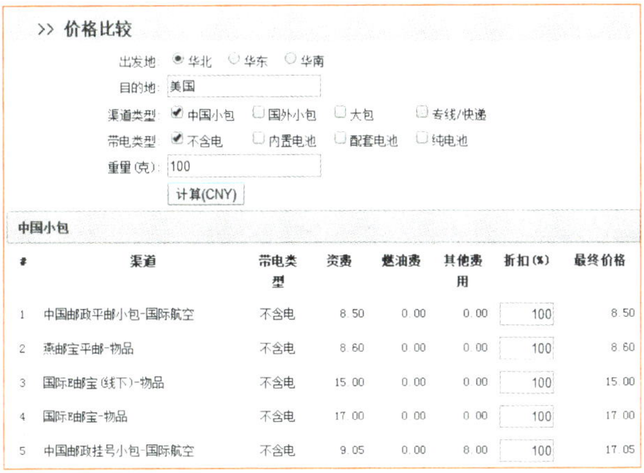

#	渠道	带电类型	资费	燃油费	其他费用	折扣(%)	最终价格
1	中国邮政平邮小包-国际航空	不含电	8.50	0.00	0.00	100	8.50
2	燕邮宝平邮-物品	不含电	8.60	0.00	0.00	100	8.60
3	国际E邮宝(线下)-物品	不含电	15.00	0.00	0.00	100	15.00
4	国际E邮宝-物品	不含电	17.00	0.00	0.00	100	17.00
5	中国邮政挂号小包-国际航空	不含电	9.05	0.00	8.00	100	17.05

图 5−5　中国小包最新价格比较图表

在正常情况下，使用燕文专线的速递时效为 16~35 天到达目的地，当遇到节假日、特殊天气、政策调整、偏远地区等特殊情况，则为 35~60 天到达目的地。

在使用燕文专线邮寄货物时，要清楚该专线的体积、重量限制，如表 5-2 所示。

表 5-2　体积、重量限制表

<table>
<tr><th>包裹形状</th><th>重量限制</th><th>最大体积限制</th><th>最小体积限制</th></tr>
<tr><td>方形包裹</td><td rowspan="2">小于 2kg（不包含）</td><td>长、宽、厚长度之和 < 90cm</td><td>至少有一面的长度 > 14cm，宽度 > 9cm</td></tr>
<tr><td>圆柱形包裹</td><td>两倍直径及长度之和 < 104cm，长度 < 90cm</td><td>两倍直径及长度之和 > 14cm，长度 > 10cm</td></tr>
</table>

在使用燕文专线邮寄货物时，其包装材料及尺寸应该按照所寄物品的性质、大小、轻重选择适当的包装袋或纸箱。邮寄物品外面需套符合尺寸的包装袋或纸箱，包装袋或纸箱上不能有文字、图片、广告等信息。

由于寄递路程较远、冬天寒冷等原因，请选择适当的结实抗寒的包装材料妥为包装，以便防止以下情况发生：

- ◆ 封皮破裂，内件露出；封口胶开裂，内件丢失。
- ◆ 伤害处理人员。
- ◆ 污染或损坏其他包裹或分拣设备。
- ◆ 因寄递途中碰撞、摩擦、震荡或受压力、气候影响而发生损坏。

2. 中俄航空专线

中俄航空 Ruston（Russian Air）专线是由黑龙江俄速通国际物流有限公司提供的中俄航空小包专线服务，针对跨境电商客户物流需求的小包航空专线服务，渠道实效快捷稳定，全程物流跟踪服务。其资费标准为 85 元 /kg ＋ 8 元挂号费，体积、重量限制参照中邮小包的资费标准。在投递后，正常情况下，15~25 天可以到达俄罗斯目的地；当遇到节假日、特殊天气、政策调整、偏远地区等特殊情况，则为 30 天到达俄罗斯目的地。

中俄航空专线具有以下优点：

- ◆ 经济实惠。该专线以克 (g) 为单位进行精确计算，无起重费，为卖家将运费做到最低。
- ◆ 可邮寄范围广泛。该专线是联合俄罗斯邮局推出的服务产品，境外递送环节全权由俄罗斯邮政承接，因此递送范围覆盖俄罗斯全境。

- 运送时效快。该专线开通了"哈尔滨—叶卡捷琳堡"中俄航空专线货运包机，大大提高了配送时效，使中俄跨境电子物流平均时间从过去的近两个月缩短到13天。85%以上的包裹25天内可以到达。
- 全程可追踪。48小时内上网，货物全程可视化追踪。

3. 中东专线

中东专线又叫Aramex专线，是以专一的航线从思比特物流出发到中东地区国家，或中东到中国门到门的快递服务，创建于1982年，其总部位于中东，是中东地区的国际快递巨头。下面将对中东专线的资费标准、参考时效、操作注意事项及优点等方面进行介绍。

（1）中东专线资费标准

中国专线的标准运费包含基本运费和燃油附加费两部分，其中燃油附加费每个月变动，其价格计算方式为：首重价格+（续重价格 × 续重数量）× 燃油附加费 × 折扣；超过15kg的按续重单价1kg计费，然后外加燃油附加费，再乘以折扣。

（2）中东专线的参考时效

一般会在收件后两天内上网，中东地区派送时效为3~8个工作日。

（3）中东专线操作注意事项

- 运单上必须用英文填写收件人姓名、地址、电话、邮编、国家、货品信息、申报价值、件数及重量等详细资料。
- 必须在运单包关联填写货物详情、名称、件数、重量及申报价值；单票货物申报不得超过USD50000，寄件人信息统一打印。
- 中东专线的收件地址不可以是PO Box的邮箱地址。

◆ 中东专线的优势

- 运费价格优势：寄往中东、北非、南亚等国家价格具有显著的优势，是DHL的60%左右。
- 时效优势。时效有保障，包裹寄出后大部分在3~5天可以投递，大大缩短了世界各国间的商业距离。
- 无偏远费用：抵达全球各国都无须附加偏远费用。
- 包裹可以在中东专线官网跟踪查询，状态实时更新，寄件人每时每刻都能跟踪得到包裹的最新动态信息。

4. 芬兰邮政

速优宝—芬兰邮政是由速卖通和芬兰邮政针对2kg以下小件物品推出的特快物流产品，分为挂号小包和经济小包，派送范围为俄罗斯、白俄罗斯全境邮局可到达区域。下面将对芬兰邮政的资费标准、参考时效、寄送限制及优点等方面进行介绍。

（1）芬兰邮政资费标准

芬兰邮政挂号小包的资费报价如图 5-6 所示，其报价日期为 2016 年 04月 06 日。

速优宝芬邮挂号小包（Posti Finland）报价单					
上门揽收城市	配送范围/目的地国家	配送服务费（根据包裹重量按克计费） 元（RMB）/KG			挂号服务费 元（RMB）/包裹
深圳、广州、义乌、金华、杭州、上海、宁波、苏州、无锡、北京、温州	俄罗斯、白俄罗斯	见下表详单			见下表详单
国家列表			配送服务费原价 元（RMB）/KG *每1g计重，限重2KG	挂号服务费 元（RMB）/包裹	
Russian Federation	RU	俄罗斯	83.92	6.98	
Belarus	BY	白俄罗斯	80.87	6.65	

图 5-6　芬兰邮政挂号小包

芬兰邮政经济小包的资费报价如图 5-7 所示，其报价日期为 2016 年 04 月 06 日。

速优宝芬邮经济小包（Posti Finland Economy）报价单					
上门揽收城市	配送范围/目的地国家	配送服务费（根据包裹重量按克计费） 元（RMB）/KG			挂号服务费 元（RMB）/包裹
深圳、广州、义乌、金华、杭州、上海、苏州、无锡、北京、宁波、温州	俄罗斯	见下表详单			见下表详单
国家列表			配送服务费原价 元（RMB）/KG *每1g计重，限重2KG	挂号服务费 元（RMB）/包裹	
Russian Federation	RU	俄罗斯	108.64	0	
Belarus	BY	白俄罗斯	97.97	0	

图 5-7　芬兰邮政经济小包

（2）芬兰邮政的参考时效

对于芬兰邮政挂号小包，物流商承诺包裹入库后 35 天内必达（不可抗力除外），因物流商原因在承诺时间内未妥投而引起的速卖通平台的限时达纠纷赔款，由物流商承担。

对于芬兰邮政经济小包，物流商承诺包裹入库后 35 天内离开芬兰（不可抗力除外），因物流商原因在承诺时间内没有离开芬兰的物流轨迹节点而引起的速卖通平台的限时达纠纷赔款，由物流商承担。

（3）芬兰邮政的寄送限制

芬兰邮政对包裹的重量、体积有严格的限制，如表 5-3 所示。

表 5-3　体积重量限制表

包裹形状	重量限制	最大体积限制	最小体积限制
方形包裹	小于 2kg（不包含）	长+宽+高≤ 90cm，单边长度≤ 60cm	至少有一面的长度≥ 14cm，宽度≥ 9cm
圆柱形包裹		两倍直径及长度之和≤ 104cm，单边长度≤ 90cm	两倍直径及长度之和≥ 14cm，单边长度≥ 10cm

芬兰邮政不能寄送电子产品，如手机、平板电脑等带电池的物品，或者纯电池（含纽扣电池）。

（4）芬兰邮政的优势

◆ 价格运费优势：寄往俄罗斯和白俄罗斯的价格较其他专线具有显著的优势。

◆ 时效优势：时效有保障，包裹寄出后大部分在 35 天内可以投递。

5. 中俄快递

中俄快递是俄罗斯最优秀的商业物流公司，也是俄罗斯跨境电子商务行业的领军企业。中俄快递面向速卖通卖家提供经中国的北京、香港、上海等地出境的多条快递线路，可寄送重量 100g ~ 15kg，尺寸在 60cm × 60cm × 60cm 以内的包裹，运送范围为俄罗斯全境。

中俄快递根据地方的不同，时效为 14~32 天，并且还有时效承诺，即包裹按各区承诺时效必达目的地（不可抗力除外）。因物流商原因在承诺时间内未妥投而引起的卖家纠纷赔款，由物流商按照订单在速卖通的实际成交价赔偿，最高不超过 1 500 元人民币。

在使用中俄快递寄送时，要清楚电池寄送限制：不能寄送电子产品，如手机、平板电脑等带电池的物品，或纯电池（含纽扣电池）；任何可重复使用的充电电池，如锂电池、内置电池、笔记本电脑的长电池、蓄电池、高容量电池等，无法通过机场货运安检。但是插电产品，如摄像头、烘甲机、卷发器等可以发，合金金属等也可以在发送的范畴（不含管制道具等违禁品）。

5.2 产品的包装技巧

买家下单后，卖家就要将产品包装好，准备通过国际物流发送出去，最后安然无恙地送达到买家手里。包装说起来很简单，其实里面是有大学问的，如何包装才结实，如何包装才省钱，都要一一去了解。本节将详细讲解产品的包装技巧。

5.2.1 常见产品的包装方法

商品的包装是商品的重要组成部分，它不仅在运输过程中起保护的作用，而且直接关系到商品的综合品质。一般商品根据包装方法的不同，来选择不同的包装材料。包装方法分为内包装、中层包装及外包装，下面将对这些包装方法进行介绍。

1. 内包装方法

内包装即最接近商品本身的那层包装材料。因为一般的商品厂家已经供应了内包装，因此这里只介绍使用常见的内包装袋子。

（1）OPP 自封袋

◆ 作用：保持商品整洁、增加商品美感。

◆ 优点：透明度特别好，显得很干净、美观、上档次。

◆ 缺点：材料特别脆，比较容易破，而且不能反复使用。

◆ 适用范围：小饰品、小电子产品等需要给人干净整洁、无须再次装回的商品。

◆ 使用方法：封口处自带一条粘胶，撕下覆盖膜一粘就粘上了，很方便。

（2）PE 自封袋

◆ 作用：防潮防水、防止物品散落。

◆ 优点：材质柔软、韧性好、不易破、可反复使用。

◆ 缺点：透光度一般。

◆ 适用范围：小样化妆品、纽扣、电池等需要经常归纳在一起或经常要取的商品。如图 5-8 所示为使用 PE 自封袋包装粉扑产品。

◆ 使用方法：封口处有一条有颜色的凹凸带子，轻轻一按就能闭合。

图 5-8　OPP 自封袋包装粉扑产品

2. 中层包装方法

中层包装是指产品与箱子之间的空隙的填充材料。其填充材料包含气泡膜、珍珠棉或海绵等，下面将分别介绍。

（1）气泡膜

气泡膜是保护商品，防震、防压、防滑的最好材料，在电子数码产品、化妆品、工艺品、家电家具、玩具等商品包装时用得最多，如图 5-9 所示。

图 5-9 气泡膜

（2）珍珠棉、海绵

用珍珠棉包装最广的商品是玻璃品、手机、数码产品等。它具有防刮和防潮功能，也有轻微的防震作用，如图 5-10 所示。

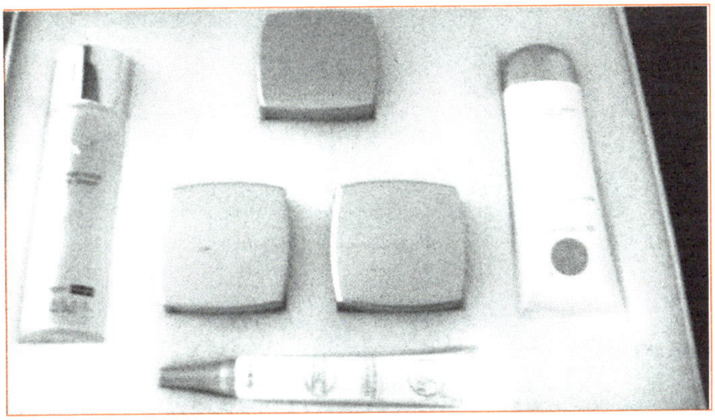

图 5-10 珍珠棉

（3）其他填充物

除了以上填充物，还有很多填充物可以选择，例如报纸和纸板。其中最廉价的就是报纸，一份 5 毛钱的报纸可以填充好多个箱子也是不错的选择，卖家可以根据自己的商品特色来选择。例如，利润大的可以选择稍微高档的材料，利润少的可以选择报纸、纸板。

3. 外包装方法

外包装是给买家拿到手里后的第一眼感觉，常用的有纸箱、泡沫箱、牛皮纸、文件袋、编织袋、自封袋、无纺布袋等。其中以纸箱包装最为常用，下面重点介绍如何选择纸箱。

◆ 按做纸箱用的纸板（瓦楞板）可以分为三、五、七层纸箱，纸箱的强度以三层最弱、七层最高。服装等不怕压、不易碎的产品，一般用三层箱就够了；

玻璃、数码产品、电路板等贵重物品，建议最好用五层箱再配以气泡膜，以确保产品在运输途中的安全性。

◆ 按纸箱的形状可以分为普箱（或双翼箱）、全盖箱、天地盒、火柴盒、异型箱（啤盒）等。

同样大小的箱子，天地盒、啤盒的价格要高于普箱。因为其用料较多，侧面一般为二层纸板，故强度、密封性也高于普箱。普箱的方便、便宜、环保等优点使其应用范围最广。

卖家选购纸箱时最好根据产品特征、买家要求，同时结合成本投入综合考虑。虽然强度高的纸箱安全性更高，但是成本也更高，物流费用也会增加。

卖家也可以订制自己的专用包装纸箱，印上自己商品的 LOGO 等信息。这样可以让你的产品在物流全程中吸引更多的眼球，同时也是一种品牌传播的方式。

5.2.2 不同产品的包装方式

当买家拿到产品时最先看到的是包装，所以要给买家留一个非常好的印象，减少他们挑毛病的机会，就需要先包装好商品，从而赢得买家的信任。不同产品的包装方式是不一样的，下面将分别介绍。

1. 礼品饰品类

礼品饰品类产品一定要用包装盒、包装袋或纸箱来包装。可以去当地的包装盒、包装袋批发市场看看，也可以在网上批发。使用纸箱包装时一定要有填充物，这样才能把饰品固定在纸箱里。还可以附上一些祝福形式的小卡片，或写一些关于此饰品的说明和传说。如图 5-11 所示为首饰包装盒。

2. 衣服纺织品类

如果是衣服，就可以用布袋或者无纺布包装。而且在套用布袋包装后一定还要在布袋外面包一层塑料袋，因为布袋容易进水和损坏，弄脏产品。卖家也可以使用快递专用加厚塑料袋。如图 5-12 所示为服装包装袋。

图 5-11　首饰包装盒

图 5-12　服装包装袋

3. 数码产品类

数码类产品比较贵，需要多层“严密保护”。在包装该类产品时，一定要用油膜包裹结实，再在外面多套几层纸箱或包装盒，多放一些填充物。如图 5-13 所示为数码手机包装盒。

图 5-13　数码手机包装盒

4. 香水等液体类产品

香水、化妆品大部分都是霜状、乳状、水质的，多为玻璃瓶包装，因为玻璃的稳定性比塑料好，化妆品不易变质。但这类货物也一直是查得最严的，因此除了包装结实、确保不易碎裂外，防止渗漏也是很重要的。卖家在包装这类产品时，最好先找一些棉花来把瓶口处封严实，用胶带扎紧，用泡沫将瓶子全身包起来，防止洒漏。最后再包装一层塑料袋、填充物和纸箱等。如图 5-14 所示为化妆品包装盒。

图 5-14　化妆品包装盒

5.3 设置物流模板

卖家在发布产品之前需要先设置好产品运费模板，如果未进行自定义模板，则只能选择新手运费模板才能发布。因此，卖家需要设置物流模板，为后期发货做准备。

5.3.1 认识物流模板

在速卖通店铺后台中，单击“产品管理”选项卡，在“模板管理”列表框中，选择“运费模板”选项，进入到“管理运费模板”页面，如图 5-15 所示。

图 5-15 “管理运费模板”页面

在该页面中，系统已经默认提供了一个名称为“Shipping Cost Template for New Sellers”的新手模板，单击该模板，将进入“查看运费模板：新手运费模板”页面，如图 5-16 所示。该模板由“运费组合”和“运达时间组合”两部分组成，下面将分别进行介绍。

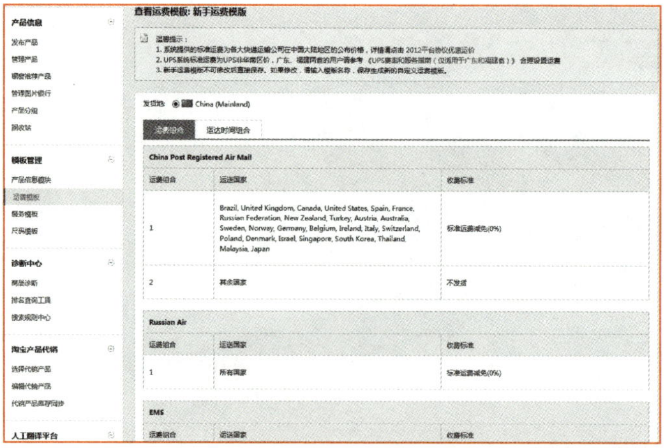

图 5- 16 “查看运费模板：新手运费模板”页面

1. 运费组合

在“运费组合”选项卡中，速卖通系统提供了 China Post Registered Air Mail、Russian Air、EMS 和 ePacket 4 种运输方式。在每种运输方式下，罗列出了该运输方式可以运送到的国家标准及收费标准。

2. 运达时间组合

在“查看运费模板: 新手运费模板”页面中，单击“运达时间组合”选项卡，进入“运达时间组合”选项卡，如图 5-17 所示，在该选项卡中主要展示了不同运输方式、不同运送国家下的卖方“承诺运达时间”。

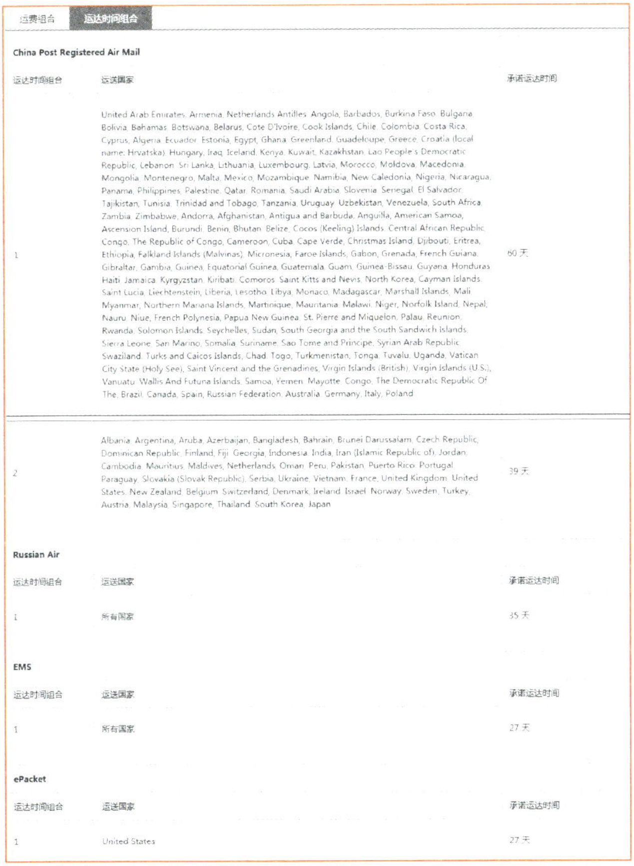

运费组合　运达时间组合

China Post Registered Air Mail

运达时间组合	运送国家	承诺运达时间
1	United Arab Emirates, Armenia, Netherlands Antilles, Angola, Barbados, Burkina Faso, Bulgaria, Bolivia, Bahamas, Botswana, Belarus, Cote D'Ivoire, Cook Islands, Chile, Colombia, Costa Rica, Cyprus, Algeria, Ecuador, Estonia, Egypt, Ghana, Greenland, Guadeloupe, Greece, Croatia (local name: Hrvatska), Hungary, Iraq, Iceland, Kenya, Kuwait, Kazakhstan, Lao People's Democratic Republic, Lebanon, Sri Lanka, Lithuania, Luxembourg, Latvia, Morocco, Moldova, Macedonia, Mongolia, Montenegro, Malta, Mexico, Mozambique, Namibia, New Caledonia, Nigeria, Nicaragua, Panama, Philippines, Palestine, Qatar, Romania, Saudi Arabia, Slovenia, Senegal, El Salvador, Tajikistan, Tunisia, Trinidad and Tobago, Tanzania, Uruguay, Uzbekistan, Venezuela, South Africa, Zambia, Zimbabwe, Andorra, Afghanistan, Antigua and Barbuda, Anguilla, American Samoa, Ascension Island, Burundi, Benin, Bhutan, Belize, Cocos (Keeling) Islands, Central African Republic, Congo, The Republic of Congo, Cameroon, Cuba, Cape Verde, Christmas Island, Djibouti, Eritrea, Ethiopia, Falkland Islands (Malvinas), Micronesia, Faroe Islands, Gabon, Grenada, French Guiana, Gibraltar, Gambia, Guinea, Equatorial Guinea, Guatemala, Guam, Guinea-Bissau, Guyana, Honduras, Haiti, Jamaica, Kyrgyzstan, Kiribati, Comoros, Saint Kitts and Nevis, North Korea, Cayman Islands, Saint Lucia, Liechtenstein, Liberia, Lesotho, Libya, Monaco, Madagascar, Marshall Islands, Mali, Myanmar, Northern Mariana Islands, Martinique, Mauritania, Malawi, Niger, Norfolk Island, Nepal, Nauru, Niue, French Polynesia, Papua New Guinea, St. Pierre and Miquelon, Palau, Reunion, Rwanda, Solomon Islands, Seychelles, Sudan, South Georgia and the South Sandwich Islands, Sierra Leone, San Marino, Somalia, Suriname, Sao Tome and Principe, Syrian Arab Republic, Swaziland, Turks and Caicos Islands, Chad, Togo, Turkmenistan, Tonga, Tuvalu, Uganda, Vatican City State (Holy See), Saint Vincent and the Grenadines, Virgin Islands (British), Virgin Islands (U.S.), Vanuatu, Wallis And Futuna Islands, Samoa, Yemen, Mayotte, Congo, The Democratic Republic Of The, Brazil, Canada, Spain, Russian Federation, Australia, Germany, Italy, Poland	60 天
2	Albania, Argentina, Aruba, Azerbaijan, Bangladesh, Bahrain, Brunei Darussalam, Czech Republic, Dominican Republic, Finland, Fiji, Georgia, Indonesia, India, Iran (Islamic Republic of), Jordan, Cambodia, Mauritius, Maldives, Netherlands, Oman, Peru, Pakistan, Puerto Rico, Portugal, Paraguay, Slovakia (Slovak Republic), Serbia, Ukraine, Vietnam, France, United Kingdom, United States, New Zealand, Belgium, Switzerland, Denmark, Ireland, Israel, Norway, Sweden, Turkey, Austria, Malaysia, Singapore, Thailand, South Korea, Japan	39 天

Russian Air

运达时间组合	运送国家	承诺运达时间
1	所有国家	35 天

EMS

运达时间组合	运送国家	承诺运达时间
1	所有国家	27 天

ePacket

运达时间组合	运送国家	承诺运达时间
1	United States	27 天

图 5-17 “运达组合时间”界面

“运达组合时间”选项卡中的“承诺运达时间”参数是在速卖通平台原有“大小包 60 天未妥投纠纷退款规则”的基础上，将设置物流时间的功能开放给卖家，让有能力为买家提供更好的物流服务、敢于对买家承诺物流服务的卖家优势得到凸显。

速卖通平台的卖家根据自身货运能力填写运费模板中的“承诺运达时间”，对不同运输方式到达不同国家的运达时间进行保障。

5.3.2 新建物流模板

对于大多数卖家而言，新手模板并不能满足需求，在这种情况下，就需要进行运费模板的自定义设置。新建物流模板的方法有两种：一是直接单击“新增运费模板”按钮，二是单击“编辑”按钮编辑运费模板，如图 5-18 所示。

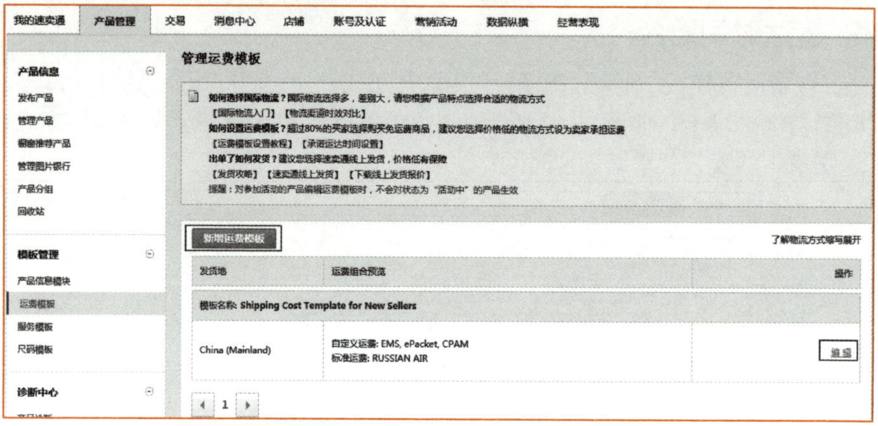

图 5-18 “管理运费模板”页面

这两种方式显示的界面不同，但都包含几个方面：一是选择发货地区；二是选择物流方式；三是设置优惠折扣；四是个性化地选择寄达国家；五是个性化地设置承诺的运达时间。如图 5-19 所示为单击“编辑”按钮进入“编辑运费模板”界面。

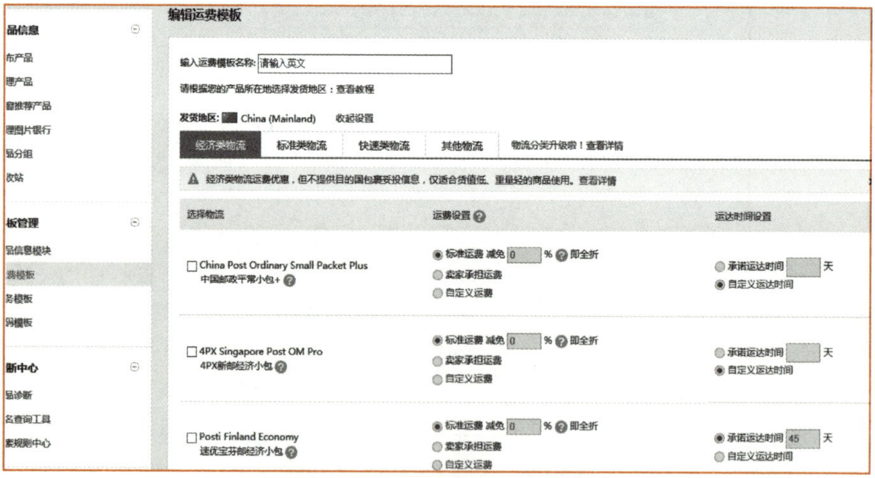

图 5-19 “编辑运费模板”页面

下面将介绍使用“新增运费模板”按钮新建物流模板的具体步骤。

01 在“管理运费模板”页面中，单击“新增运费模板”按钮，进入“新增运费模板”页面，输入运费模板名称，如图 5-20 所示。

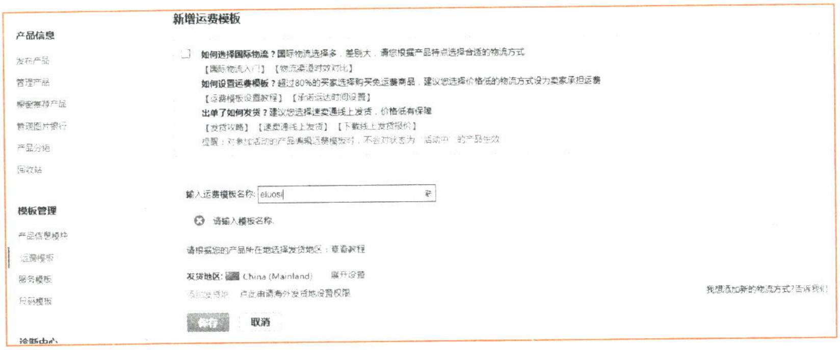

图 5-20　输入运费模板名称

02 单击“发货地区”右侧的“展开设置”超链接，展开物流区域，选择“中国邮政平常小包 +”复选框，修改“标准运费减免”为 15%，选择“承诺运达时间”单选按钮，并修改“时间”为 60 天，如图 5-21 所示。

图 5-21　修改参数值

03 在页面的下方，单击“保存”按钮，即可完成物流模板的新建操作，并显示新创建的物流模板，如图 5-22 所示。

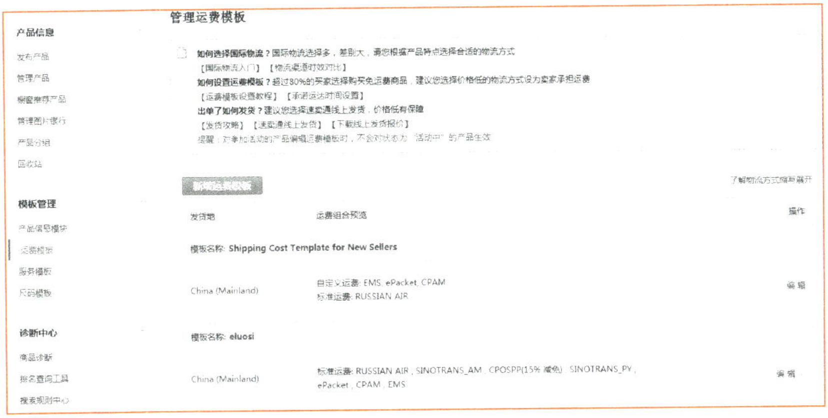

图 5-22　显示新建物流模板

5.3.3 自定义运费设置

使用“自定义运费”功能可以对运费进行个性化设置，比如对部分国家设置标准运费，对部分国家设置免运费等情况。下面将介绍自定义运费设置的具体步骤。

01 在“管理运费模板”页面中，单击“新增运费模板”按钮，进入“新增运费模板”页面，输入运费模板名称，单击“发货地区”右侧的“展开设置”超链接，如图 5-23 所示。

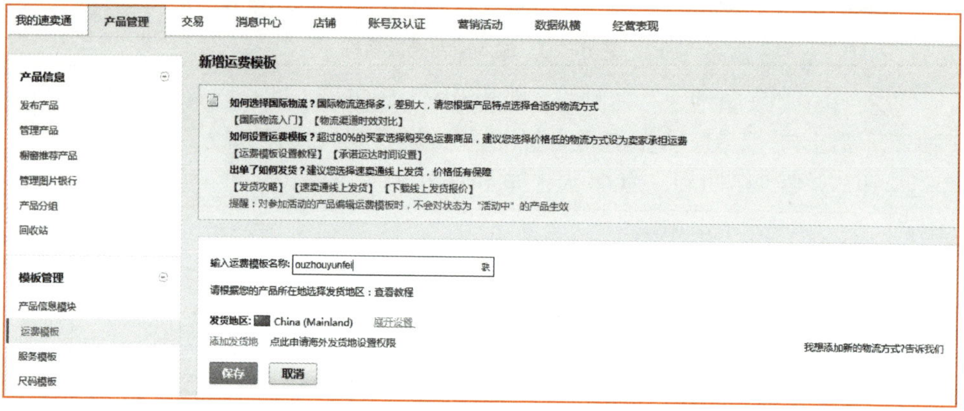

图 5-23 “新增运费模板”页面

02 展开物流区域，选择相应的复选框，并选择“中外运 – 英邮经济小包”右侧的“自定义运费”单选按钮，如图 5-24 所示。

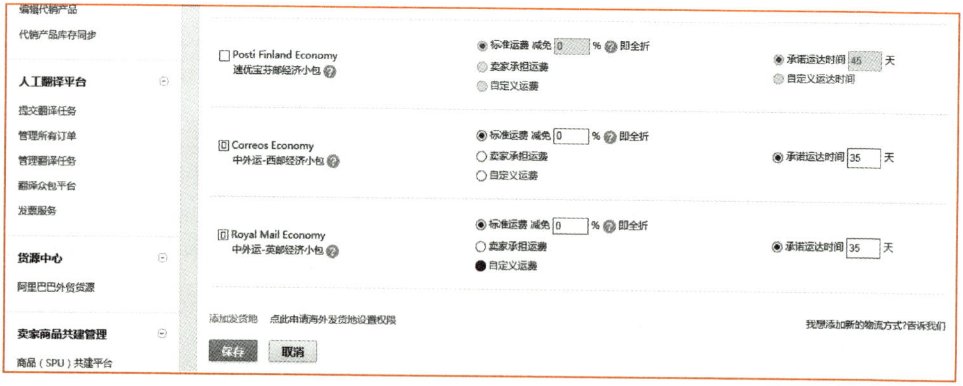

图 5-24 选择相应的单选按钮

03 稍后将打开“运费组合 1”对话框，选择相应的复选框，在“设置运费类型”列表框中，选择“自定义运费”选项，如图 5-25 所示。

图 5-25 “运费组合 1”对话框

04 展开“自定义运费”选项组，依次修改相应的参数，修改完成后，单击“确认添加”按钮，如图 5-26 所示。

图 5-26 修改参数

05 显示自定义的运费信息，完成运费的自定义设置，如图 5-27 所示，依次单击“保存”按钮即可。

图 5-27 显示自定义运费信息

5.4 速卖通线上、线下发货

线上发货是指卖家在速卖通后台通过在线选择物流商、在线创建物流订单，然后卖家将货物自寄至物流商仓库，或者物流商上门揽件后，卖家可以在线支付运费的一种发货方式。而线下发货则是指卖家在线下寻找物流商，然后将货物交给物流商，并取得运单号等信息的一种发货方式。本节将详细讲解速卖通线上和线下发货的基础知识和具体操作。

5.4.1 认识速卖通线上发货

线上发货是由阿里巴巴全球速卖通、菜鸟网络联合多家优质第三方物流商打造的物流服务体系。其发货流程图如图 5-28 所示。

图 5-28　线上发货流程图

5.4.2 线上发货的优势

在速卖通平台进行线上发货具有以下优势：

- **平台网规认可：**使用线上发货且成功入库的包裹，买家和卖家均可在速卖通后台查看全程物流信息，且平台网规认可。
- **避免物流低分，提高账号表现：**每个月进行卖家服务等级评定时，使用线上发货的订单，因物流原因导致的低分可抹除。
- **物流问题赔付保障：**阿里巴巴作为第三方将全程监督物流商服务，卖家可针对丢包、货物破损、运费争议等物流问题在线发送诉讼，获得赔偿。
- **可享受速卖通卖家专属合约运费：**低于市场价，只发一件也可享受折扣。
- **在线用支付宝付运费：**国际支付宝账户中央结汇美金也能付运费，还能下载运费电子账单对账。
- **渠道稳定：**直接和中国邮政等物流商对接，安全可靠。
- **时效快：**平台数据显示，线上发货的上网时效、妥投时效高于线下。
- **物流商承诺运达时间：**因物流商原因在承诺时间内因妥投而引起的限时达纠纷赔款，由物流商承担。

5.4.3 线上发货的具体操作

在清楚线上发货的流程和优势后，接下来将介绍线上发货的具体操作步骤。

01 在“我的订单”页面中，选择待发货的订单，并单击订单右侧的“线上发货”按钮，如图 5-29 所示。

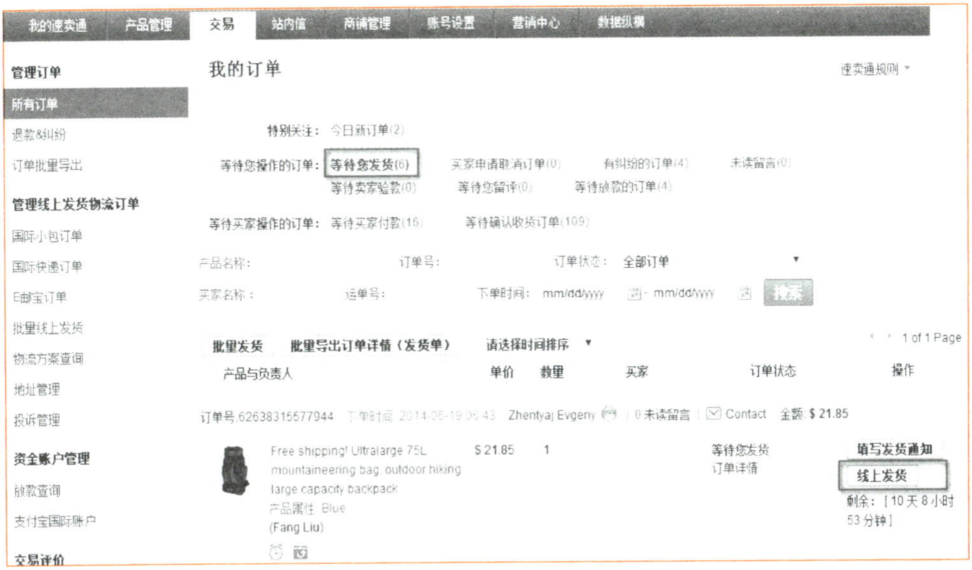

图 5-29 单击“线上发货”按钮

02 稍后进入“订单详情”页面，单击“线上发货”按钮，如图 5-30 所示。

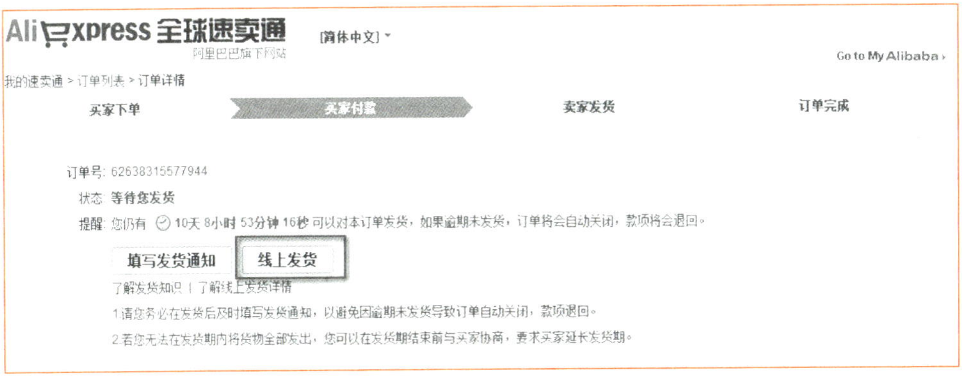

图 5-30 单击“线上发货”按钮

03 进入“选择物流方案”页面，选择“中俄航空 Ruston”单选按钮，如图 5-31 所示。

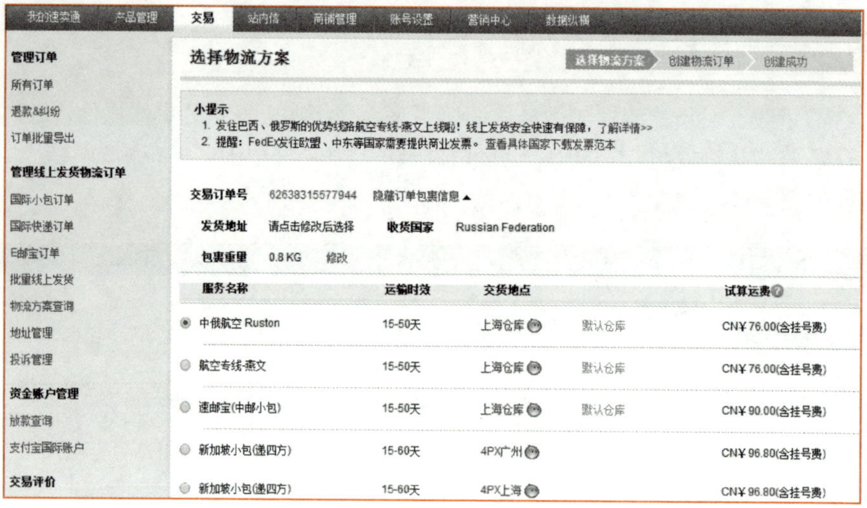

图 5-31 “选择物流方案”页面

04 物流方案选择完成后，在界面的下方，单击“下一步，创建物流订单”按钮，进入“创建物流订单”页面，如图 5-32 所示，依次在该页面中填写国内物流信息、包裹信息、产品信息、发货人信息等。

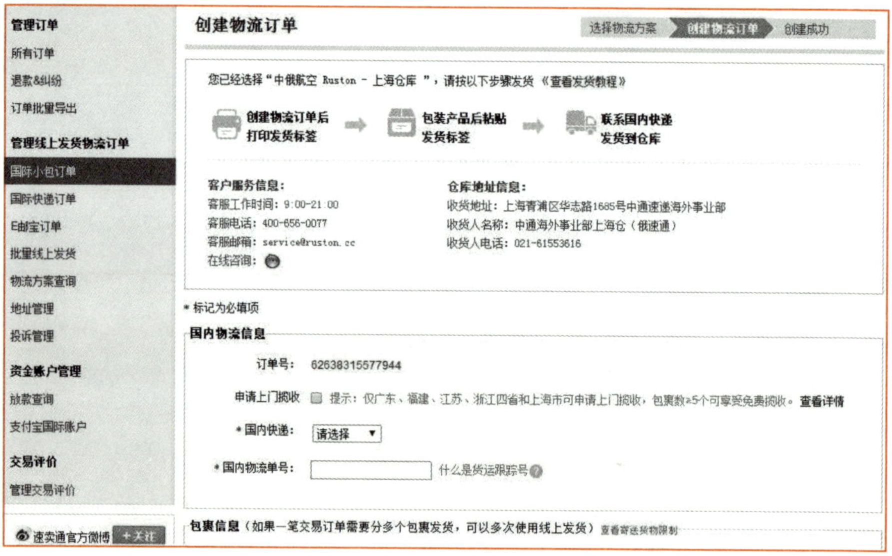

图 5-32 “创建物流订单”页面

05 信息填写完成后，在页面的下方，单击“确定”按钮，进入“国际小包订单”页面，单击“打印发票标签”按钮，如图 5-33 所示。

06 打开打印窗口，内容显示为一个 LN 开头的 PDF 文件，用 PDF 阅读软件打开，选择连接的打印机即可，进入打印页面，可以进行标签打印的设置，打印完成

后，即可得到物流标签。将打印好的标签粘贴在产品的外包装上，并做好防水处理，之后就可以安排国内物流公司上门或者送至物流公司了。

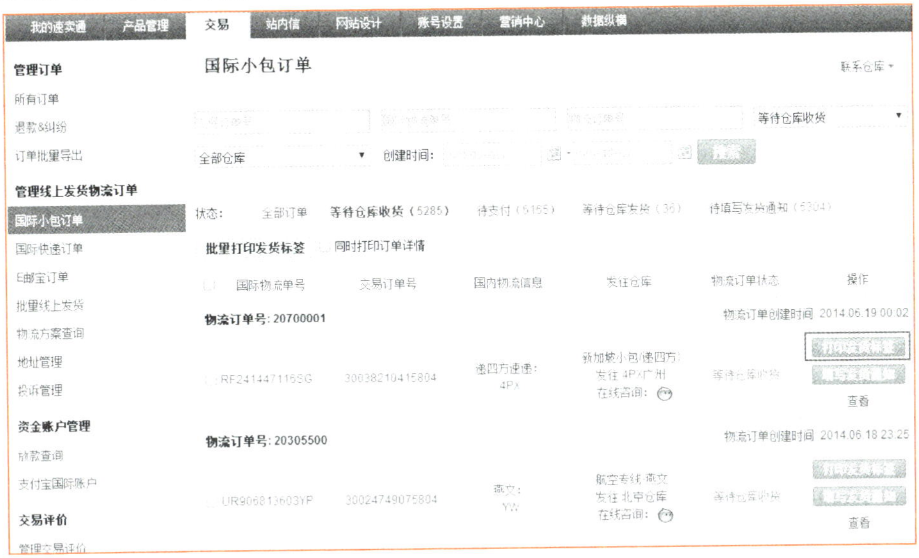

图 5-33 “国际小包订单”界面

07 再次回到“我的速卖通”后台，进入“交易”|“物流服务”|“国际订单小包”页面，找到对应订单号，单击“填写发货通知”按钮，如图 5-34 所示。

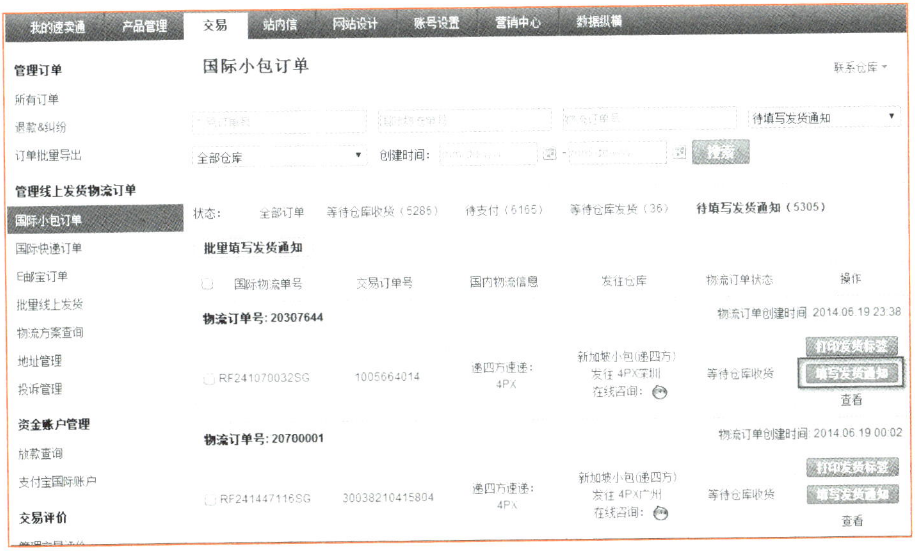

图 5-34 单击“填写发货通知”按钮

08 进入“填写发货通知”页面，依次在“物流服务名称”和“货运跟踪号”文本框中输入内容，如图 5-35 所示。

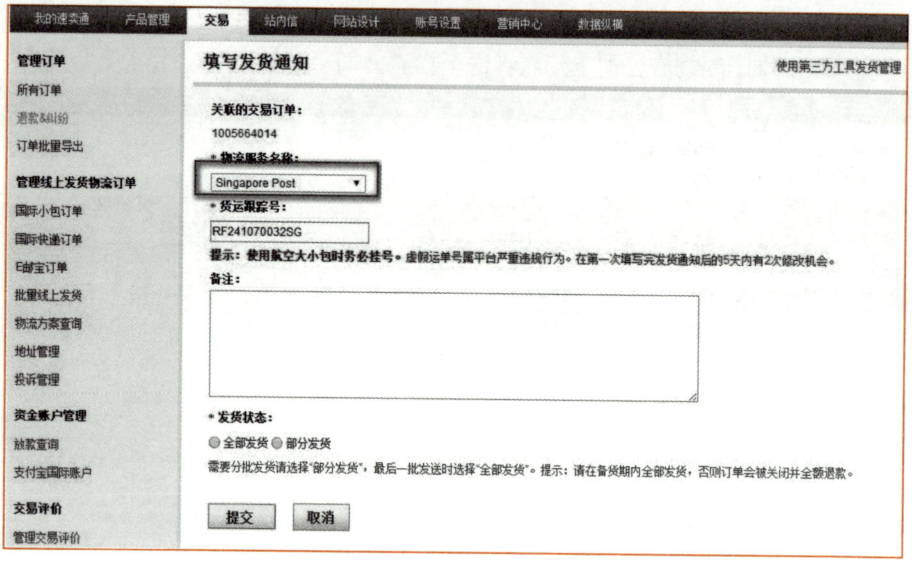

图 5-35 “填写发货通知”界面

09 填写完成后，选择“全部发货”单选按钮，单击“提交”按钮，返回到“国际小包订单”页面，单击“批量支付”右侧的下三角按钮，展开下拉列表，选择“支付宝付款”选项，如图 5-36 所示，利用支付宝账户付款。

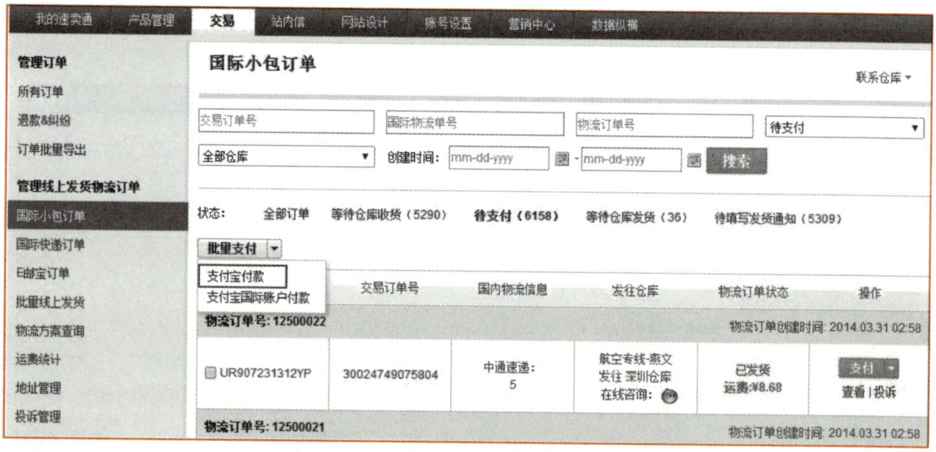

图 5-36 选择“支付宝付款”选项

5.4.4 线下发货的具体操作

在进行线下发货后，物流商将运单号提供给卖家，然后卖家在速卖通平台上填写发货通知即可。下面将介绍线下发货的具体步骤。

01 在“我的订单”页面中，选择待发货的订单对象，并单击订单右侧的“填写发货通知”按钮，如图 5-37 所示。

图 5-37　单击“填写发货通知”按钮

02 稍后进入“发货”页面，在该页面中将显示订单发货的剩余时间，再次单击“填写发货通知”按钮，如图 5-38 所示。

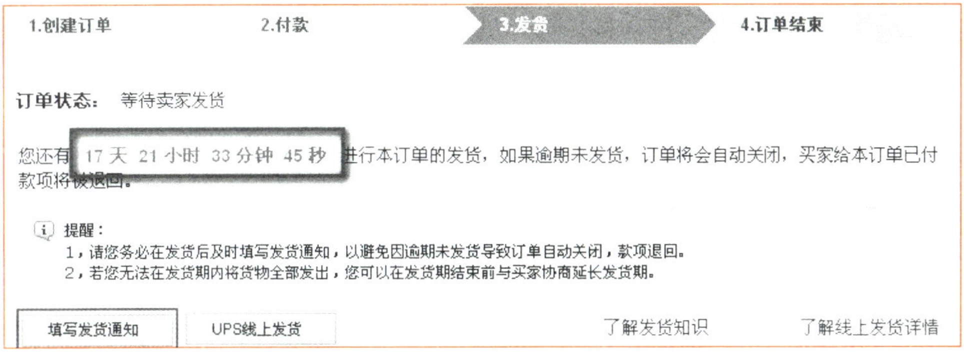

图 5-38　单击“填写发货通知”按钮

03 进入“填写发货通知”页面，依次在“物流服务名称”和“货运跟踪号”文本框中输入内容，填写完成后，选择“全部发货”单选按钮，单击“提交”按钮即可。

5.5 ≫ 海外仓集货物流

海外仓集货是指为卖家在销售目的地进行货物仓储、分拣、包装和派送的一站式控制与管理服务，在使用海外仓集货物流方式之前，需要对海外仓基础知识、费用结构、运费模板设置有很深刻的认知。

5.5.1 认识海外仓

海外仓是指除本国地区的其他国家建立的海外仓库。当卖家拥有了海外仓权限后，就可以将货物从本国出口通过海运、货运、空运的形式储存到该国的仓库，买家通过网上下单购买所需商品，卖家只需在网上操作，对海外的仓库下达指令完成订单。而货物则从买家的所在国发出，从而大大缩短了从本国发货物流所需要的时间。

海外发货地设置功能于2015年2月6日在速卖通平台中开通，目前只开通了美国、英国、德国、西班牙、法国、意大利、俄罗斯、澳大利亚、印尼，其他国家和地区暂时不支持。而且需要注意的是，部分类目暂未开放海外发货地设置功能，即使有海外仓也暂时不能设置。

使用海外仓服务具有以下 4 大优势：

- ◆ 提升曝光转化，扩大销量：海外本地发货的商品可以获得更高的曝光及流量，增强买家购买信心，带来更高的转化及销量。
- ◆ 缩短运输时长，降低物流成本：买家收到货的时间可以从 15~40 天缩短到 2~7 天，降低物流纠纷，缩短卖家回款周期。
- ◆ 拓展销售品类：突破航空禁运、重量、体积等物流限制，可以拓展电子商品、汽配、家居、运动等优势品类。
- ◆ 升级售后服务：卖家可以提供更加灵活的退换货服务，完善售后服务环节。

5.5.2 申请海外仓权限

海外仓发货地设置功能仅向通过审核的卖家开放，卖家需要先备货到海外，再提交申请，提供海外仓证明资料，通过审核后才能设置海外发货地。

申请海外仓权限的流程为：申请发货地设置权限——资料审核——签署协议——申请成功。下面将介绍申请海外仓权限的具体步骤。

01 登录“我的速卖通”后台，单击“交易”选项卡，进入“交易”选项卡，在左侧的“物流管理”列表框中，选择“我有海外仓”选项，如图 5–39 所示。

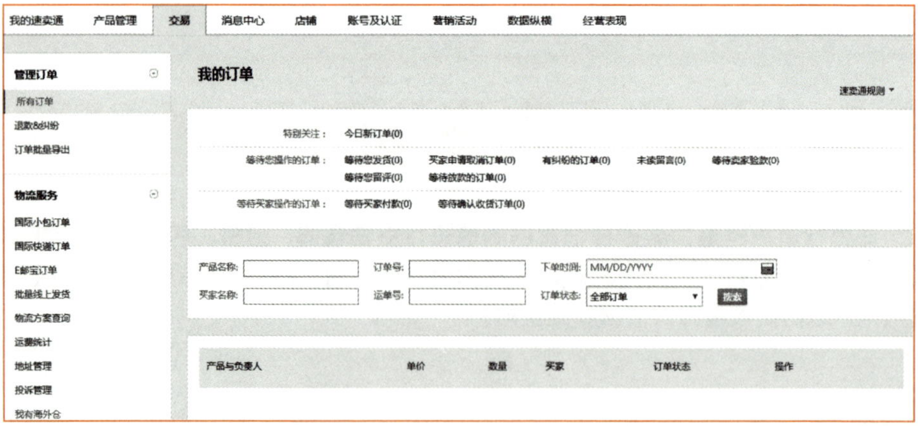

图 5–39 选择“我有海外仓”选项

02 进入相应的页面，显示“我有海外仓”信息，单击“申请开通”超链接，如图 5– 40 所示。

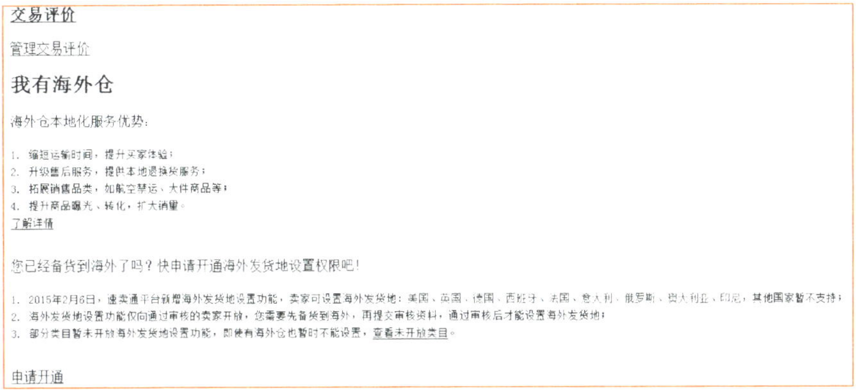

图 5-40　单击“申请开通”链接

03 进入“我有海外仓－申请发货地设置权限”页面，依次设置联系人、联系手机、仓库类型、合作物流商等信息，如图 5-41 所示。

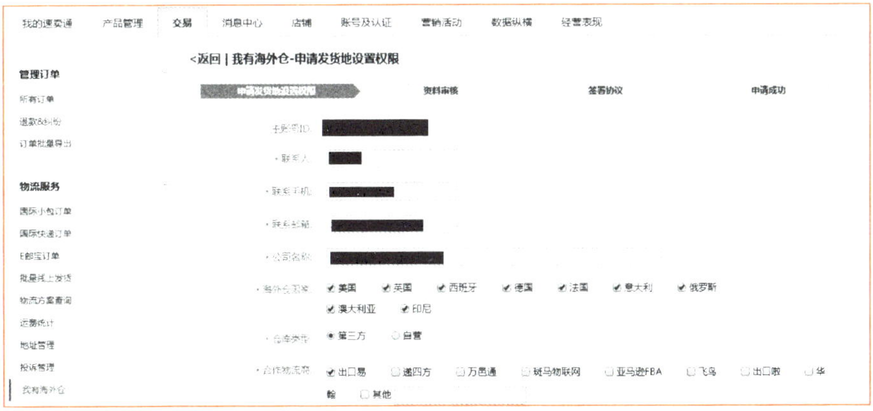

图 5-41　“我有海外仓－申请发货地设置权限”页面

04 信息设置完成后，在页面的下方，单击“申请”按钮，进入“资料审核”页面，显示资料已提交，并进行审核信息，如图 5-42 所示。

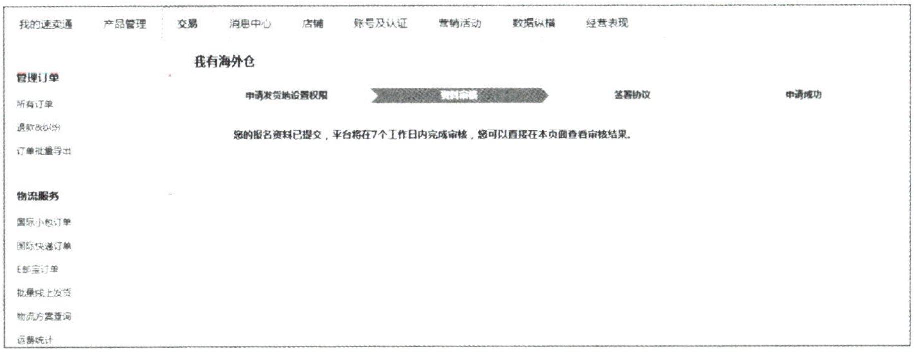

图 5-42　“资料审核”界面

05 当资料审核通过后，将进入“签署协议”页面，完成协议的签署后，单击“提交”按钮，即可申请成功。

卖家在申请海外仓权限时，一定要注意以下事项：

◆ 主账号和子账号都可以报名，申请成功后，系统会同时开通主账号及所属子账号的权限。

◆ 若卖家使用的是第三方海外仓，需要提供以下资料信息：合作物流商、客户代码（物流商给客户用的代码）、与第三方物流商签订的合同照片、使用第三方物流系统的后台截图（库存查询、订单管理页面等）。

◆ 若卖家使用的是自营海外仓，需要提供以下资料：海外仓地址、中国发货证明（如发货底单、发货拍照、物流跟踪详情截图等）、海外通关证明（如缴税证明等）、仓库照片（将您的报名 ID 写在小纸条上或打印出来并放在当地最近的报纸上拍照，照片背景可以看到门牌号或仓库实景）。

5.5.3 海外仓商品运费模板设置

在申请好海外仓权限后，需要对海外仓商品的运费模板进行设置，才能发布海外仓商品。下面将介绍海外仓商品运费模板设置的具体步骤。

01 登录“我的速卖通”后台，单击“产品管理”选项卡，在“模板管理”列表框中，选择“运费模板”选项，进入“管理运费模板”页面，单击“新增运费模板”按钮，进入“新增运费模板”页面，单击“增加发货地”超链接，如图 5-43 所示。

02 打开“选择发货地所在国家和地区”对话框，依次选择相应的国家复选框，国家选择完成后，单击“保存”按钮，如图 5-44 所示。

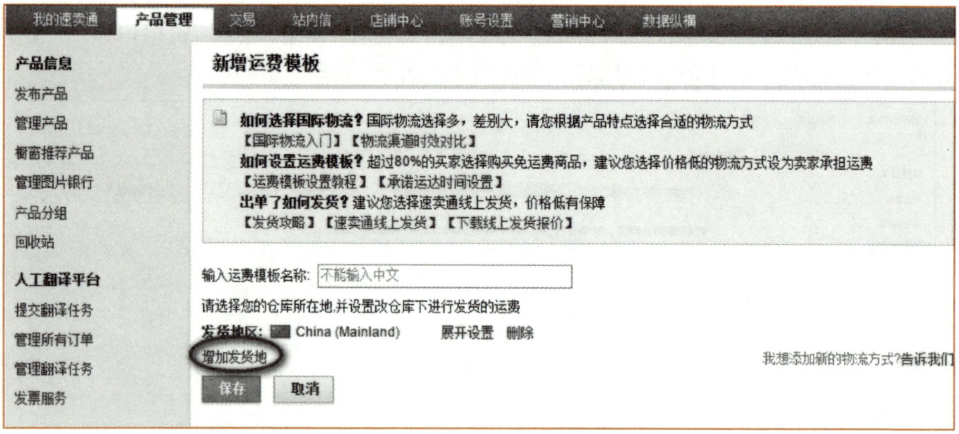

图 5-43　单击“增加发货地”超链接

图 5-44 “选择发货地所在国家和地区”对话框

03 返回到“新增运费模板”页面，单击“发货地区”选项右侧的“展开设置”超链接，如图 5-45 所示，可以针对不同的发货地区，以及不同的物流方式分别设置运费及承诺运达时间。

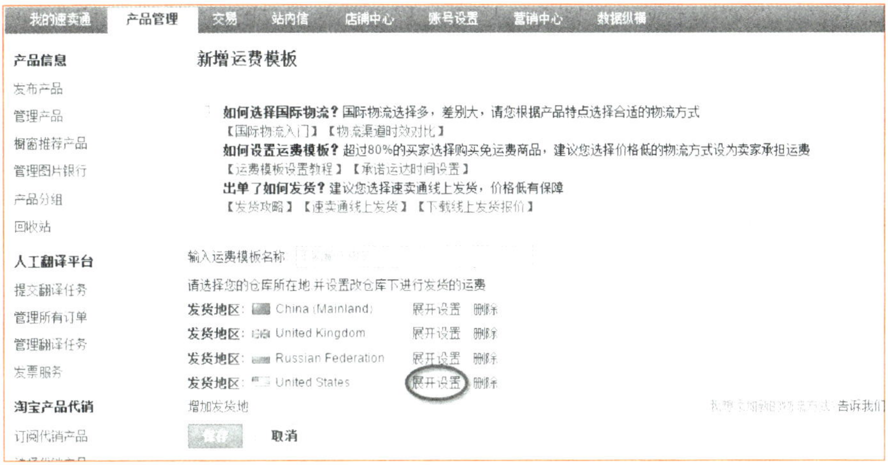

图 5-45 单击“展开设置”超链接

04 在设置海外仓运费模板时，一定要注意商品发货地必须和运费模板设置完全一致，卖家需要根据自己的海外仓所在地新增或编辑运费模板。例如，卖家琳达有 3 个商品，商品发货地如表 5-4 所示。

表 5-4 商品发货地表格

商品	发货地	商品可关联的运费模板
A	美国	运费模板 1：发货地只有美国
B	巴西	运费模板 2：发货地只有巴西
C	英国 & 德国	运费模板 3：有两个发货地——英国和德国

根据上表所示，琳达需要分别设置 3 个不同的运费模板。因为“商品发货地”必须完全和“运费模板设置的发货地”一致，所以 A 商品只能关联运费模板 1，不能够关联运费模板 2 和 3。

5.5.4 发布海外仓商品

在发布海外仓商品时，单击发布或编辑产品，将进入产品发布页面，填写正确的商品信息，其填写方法与发布非海外仓商品类似，唯一需要注意的是“发货地”和“运费模板”的填写。下面将对这两部分进行详细讲述。

1. 填写发货地

在产品发布页面中填写“发货地”信息时，可以选择一个或者多个商品发货地，如图 5-46 所示。

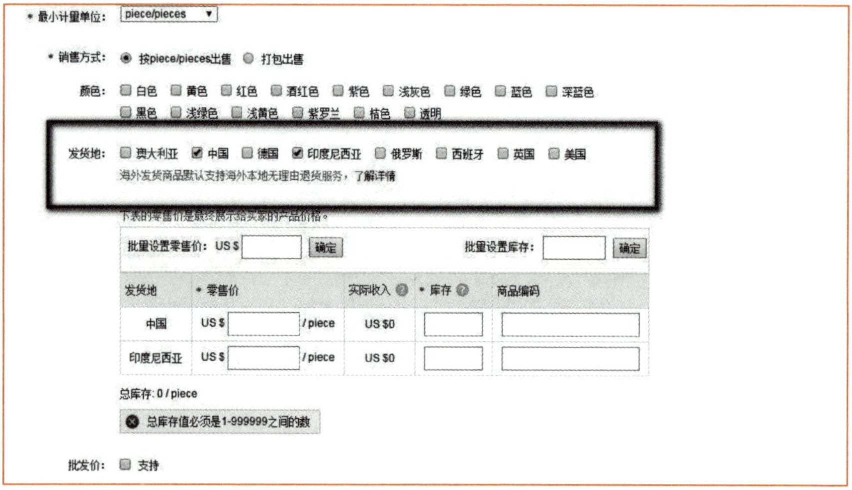

图 5-46　填写“发货地”信息

在填写海外发货地时，需要注意海外本地发货商品默认提供本地无理由的退换货服务，其注意事项有以下 3 点：

- ◆ 仅发件国和目的国一致的订单默认提供本地无理由退货服务。例如，卖家莉莉备货在美国仓的商品支持发往美国和加拿大，只有收货地为美国的订单才默认提供无理由退货服务。
- ◆ 无理由退货服务承诺。若买家不喜欢所购买的商品，可选择在交易结束前提起无理由退货，退回商品（必须未使用过，不影响二次销售，查看详情）。卖家提供的退货地址必须在本地，退货运费由买家承担。买家退回商品后需要卖家确认，若卖家对退回商品或退款金额存在争议，可向平台发起申诉。
- ◆ 海外发货商品发货期必须≤ 3 天。海外发货商品需要提前备货到海外仓，并为保障买家收货时效，请卖家设置发货期≤ 3 天，并在 3 天内将货物发出。

若卖家设置的发货期> 3 天，将无法获得海外发货标识、搜索筛选、平台活动等海外发货商品专享推广资源。

2. 填写运费模板

因为商品发货地必须和运费模板设置完全一致，因此，在产品发布页面只会展示能够选择的运费模板（运费模板发货地与商品选择的发货地完全一致），发货地不匹配的运费模板将不展示，如图 5-47 所示。

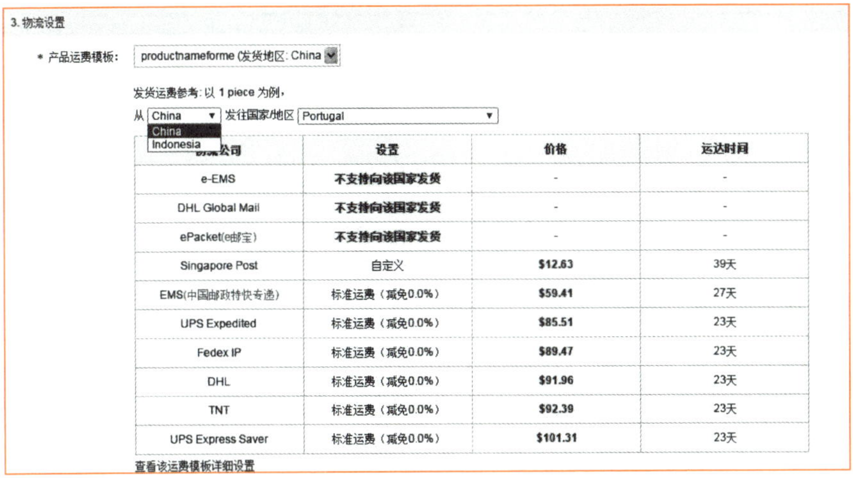

3. 物流设置

* 产品运费模板：productnameforme (发货地区: China

发货运费参考：以 1 piece 为例，

从 China ▼ 发往国家/地区 Portugal ▼

China

Indonesia

[illegible]公司	设置	价格	运达时间
e-EMS	不支持向该国家发货	-	-
DHL Global Mail	不支持向该国家发货	-	-
ePacket(e邮宝)	不支持向该国家发货	-	-
Singapore Post	自定义	$12.63	39天
EMS(中国邮政特快专递)	标准运费（减免0.0%）	$59.41	27天
UPS Expedited	标准运费（减免0.0%）	$85.51	23天
Fedex IP	标准运费（减免0.0%）	$89.47	23天
DHL	标准运费（减免0.0%）	$91.96	23天
TNT	标准运费（减免0.0%）	$92.39	23天
UPS Express Saver	标准运费（减免0.0%）	$101.31	23天

查看该运费模板详细设置

图 5-47　填写“运费模板”信息

5.5.5 海外仓商品前台展示

在成功发布海外仓商品后，买家可以在商品详情页看到商品发货地信息，并进行选择，如图 5-48 所示。

图 5-48　商品详情页展示海外仓商品

搜索页面支持海外本地发货商品的独立筛选及专属标识，海外发货商品的曝光机会将大大提升，其筛选方法如下：

- 买家可以在搜索页选择 ship from 国家，筛选海外发货的商品。
- 买家可以通过搜索筛选项 Domestic Delivery 一键筛选出本国发货的商品。
- 海外本地发货（发货国与买家收件国一致）的商品将展示专属标识。

如图 5-49 所示为海外本土发货商品筛选和专属标识。

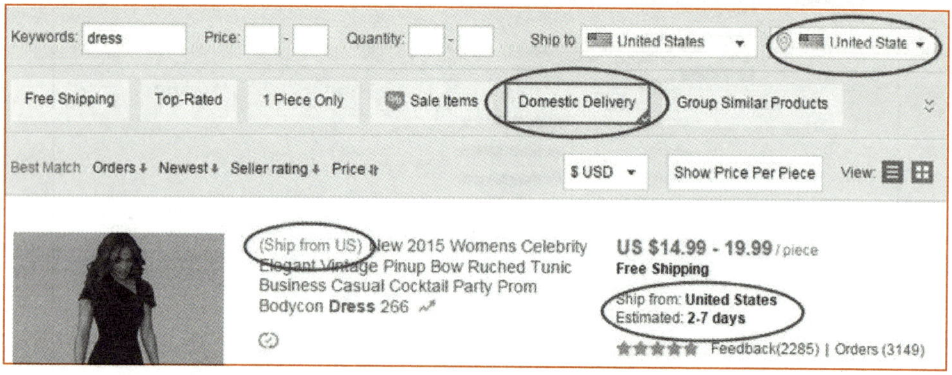

图 5-49　海外本土发货商品筛选和专属标识

5.6 发货超时与延长收货时间

发货时间是指买家付款成功到卖家完成填写发货通知的时间。在此时间内，卖家需要完成备货、发货操作，并且填写发货通知。如果发货超时，则订单取消；如果即将达到收货时间，还没有收到货物，则可以延长收货时间。本节将详细讲解发货超时与延长收货时间的方法。

5.6.1 发货超时

发货时间从买家下单付款成功且支付信息审核完成（出现“发货”按钮）后开始计算。例如某个卖家设置的发货期为 3 天，如订单在北京时间星期四下午 17:00 支付审核通过，则发货超时时间为北京时间星期二下午 17:00；还有某个卖家设置的发货期为 1 天，如订单在北京时间星期天上午 1:00 支付审核通过，则发货超时时间为北京时间星期一上午 1:00。

因此，假设卖家设置的发货时间为 3 天，买家下单付款成功且发货按钮出现后，卖家必须在 3 日内填写发货信息（周末、节假日系统会做相应顺延）。若卖家未在发货时间内填写发货信息，系统会自动关闭订单，货款将全额退还给买家，且订单状态显示出“发货超时”字样，如图 5-50 所示，建议卖家发货后及时在发货期内填写发货信息，否则可能出现货款两失的情况。

图 5-50　发货超时

为了出现发货超时，自动关闭订单的状况出现，卖家可以采取以下措施：

- 适当延长发货期。
- 若卖家无法在发货期内将货物全部发出，卖家可以在发货期结束前与买家协商，要求买家延长发货期。买家下单付款之后，买家的订单详情页面即显示为“等待卖家发货的状态”。同时，在该订单详情页面，有一个“延长发货时间”的按钮。当买家与卖家沟通达成一致后，须由买家在后台进行延长发货时间操作。延迟发货时间次数不限，但是累积延长的时间上限为 90 天。

5.6.2 延长收货时间

当卖家正常发货后，如果物流出现状况导致买家延迟收到货，则可以和买家协商延长收货时间，以给买家更长的时间等待，防止买家以收货不到为由引起纠纷。下面将介绍延长收货时间的具体步骤。

01 登录“我的速卖通”后台，在“交易”|“管理订单”|“进行中的订单”页面中，选择“等待买家收货”选项卡，进入“等待买家收货”选项卡，查询订单信息，并单击“延长收货时间”按钮，如图 5-51 所示。

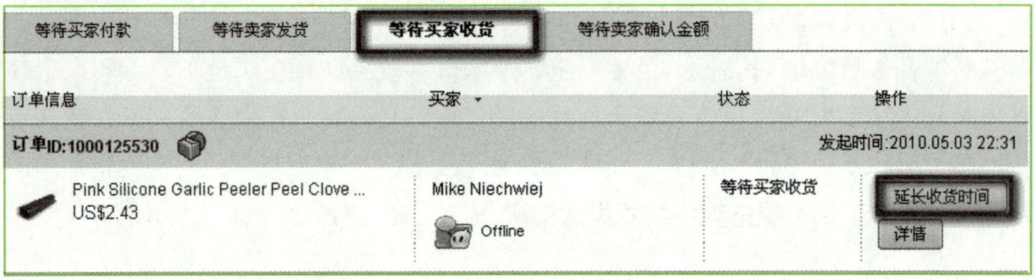

图 5-51　单击“延长收货时间”按钮

02 进入“发货”页面，再次单击“延长收货时间”按钮，打开提示对话框，如图 5- 52 所示，输入想要延长的时间，单击“确认”按钮即可。

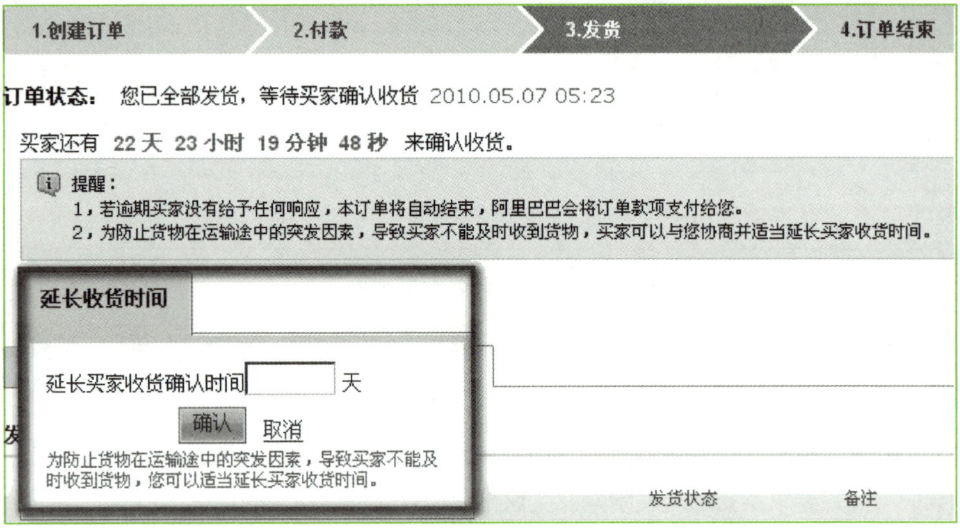

图 5-52　提示对话框

第6章

速卖通店铺的资金与收款管理

速卖通店铺在交易过程中，可以设计针对店铺资金的各种管理，只有把店铺的资金账目管理得井井有条，才能清楚地掌握店铺的利润、开支及销售状况，从而为后面的店铺经营制订出合理的规划。本章将专门讲解支付宝国际账户、支付宝管理账目等方面的知识。

6.1 »» 国际支付宝简介

在速卖通平台做生意，离不开国际支付宝的保驾护航，因此在设置收款账户和管理收支账目之前，要对国际支付宝有深入的了解。

6.1.1 认识国际支付宝

阿里巴巴国际支付宝由阿里巴巴与支付宝联合开发，为保护国际在线交易中买卖双方的交易安全所设的一种第三方支付服务。使用国际支付宝具有 4 大优势，下面将分别进行介绍。

- 多种支付方式：支持信用卡、银行汇款多种支付方式。
- 安全保障：先收款，后发货，全面保障卖家的交易安全。国际支付宝是一种第三方支付服务，而不是一种支付工具。对于卖家而言，它的风控体系可以保护卖家在交易中免受信用卡盗卡的欺骗，而且当且仅当国际支付宝收到卖家的货款后，才会通知卖家发货，这样可以避免买卖双方在交易中使用其他支付方式导致的交易欺诈。
- 方便快捷：线上支付，直接到账，足不出户即可完成交易。使用国际支付宝收款无须预存任何款项，速卖通会员只需绑定国内支付宝账号和美金银行账户就可以分别进行人民币和美金的收款。
- 品牌优势：背靠阿里巴巴和支付宝两大品牌，海外潜力巨大。

6.1.2 清楚国际支付宝支付方式

目前国际支付宝支持多种支付方式：信用卡、T/T 银行汇款、Moneybookers、借记卡等，下面将对这些支付方式分别进行介绍。

6.1.3 信用卡支付

买家在购买产品并付款时，可以使用 Visa 及 Mastercard 对订单进行支付，如果买家使用此方式进行支付，平台会将订单款项按照买家付款当天的汇率结算成人民币支付给卖家。如图 6- 1 所示为 Visa 及 Mastercard 信用卡。

1. T/T 银行汇款和西联（Western Union）汇款支付

该种支付方式是国际贸易的主流支付方式，大额交易更方便。如果买家使用此方式支付，其中会有一定汇款的转账手续费用。此外，银行提现也需要一定的提现费用。

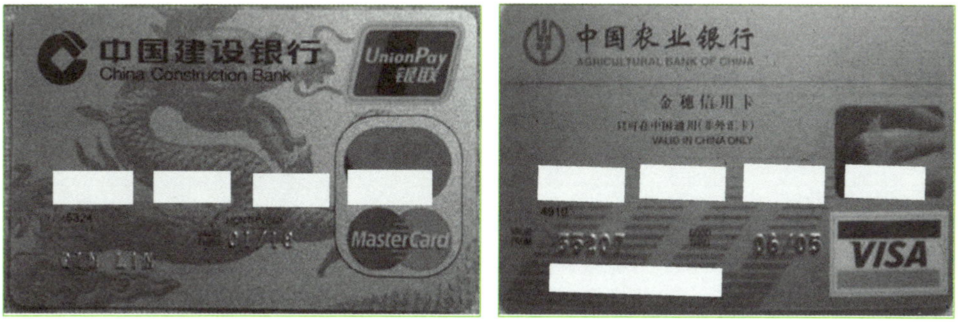

图 6-1　Visa 及 Mastercard 信用卡

2. Moneybookers 支付

因为欧洲是速卖通的主要市场，而 Moneybookers 是一个欧洲的电子钱包公司，并且集成了 50 多种支付方式，因此，该公司成为了欧州主流的支付服务商。

3. 借记卡支付

国际通行的借记卡外表与信用卡一样，并于右下角印有国际支付卡机构的标志。它通行于所有接受信用卡的销售点。唯一的区别是，当使用借记卡时，用户没有 creditline，只能用账户里的余额支付。

4. Boleto 支付

巴西国内的支付方式除了有信用卡以外，还有一种在线支付方式 Boleto。Boleto 是由多家巴西银行共同支持的一种支付方式，在巴西占据绝对主导地位，客户可以到巴西任何一家银行、ATM 机、彩票网点或使用网上银行授权银行转账。

支付渠道有如下特点：

- 一旦付款，不会产生拒付和伪冒，保证商家的交易安全。
- 无须预付交易保证金，降低了门槛。
- 单笔支付限额在 1 ~ 3 000 美金；月累计支付不超过 3 000 美金。
- 不是网上实时付款，买家需在网上打印付款单并通过网上银行、线下银行或其他指定网点进行付款。买家可以在 1 ~ 3 天内付款，各个银行需要 1 ~ 3 个工作日的时间完成数据交换，所以每笔交易一般需两天 ~ 一周左右的时间才能支付完成。

由于 Boleto 渠道支付周期长的特性，为了减少失败的交易，速卖通对买家选择了 Boleto 渠道支付的订单做了提醒，如图 6-2 所示。

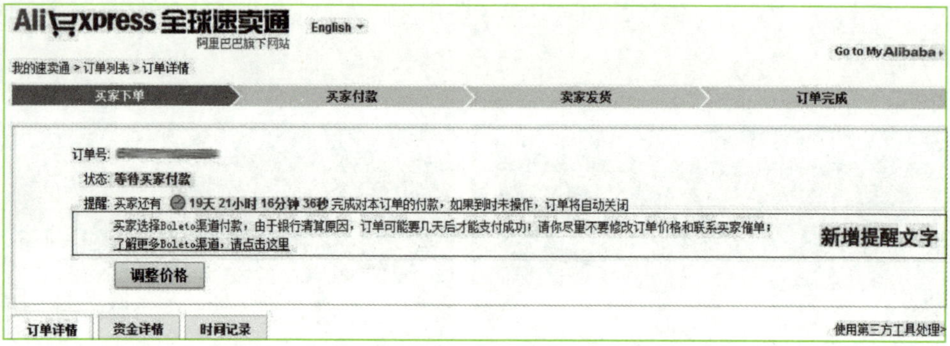

图 6-2　Boleto 渠道支付提醒

5. QIWI 支付

QIWI 是俄罗斯客户的主要支付方式。速卖通网站上的 QIWI 是 QIWI 金融集团旗下的电子钱包系统，其服务类似于支付宝，依托于 QIWI bank。

买家付款时，其付款页面会有此支付方式的提示，买家可以根据自己的情况选择合适的支付方式，卖家无须进行任何设置。

- 如果通过 QIWI 钱包支付，通过资金审核（一般 24 小时内）即可到账。
- 如果通过西联汇款，一般需要两个工作日的时间才能到账。
- 如果通过 T/T 转账，一般需要 7 个工作日左右的时间才能到账。

6.1.4 国际支付宝常见问题

卖家在使用国际支付宝时，常常会遇到一些国际支付宝相关的问题，下面将列举出这些常见问题，并帮助卖家解决。

1. 国际支付宝与国内支付宝的区别

答：国际支付宝的第三方支付服务是由阿里巴巴国际站同国内支付宝（Alipay）联合支持提供的。全球速卖通平台只是在买家端将国内支付宝（Alipay）改名为国际支付宝。在使用上，只要卖家有国内支付宝账号，无须再另外申请国际支付宝账户。当卖家登录到“My Alibaba”后台（中国供应商会员）或“我的速买通”后台（普通会员）后，就可以绑定自己的国内支付宝账号来收取货款。

支付宝英文名称的变化对卖家的收款影响不大，但卖家需要理解国际支付宝是一种第三方支付服务，而不是一种支付工具。对于卖家而言，它的风控体系可以保护卖家在交易中免受信用卡盗卡的欺骗，而且当且仅当国际支付宝收到了货款，才会通知卖家发货，这样可以避免卖家在交易中使用其他支付方式导致的交易欺诈，以便于在做生意中更好地同买家沟通。

2. 国际支付宝支持的产品交易

答：目前国际支付宝支持部分产品的小额批发、样品、小单和试单交易，只要你的产品满足以下条件即可通过国际支付宝进行交易。

◆ 产品可以通过 EMS、DHL、UPS、FedEx、TNT、SF 和邮政航空包裹 7 种运输方式进行发货。

◆ 每笔订单金额小于 10 000 美金（产品总价加上运费的总额）。

3. 国际支付宝支持的产品运输方式

答：目前国际支付宝支持 EMS、DHL、UPS、FedEx、TNT、SF 和邮政航空包裹 7 种国际运输方式，只要能够通过这 7 种运输方式发货的产品，都可以使用国际支付宝进行交易。暂时不支持海运。

4. 国际支付宝单笔订单的最大额度

答：为降低支付宝用户在交易过程中产生的交易风险，目前支付宝支持单笔订单金额在 10 000 美金（产品总价加上运费的总额）以下的交易。

5. 通过国际支付宝在线交易如何报关

答：如果卖家的货物申报价值在 600 美元以下，快递公司会进行集中报关。如果你的货物申报价值超过 600 美元，你可以提供全套的报关单据，委托快递公司进行代报关。

6. 通过国际支付宝在线交易如何进行核销退税

答：买家使用 Visa 和 MasterCard 信用卡支付时，无法进行核销退税；若买家使用 T/T 银行汇款支付时，卖家报关后可以进行核销退税。

6.2 》设置收款账户

在认识了国际支付宝账户后，就需要对国际支付宝账户进行绑定、修改等操作。本节将详细为读者讲解收款账户的设置方法。

6.2.1 收款账户的类型

目前，国际支付宝支持买家用美元、英镑、欧元、墨西哥比索、卢布支付，而卖家则有美元和人民币两种方式。根据付款方式的不同，卖家收到的币种会有差别，目前人民币收款比例更少。

卖家在收款时，国际支付宝是按照买家支付当天的汇率（汇率由收单银行确定；

汇率是清算日的汇率，非支付日，一般是支付后两个工作日），将美元转换成人民币支付到卖家国内支付宝或银行账户中的（特别提醒：速卖通普通会员的贷款将直接支付到国内支付宝账户）。收到的美元部分，国际支付宝则将美元直接打入卖家的美元收款账户（特别提醒：只有设置了美元收款账户才能直接收取美元）。

6.2.2 绑定国际支付宝账户

在速卖通平台中，如果卖家已经拥有了国内支付宝账号，无须再另外申请国际支付宝账户，只需绑定国内的支付宝账户即可；如果卖家还没有国内支付宝账号，可以先登录支付宝网站申请国内的支付宝账号，再绑定。下面讲解绑定国际支付宝账户的具体步骤。

01 在“我的速卖通”后台中，单击“交易”选项卡，进入“交易”选项卡，在“资金账户管理”列表框，选择“支付宝国际账户”选项，如图 6-3 所示。

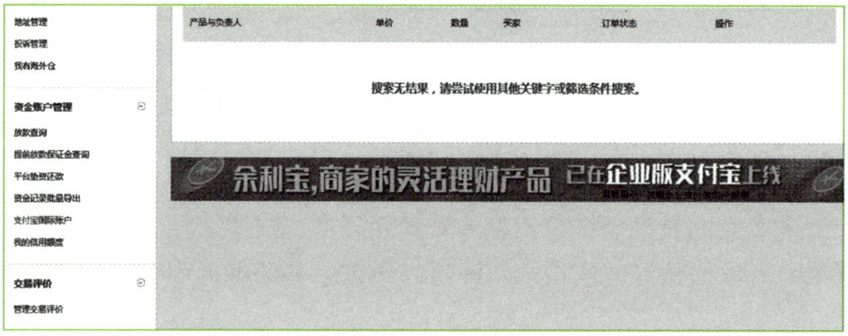

图 6-3　选择“支付宝国际账户”选项

02 进入“确认手机号码”页面，在“短信校验码”文本框中输入校验码，单击“下一步”按钮，如图 6-4 所示。

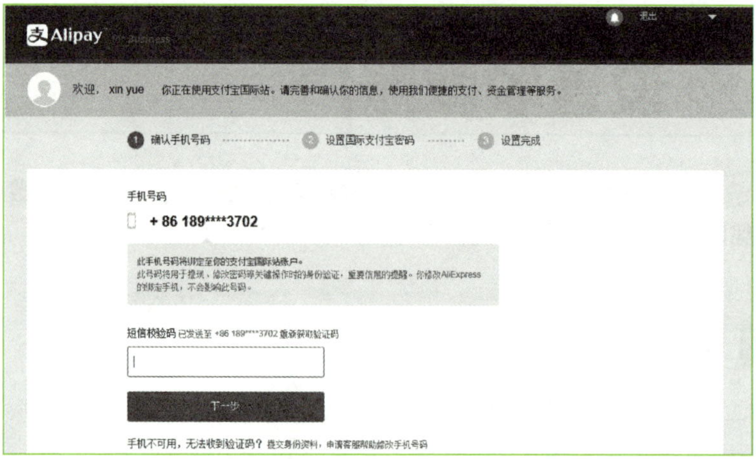

图 6-4　单击“下一步”按钮

03 进入“设置国际支付宝密码”界面，依次在“设置国际支付宝密码”和“确认国际支付宝密码”文本框中输入密码，单击“确认”按钮，如图 6-5 所示。

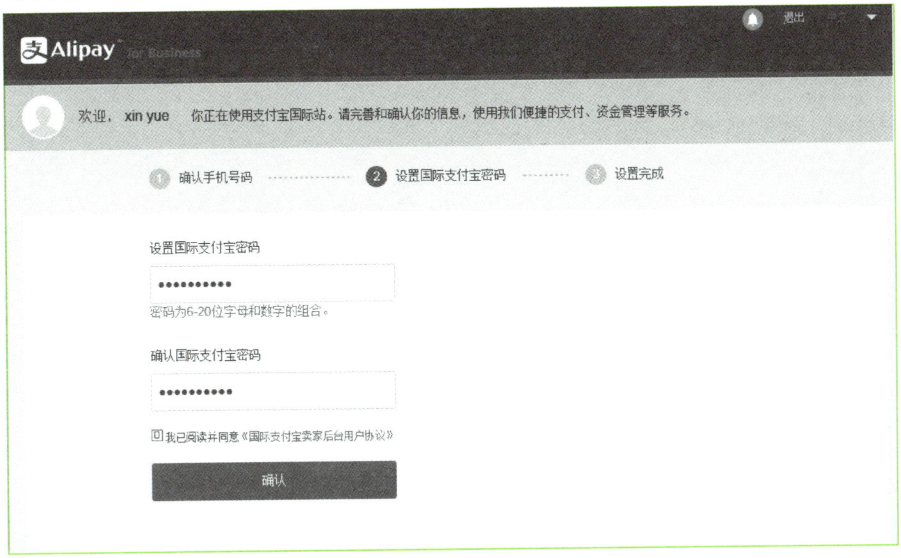

图 6-5 单击“确认”按钮

04 进入“设置完成”界面，显示支付宝国际站账号已设置完成，如图 6-6 所示。

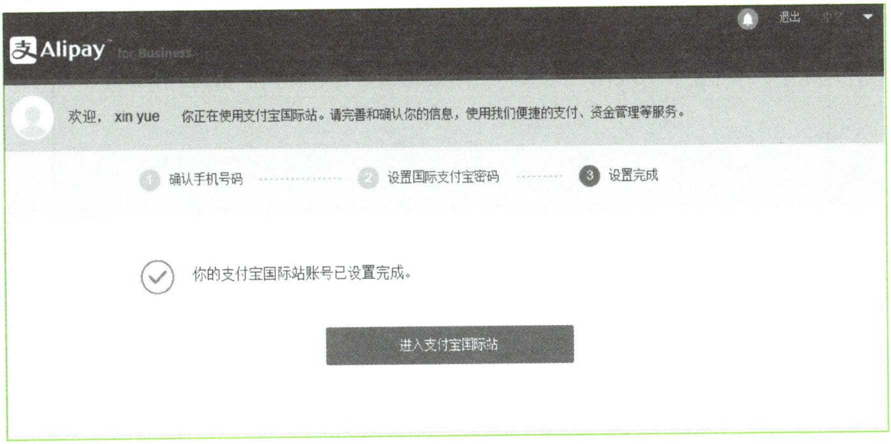

图 6-6 “设置完成”界面

6.2.3 设置美元提现账户

为了规避信用卡支付存在的拒付风险，目前全球速卖通平台为卖家开设了美元收款提现账户功能，主要用于收取买家用 T/T 银行汇款或其他支付方式支付过来的美金。在使用美元账户收款提现之前，首先要开通美元提现账户，下面介绍设置美元提现账户的具体步骤。

01 在“国际支付宝”页面中，在“提现账户”选项组中，单击“美元提现账户”右侧的“设置”超链接，如图 6-7所示。

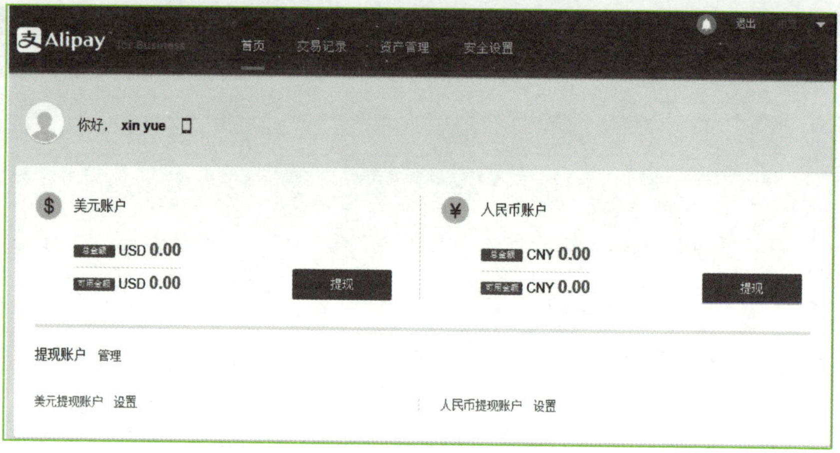

图 6-7 单击“设置”超链接

02 进入“添加银行账户（美元提现）”页面，依次设置开户地区、账户类型、账户名等信息，输入完成后，单击“下一步”按钮，如图 6-8 所示。

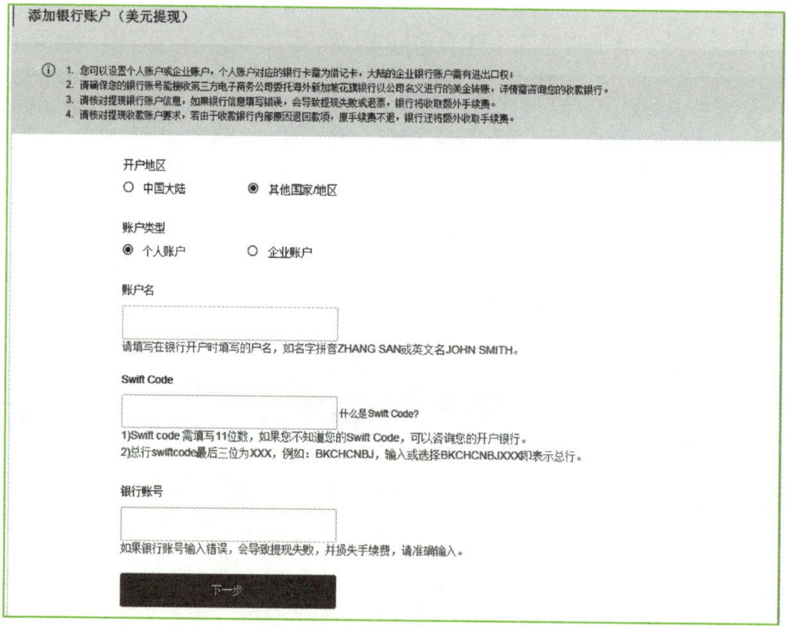

图 6-8 单击“下一步”按钮

03 进入“添加银行账户（美元提现）”页面，显示账户名和银行账号等信息，单击“确认添加”按钮，如图 6-9 所示。

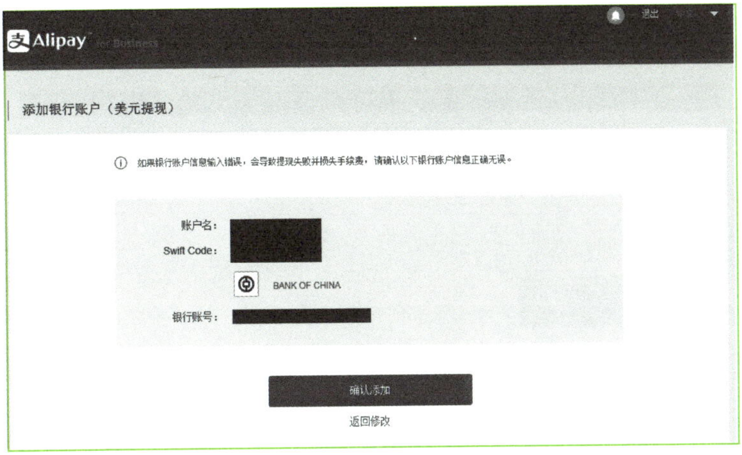

图 6-9　单击“确认添加”按钮

04 即可添加美元提现账户，并显示银行账户已添加信息，如图 6-10 所示。

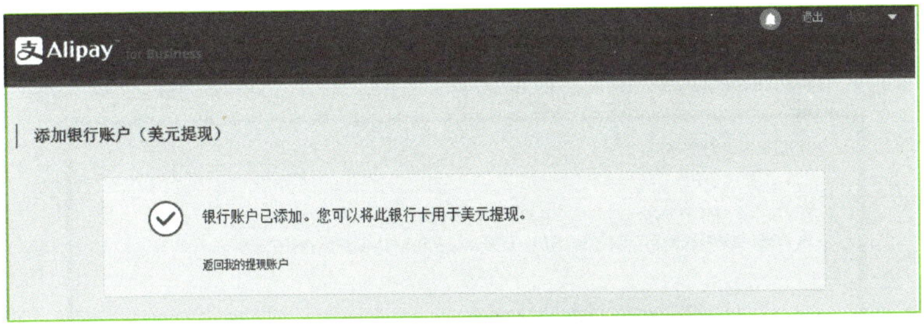

图 6-10　显示银行账户已添加信息

6.2.4 设置人民币提现账户

在速卖通平台中，除了美元提现账户外，速卖通卖家也经常用到人民币提现账户。下面将介绍设置人民币提现账户的具体步骤。

01 在“国际支付宝”页面中，在“提现账户”选项组中，单击“人民币提现账户”右侧的“设置”超链接，如图 6-11 所示。

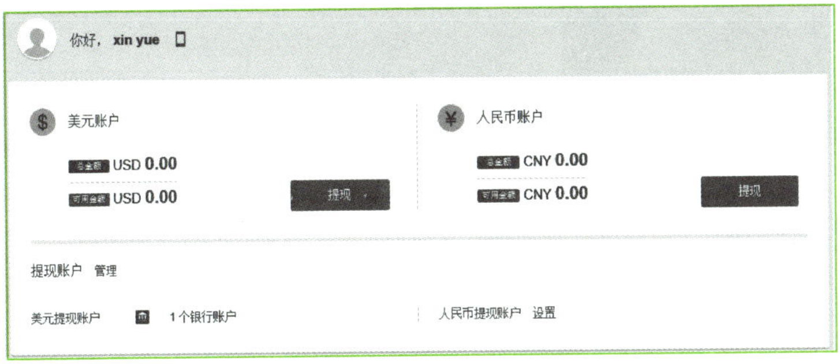

图 6-11　单击“设置”超链接

02 进入“提现账户”页面，在“人民币提现账户”选项组中，单击“添加国内支付宝账户”按钮，如图 6-12 所示。

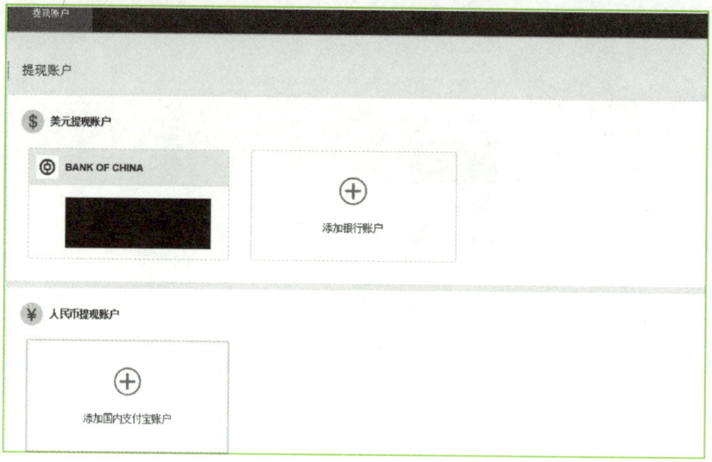

图 6-12　单击“添加国内支付宝账户”按钮

03 打开“添加国内支付宝账户”提示对话框，单击“确认”按钮，如图 6-13 所示。

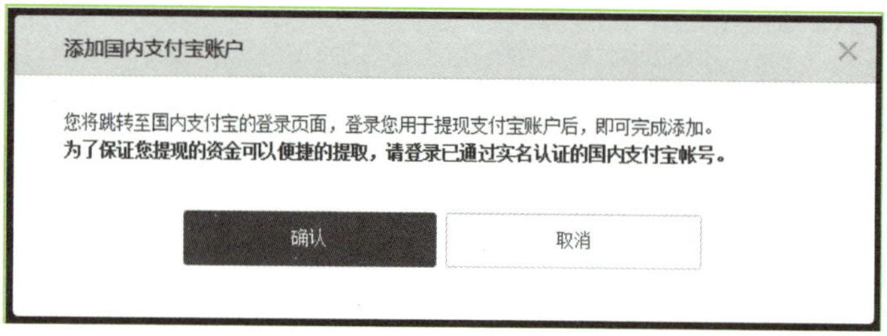

图 6-13　单击“确认”按钮

04 打开“支付宝登录”页面，在“登录支付宝”对话框中，依次输入账户名和登录密码，单击“登录”按钮，如图 6-14 所示。

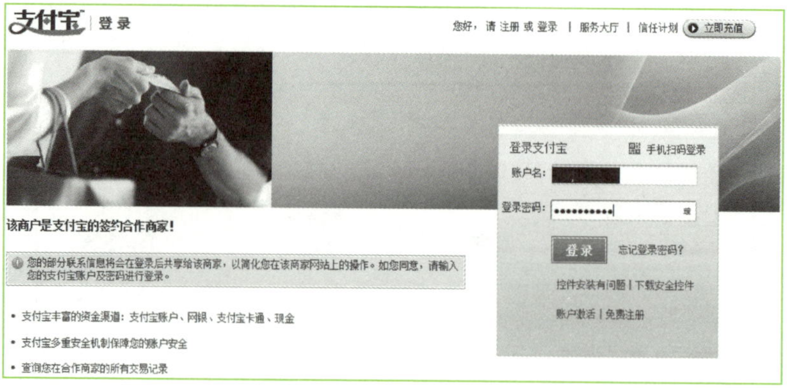

图 6-14　单击“登录”按钮

05 即可完成人民币提现账户的添加操作，并显示新添加的账户，如图 6-15 所示。

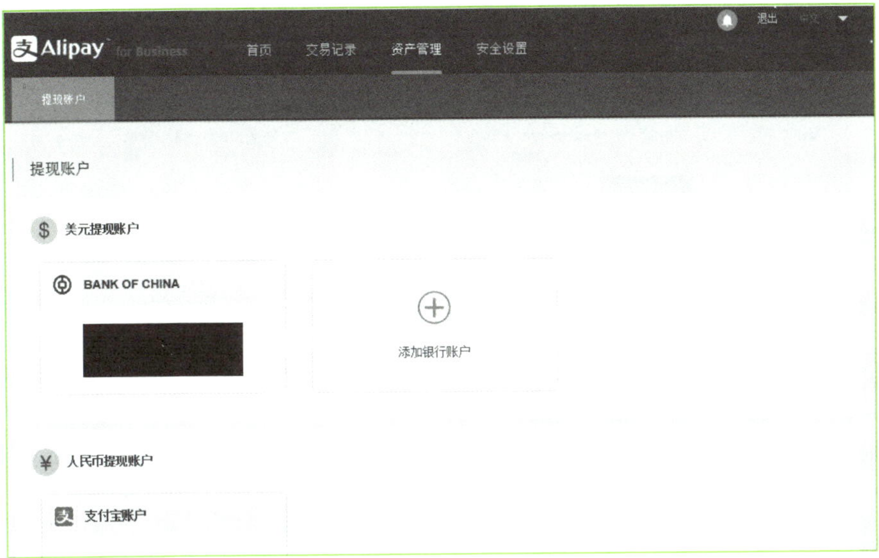

图 6-15　添加人民币提现账户

6.2.5 修改国际支付宝密码

在使用国际支付宝时，有时因为密码设置得过于简单，会出现账号被盗的现象。下面将介绍修改国际支付宝密码的具体步骤。

01 在“国际支付宝”页面中，单击“安全设置”超链接，如图 6-16 所示。

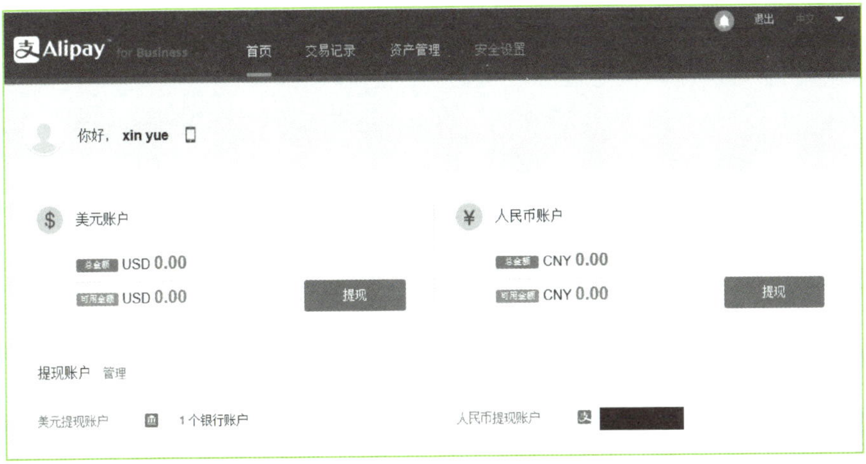

图 6-16　单击“安全设置”超链接

02 进入“安全设置”页面，单击“修改国际支付宝密码”超链接，如图6-17所示。

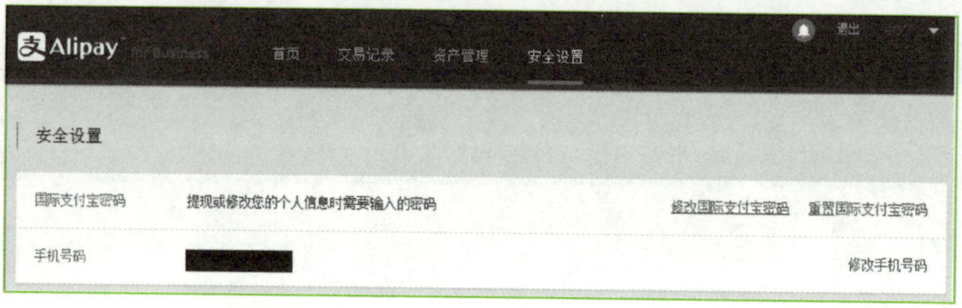

图6-17 单击“修改国际支付宝密码”超链接

03 进入“修改国际支付宝密码”页面，依次在“当前国际支付宝密码”“设置新的国际支付宝密码”和“确认国际支付宝密码”文本框中输入密码，单击“完成”按钮，如图6-18所示。

图6-18 单击“完成”按钮

04 进入“修改国际支付宝密码”页面，完成国际支付宝密码的修改操作，显示国际支付宝密码已修改信息，如图6-19所示。

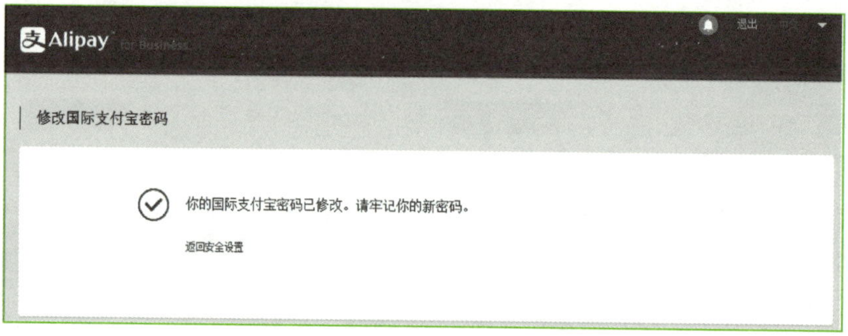

图6-19 显示国际支付宝密码已修改信息

6.2.6 清楚美元账户的常见问题

卖家在使用国际支付宝的美元账户时，常常会遇到一些国际支付宝的美元账户相关的问题，下面将列举出这些常见问题，并帮助卖家解决。

1. 哪些卡可以接受美元？我没有能接受美元的外币账户，怎么办？

答：国内的银行都有外币业务，普通银行卡可以接收外币，但是需要本人带上有效身份证去银行开通个人外币收款功能。如果你的卡本身就是双币卡（人民币和美元），就可以直接接收了。

2. Swift Code 是什么？怎么知道银行卡的 Swift Code？

答：Swift Code 是国际编号，相当于各个银行的身份证号。从国外往国内转账外汇必须得使用该号码。因为每个地区的每个银行的 Swift Code 都不同，需要拨打银行服务电话或登录 Swift 国际网站查询。相关银行 Swift Code 查询。

3. 设置了美元个人收款账户后，超过 5 万美金的限制怎么办？

答：遇到这种问题，可以采用以下两种解决方案：

- 如果你一次提现已经超过 5 万，可以分年结汇，例如 2010 年先结 5 万美金，剩余的待下一年结汇。
- 你可以在金额未超过 5 万美金时提现一次，下次提现时更改个人收款账户，分开提现。

4. 设置了美元收款账户提现要手续费吗？

答：美元提现手续费用按提取次数计算，提款时每笔提款手续费固定为 US$15，已包含所有中转银行手续费。建议卖家减少提款次数，当可提资金累积到一定金额时再进行提现操作。

5. 为什么美元收款账户只能填写一个，不能同时设置公司账户和个人账户？

答：对于美元账户来说，公司账户的收款要求、用途和个人账户存在很大的区别。如果客户同时设置了公司账户、个人账户，当公司账户有问题时，打款到个人账户，会出现报关之后无法退税结汇等问题。

6. 创建的美元账户有误，想删除重新创建，可以吗？

答：不可以。你可以编辑修改你的美元账户，但是不可以删除。因为删除后将会引起买家使用银行汇款时出现错误。

6.3 »» 资金项目管理

卖家发货后，若买家收到了产品，则会在速卖通网站上确认货已收到。这时速卖通平台就会放款，并把货款打入到卖家的国际支付宝账号中。如果卖家想把支付宝账户上的“电子钱”换成“现金”，就需要提取现金。因此，随着这些资金的来来往往，一旦多了，就需要对这些资金项目进行很好的管理，以免混乱。

6.3.1 从支付宝中提现

提现是指将支付宝账户中的款项提取到银行账户中。支付宝国际账户能够收取人民币与美元，要想使用这两种货币，都需经过提现。下面将介绍从支付宝中提现美元与人民币的方法。

1. 从支付宝中提现美元

下面将介绍从支付宝中提现美元的具体操作步骤。

01 在“国际支付宝”页面中，单击“美元账户”选项组中的“提现”按钮，如图 6-20 所示。

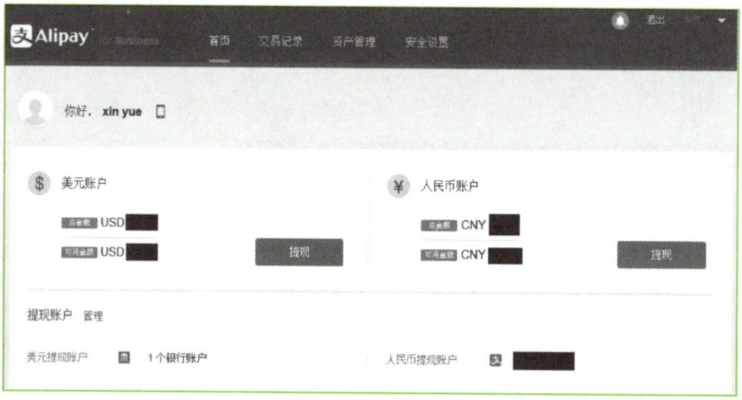

图 6-20 单击“提现”按钮

02 进入“提现”页面的“填写提现信息”界面，在“提现金额”文本框中输入提现金额，单击“下一步”按钮，如图 6-21 所示。

03 进入“确认提现信息”页面，根据提示一步一步进行操作，即可完成美元提现，预计到账时间一般为 7 天，扣除的手续费一笔为 15 美元。

04 如果提到其他的账户单击“提现账户管理”超链接，如图 6-22 所示，打开“提现账户”页面，选择其他的账户根据提示进行提现操作即可。

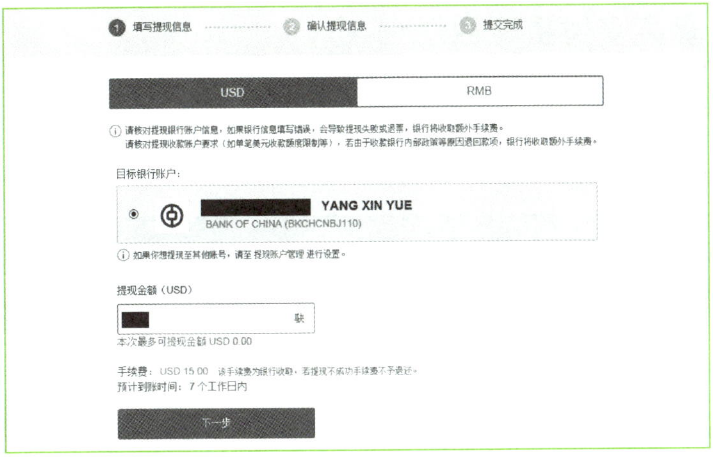

图 6-21　单击“下一步”按钮

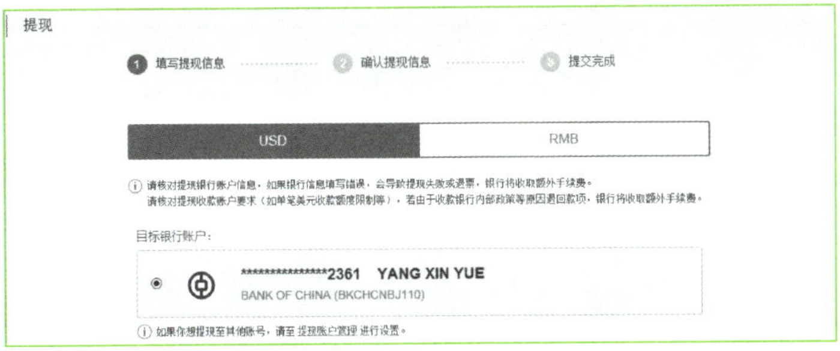

图 6-22　单击“提现账户管理”超链接

2. 从支付宝中提现人民币

人民币账户提现则单击“提现”页面中的“RMB”选项卡，如图 6-23 所示，人民币账户中的金额只能转到国内支付宝上，卖家要想转到银行卡上，还得在国内支付宝上转账。

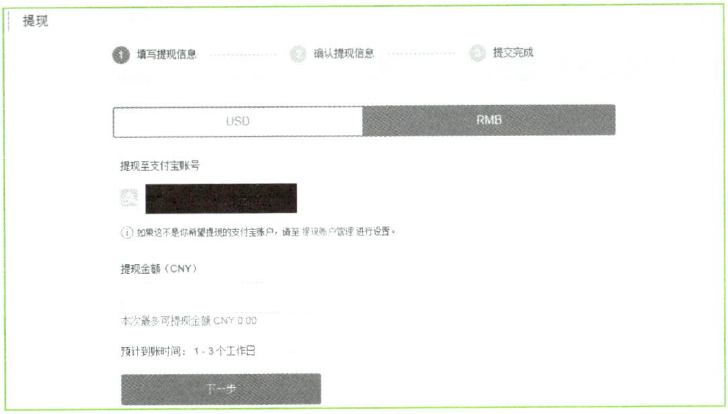

图 6-23　提现人民币

6.3.2 查询支付宝账目明细

通过支付宝账目明细查询，可以查询到自己的历史账户转账或提现明细。在“支付宝”页面中，单击“交易记录”超链接，进入“交易记录”页面，如图 6-24所示，在该页面中可以任意查看提现明细、冻结明细等信息。

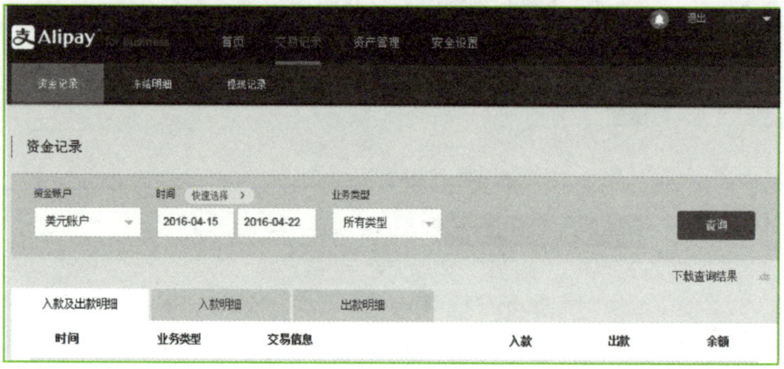

图 6-24 “交易记录”页面

6.3.3 放款查询

在资金账户管理中的“放款查询”页面中，允许用户查询相关订单的放款状态，在该页面中可以查看某一订单的具体订单金额、退款金额、待放款金额、手续费、联盟佣金、已放款金额及放款时间等信息。在“交易”选项卡中，选择“资金账户管理”列表框中的“放款查询”选项，进入“放款查询”页面，即可查询信息，如图 6-25 所示。

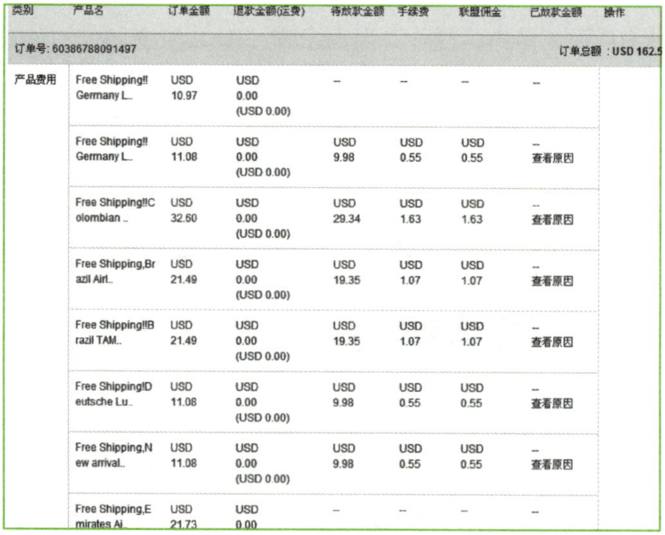

类别	产品名	订单金额	退款金额(运费)	待放款金额	手续费	联盟佣金	已放款金额	操作
订单号: 60386788091497							订单总额 : USD 162.5	
产品费用	Free Shipping!! Germany L..	USD 10.97	USD 0.00 (USD 0.00)	--	--	--	--	
	Free Shipping!! Germany L..	USD 11.08	USD 0.00 (USD 0.00)	USD 9.98	USD 0.55	USD 0.55	-- 查看原因	
	Free Shipping!!Colombian ..	USD 32.60	USD 0.00 (USD 0.00)	USD 29.34	USD 1.63	USD 1.63	-- 查看原因	
	Free Shipping,Brazil Airl..	USD 21.49	USD 0.00 (USD 0.00)	USD 19.35	USD 1.07	USD 1.07	-- 查看原因	
	Free Shipping!!Brazil TAM..	USD 21.49	USD 0.00 (USD 0.00)	USD 19.35	USD 1.07	USD 1.07	-- 查看原因	
	Free Shipping!Deutsche Lu..	USD 11.08	USD 0.00 (USD 0.00)	USD 9.98	USD 0.55	USD 0.55	-- 查看原因	
	Free Shipping,New arrival..	USD 11.08	USD 0.00 (USD 0.00)	USD 9.98	USD 0.55	USD 0.55	-- 查看原因	
	Free Shipping,Emirates Ai..	USD 21.73	USD 0.00	--	--	--	--	

图 6-25 “放款查询”页面

6.3.4 批量导出资金记录

当资金记录太多时，卖家可以将这些资金记录导出为 Excel 格式，放置在计算机磁盘中，以备以后查询使用。下面将介绍批量导出资金记录的具体步骤。

01 在“我的速卖通”后台中，单击“交易”选项卡，进入“交易”选项卡，选择“资金账户管理”列表框中的“资金记录批量导出”选项，如图 6-26 所示。

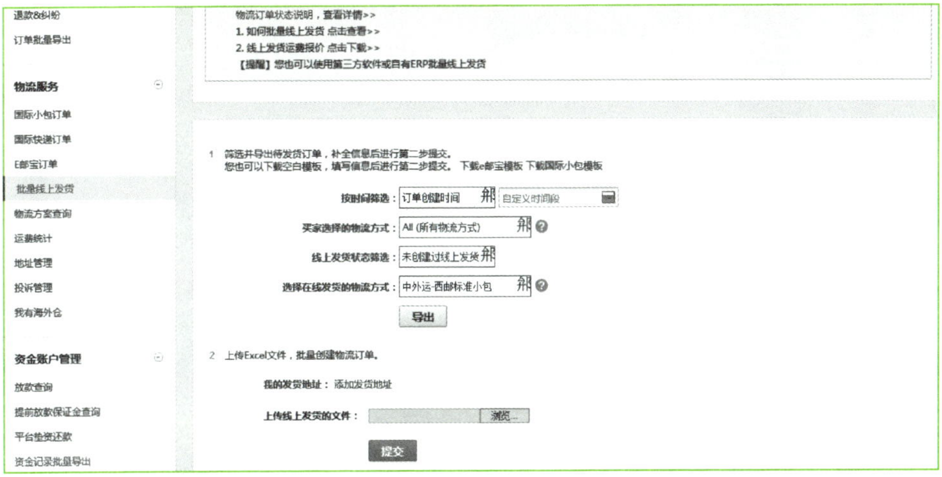

图 6-26 选择“资金记录批量导出”选项

02 进入“资金记录批量导出”页面，重新选择资金记录的发生时间，并单击“导出文件”按钮，如图 6-27 所示。

图 6-27 单击“导出文件”按钮

03 即可完成资金记录的导出操作，单击“下载导出的文件”按钮，如图 6-28 所示。

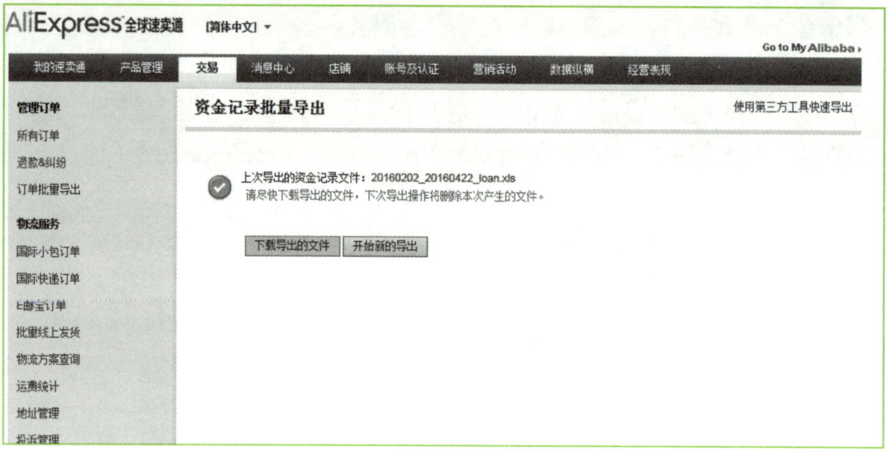

图 6-28　单击“下载导出的文件”按钮

04 打开提示对话框，单击“保存”右侧的下三角按钮，展开下拉列表，单击“另存为”命令，打开“另存为”对话框，修改保存路径和文件名，如图 6-29 所示，单击“保存”按钮即可。

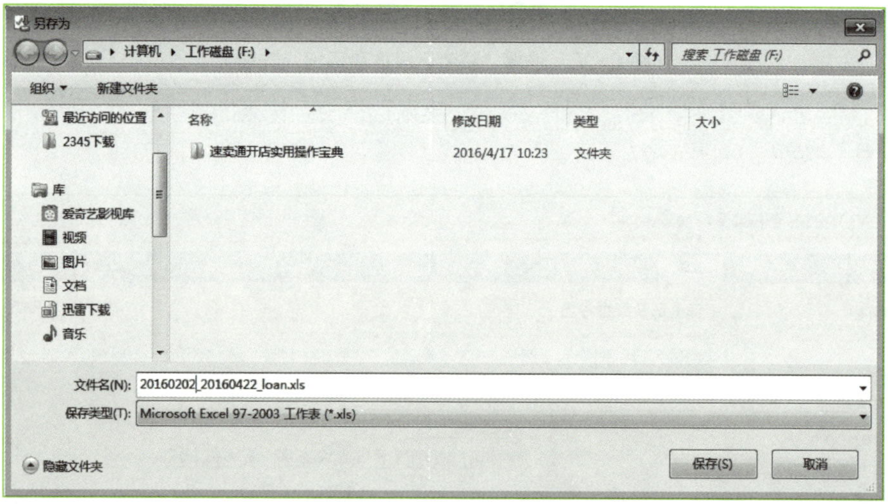

图 6-29　“另存为”对话框

第7章

速卖通店铺的推广与营销技巧

随着越来越多人加入“速卖通”平台，平台内的竞争也越来越激烈，如今已经不是“酒香不怕巷子深”的年代了，有好的产品不会营销也毫无作用，所以为了让店铺生意红火，必须充分掌握推广与营销技巧，经常为店铺做促销、做推广，这样才能让店铺的产品有好的销量。本章将介绍“速卖通”店铺的各类营销技巧，让店铺能够脱颖而出。

7.1 »» 寻找更多的买家

速卖通店铺生意的好坏，在很大程度上取决于卖家的销售能力。因此，让走马观花的买家在自己的店铺驻足，并满载而归，且热情面对每一位上门的买家，开拓市场、积累客户，是每一位卖家必须练就的基本功。本节将详细讲解，如何寻找更多的买家，从而全面地开拓市场。

7.1.1 留住上门的买家

速卖通卖家要热情对待每一位上门的海外买家，尽量促成交易。无论交易成功与否，都要给买家留下好的印象，让他们能够再次光临。

1. 巧妙运用欢迎词

一般情况下，海外买家在速卖通店铺中看到自己喜欢的产品时，通常都会用国际版旺旺和卖家联系，比如“Hello, in?”等。当买家主动联系卖家后，卖家的第一句话应该怎么回答是很有讲究的。一般情况下，很多卖家都可能会用“in”或者“Hello”之类的简单词语来应付。这样回答，并不能给买家留下什么好印象。因为第一句话的回答是展示店铺形象，给买家留下好印象的绝佳机会。例如回答“Hello, welcome to make digital mobile phone store, our store sold by mobile phone in the guarantee new genuine, false a compensate ten!（中文译文：你好，欢迎光临叮当数码手机专卖店，我们店中的所售手机保证全新正版，假一赔十！）”如图 7-1 所示。

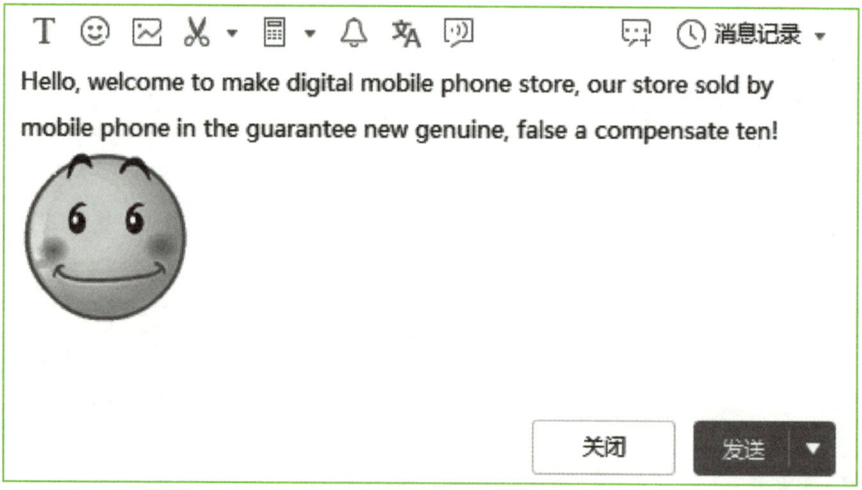

图 7-1　发送问候语

这样就可以将店铺的宗旨告诉先买家，以消除买家可能存在的顾虑，而且也还可以在开场白时，发个微笑的表情，让买家看到了心情好。

2. 主动介绍商品

卖家必须要对自己店铺中的每样产品都了如指掌，这样才能对买家提出的疑问有问必答，与此同时还应该主动为买家介绍比较关心的常见问题和商品的基本信息，以体现出专业性，从而增加买家对卖家的好感和信任感。在为买家介绍商品时，不同的买家介绍的内容则不一样，下面将分别进行介绍。

- 对于有明确购买目标的买家，要根据买家对商品的了解程度进行有针对性的介绍。这里卖家就要体现出自己的专业素质，向买家详尽地介绍自己商品的功能、价格和特点等，如果商品符合买家的需要，则可以向买家确定商品型号、颜色、款式、包装和邮寄要求等具体细节，从而成功完成交易。
- 对于仅有购买意向，而没有明确购买目标的买家，卖家需要在了解买家的需求后，向买家推荐符合需求的几种商品，并进行简单、客观的比较，以便为买家的选择提供指导性的建议。若是买家没有多少网上购物的经验，则卖家需要将邮寄方式、交易中需要的注意问题等一一向买家讲解。
- 对于有购买意向但尚未交易成功的买家，则可能是当时并无心买东西，只是路过问价，了解一下这类商品的信息。遇到这类买家时，卖家一定要谨记不能敷衍了事，随便打发，应该正面回答商品的情况，以热情和诚信的态度来对待，因为他也许正在考虑购买这类商品，只是短期内可能不会购买。最后在其会员名后注明他想买什么商品，未购买的障碍是什么，以便买家下次光临时能做到心中有数。
- 对于已交易成功的买家，最好在其会员名后注明他买过什么商品及当时的折扣，并归类到相关的类目中。

7.1.2 了解和邀请买家

有的卖家认为，只要自己做好了宣传工作，就可以坐等买家上门了。其实，只有宣传工作还不够，对于买家，还有很多主动性工作可做，如为买家添加注释、对买家进行分类等，这些都可以帮助卖家更快、更深入地了解买家。

1. 为买家做好分类

在速卖通店铺开店后，卖家慢慢就会积累一些客户资源。卖家可以把买家添加为好友，并将这些买家进行整理归类，以便管理。

通过可以将客户分为以下几种：

◆ 问了卖家但还没有购买的，归入“必须立即抓住的客户”组。

◆ 问了卖家但发现缺货的，归入“订购商品的客户”组。

◆ 交易成功的，归入“交易成功的客户”组。

◆ 多次交易的买家，归入“老客户”组。

◆ 购买量大、需要给予优惠的，归入“高级会员”组。

对于不同类型、不同国家的海外买家，应该推荐不同的产品。卖家也可以按照购物的国家进行分类，比如将女装连衣裙购买者分为巴西买家、美国买家、英国买家等。这样，当有相应款式的连衣裙上架时，就可以利用国际旺旺或者电子邮件主动联系买家，并发送相关的连衣裙信息。

2. 为买家昵称添加注释

当卖家把买家添加为好友后，最好为该买家做一个注释。在为买家的账号添加一些备注，注明一些重要信息。比如“2016.12.25 购买了数码相机”“上次询问了连衣裙价格但还未购买”等，这样卖家在与该买家交流之前，就可以大致了解一下情况，进行有针对性的谈话。比如“上次买的数码相机还满意吗？”如图 7–2 所示为在“个人资料”对话框中添加的备注信息。

图 7–2 “个人资料”对话框

3. 设置邮件订阅提醒

卖家最好能在第一时间查收买家发出的信息，并快速做出反应，这对店铺的生意相当重要。另外，速卖通平台也会向卖家发出各类提醒，需要卖家及时处理，所以设置速卖通店铺的邮件订阅设置功能大有好处。下面将介绍设置邮件订阅提醒的具体步骤。

01 在“我的速卖通”后台中，单击“账号及认证”选项卡，进入“账号及认证”选项卡，在“订阅设置”选项组中，单击“邮件订阅设置”超链接，如图7-3所示。

图7-3 单击“邮件订阅设置”超链接

02 进入“邮件订阅设置”页面，在“新订单通知”选项组的右侧，单击“订阅”按钮，如图7-4所示。

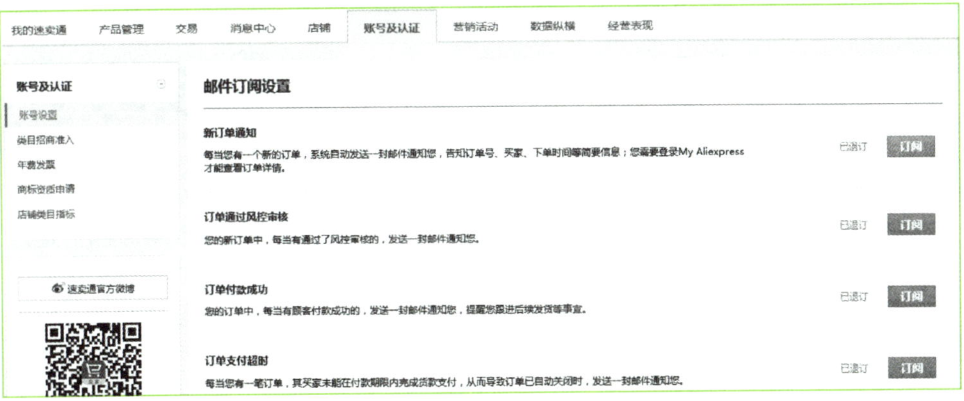

图7-4 单击“订阅”按钮

03 即可订阅新订单通知的邮件提醒，并显示“已订阅”信息，如图 7-5 所示。

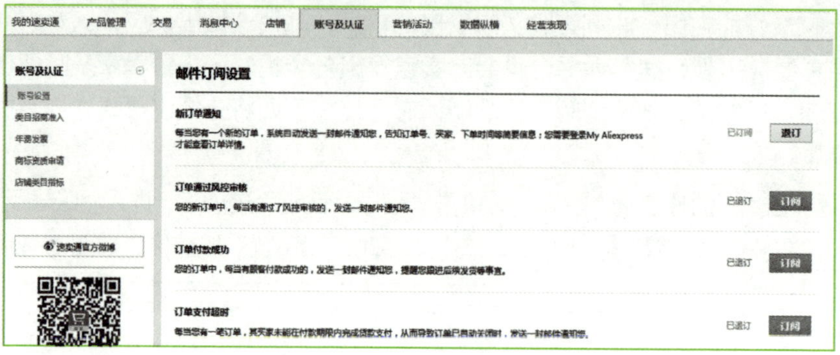

图 7-5　订阅新订单通知的邮件提醒

04 用与上面相同的方法，依次订阅其他的邮件提醒，如图 7-6 所示。

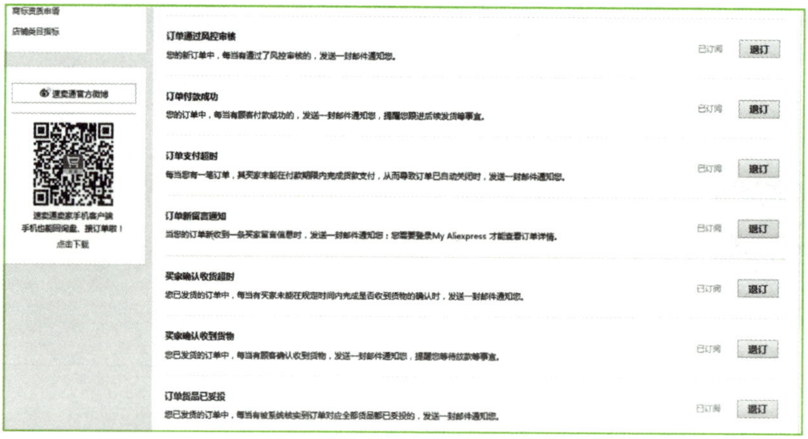

图 7-6　订阅其他邮件提醒

7.2 »» 速卖通店铺自主营销技巧

当别人的速卖通店铺开得红红火火时，为什么自己的速卖通店铺的销量却一直上不去？排除宣传的原因，最大的可能就是没有做好店铺的自主营销和促销。逛过商店的人都知道，喊“跳楼大减价”“买一送二”“限时打折”等口号的店铺前，总是比较热闹。因此，卖家在经营速卖通店铺时，也要做好店铺的自主营销和促销技巧，以实现店铺的盈利最大化。

店铺自主营销技巧包含 4 个方面：限时限量打折、全店铺打折、店铺满立减及店铺优惠券，如图 7-7 所示。下面将对这 4 个方面的自主营销技巧进行介绍。

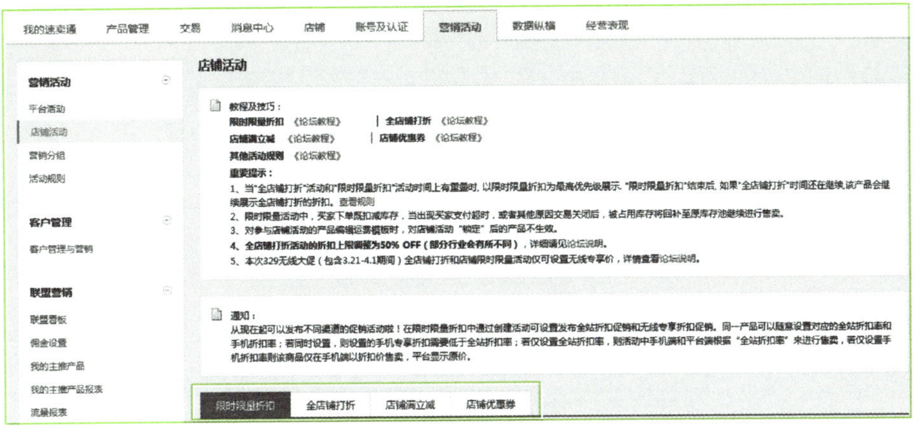

图 7-7 “店铺活动”页面

7.2.1 限时限量折扣

限时限量折扣营销活动的基本规则是：每个月的活动数为 40 个（时长为 1 920 小时）。这个数值的限定不仅考虑到了速卖通平台的后台服务系统能够承载，也还在某种程度上保证了不同层次卖家公平公正的有序竞争。

使用限时限量折扣工具，可以获得额外曝光机会，因为买家购物车、收藏夹里的商品一旦打折，立刻会收到系统提示，从而提升购买率；而且速卖通卖家通过“Sale Items（折扣产品）”页面的搜索结果筛选功能，可以使通过“限时限量折扣”工具打折的商品，有机会展示在搜索结果的第一页，如图 7-8 所示。

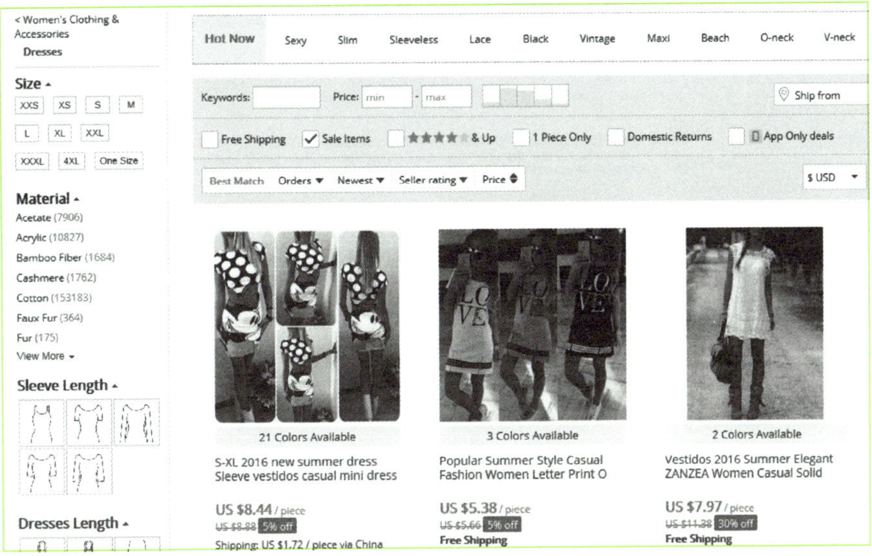

图 7-8 速卖通“折扣产品”页面

下面将详细介绍限时限量折扣营销技巧的具体使用步骤。

01 在“我的速卖通”后台中，单击“营销活动”选项卡，进入“营销活动”选项卡，在“营销活动”列表框中，选择“店铺活动”选项，如图 7–9 所示。

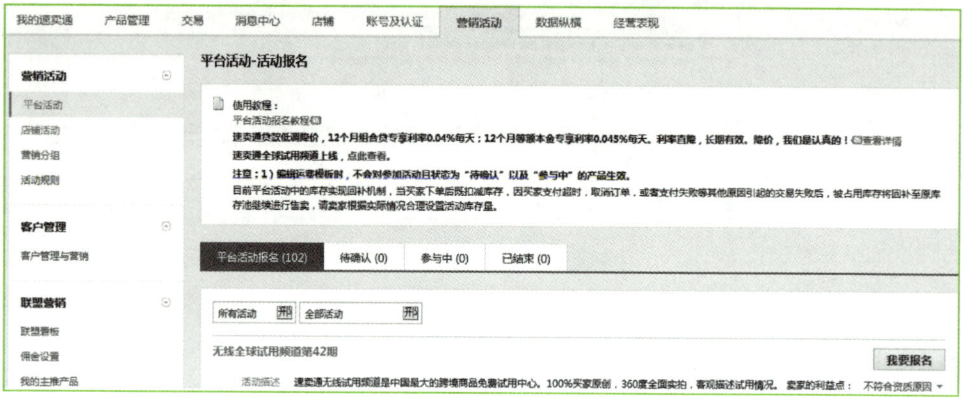

图 7–9 选择“店铺活动”选项

02 进入“店铺活动”页面，在“限时限量折扣”选项卡中，单击“创建活动”按钮，如图 7–10 所示。

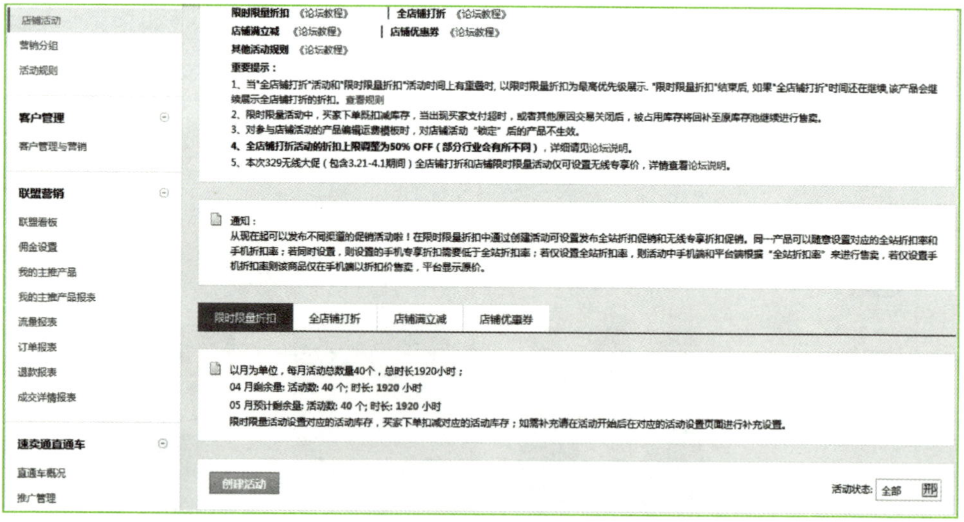

图 7–10 单击“创建活动”按钮

03 显示“店铺活动类型：限时限量折扣”界面，在“活动基本信息”选项组中，依次设置活动名称、活动开始时间和活动结束时间，如图 7–11 所示。

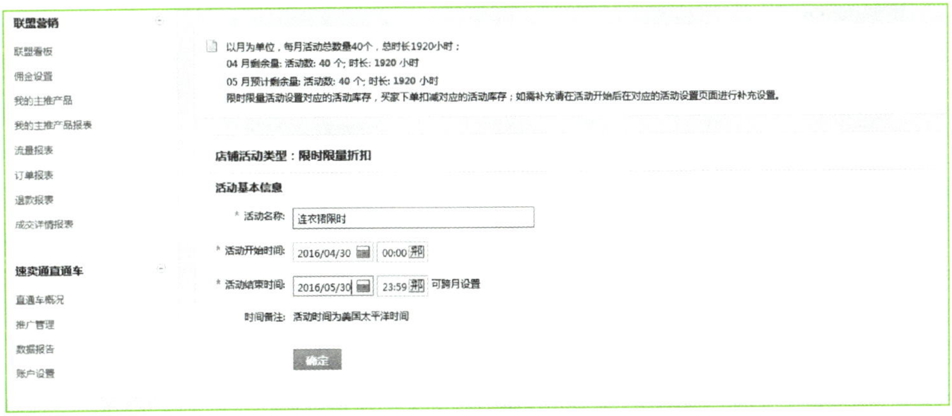

图 7-11 “活动基本信息”选项组

04 单击“确定”按钮，完成活动基本信息的添加，并在下方单击“添加商品”按钮，如图 7-12 所示。

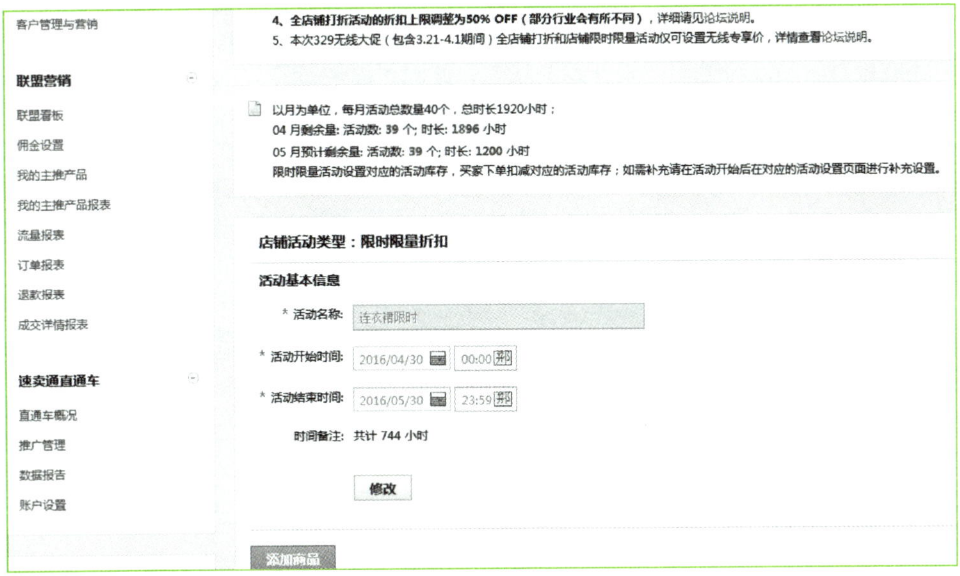

图 7-12 单击“添加商品”按钮

05 打开“选择产品”对话框，依次选择需要进行活动营销的产品对象，选择完成后，单击“确定”按钮，如图 7-13 所示。

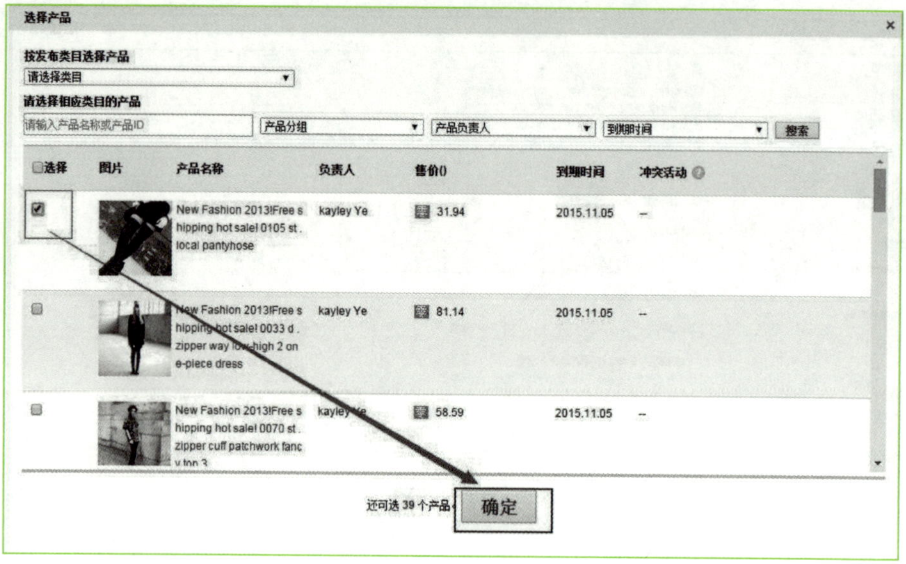

图 7-13　单击“确定”按钮

06 即可添加活动商品，并返回到相应的页面，依次在“折扣率”和“活动库存”下方的文本框中输入参数值，如图 7-14 所示。输入完成后，单击“确定”按钮，即可完成设置，活动将处于“未开始”状态，此时可以进行修改活动时间、增加和减少活动商品等操作。活动开始前 6 小时将进入锁定状态，活动状态将变成“等待展示”，活动开始后将处于“展示中”状态。

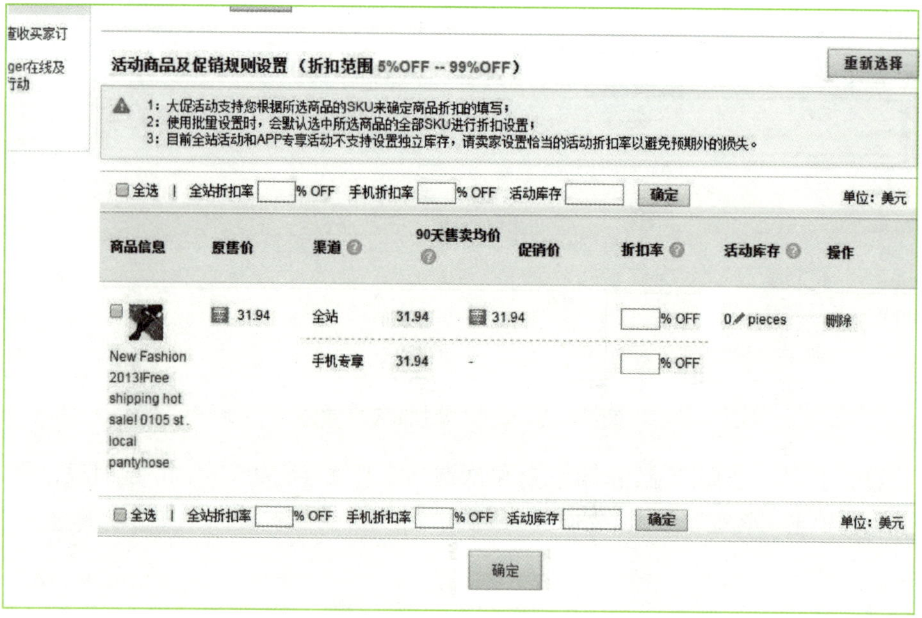

图 7-14　输入参数值

卖家在设置限时限量折扣时，要注意以下 5 点：

◆ 如果产品存在多个 SKU，则产品中所有 SKU 为产品普通库存量非 0 且产品为“正在销售”状态下的均会参加到活动中。

◆ 目前全站活动和手机专享活动不支持独立库存，请卖家设置恰当的活动折扣率以避免预期外的损失。

◆ 同一产品必须先设置全站折扣后才能设置手机专享折扣。此手机折扣率可不设置，若设置，则设置的手机专享折扣需要低于全站折扣；若不设置，则手机端价格根据“全站折扣率”来售卖。

◆ 促销价必须要低于 90 天均价。这里要注意的是，90 天均价是指根据产品当天往前推的 90 天内，按照现售价规则（现售价是指目前展示在网站上买家可以直接下单购买的价格）计算的平均值。因此，平时的促销价格不要过低，否则该产品的 90 天均价会越来越低，不利于以后的促销活动和利润控制。

◆ 创建限时限量折扣的活动完成后，工具初始状态呈现为“未开始”，这个阶段你可以对活动进行编辑、删除、添加商品等操作。6 个小时后，商品将会进入审核阶段，状态将会显示为“等待展示”，活动开始后显示为“展示中”，一旦状态进入“等待展示”或“展示中”，活动结束前就不可停止活动，若卖家有任何问题建议进行产品下架操作。

7.2.2 全店铺打折

全店铺打折是店铺自主营销的“四大利器”之首，其活动与“限时限量折扣”活动有点类似。对于新店铺来说，作用更为明显，能快速提高店铺的销量和信用，提高店铺的综合曝光量。

在进行“全店铺打折”活动之前，需要注意以下 3 点：

◆ 全店铺打折的开始时间为美国太平洋时间，创建活动需 24 小时后开始。

◆ 在做全店铺打折前，必须对所有的产品有一个整体的利润把控，也就是说，每个产品能打多少折，利润有多少，必须要清清楚楚，这样才能用好全店铺打折。

◆ 要注意设置时间，当活动处于等待展示阶段时，是不能再修改的，所以要提前做好计划，再去操作全店铺打折。

全店铺打折也有时间和数量的规定：以月为单位，每月活动总数量是 20 个，总时长为 720 小时。与限时限量折扣不同的是，全店铺打折可以让所有的产品参与到活动中，另外可以对产品先进行分组，然后再在“分组”的基础上进行折扣的设置。

1. 设置营销分组

使用“营销分组”功能可以根据每个产品最高能打多少折统一规划分组，以方便把控店铺利润。在设置好营销分组后，再次设置每个产品就比较容易操作了。下面将介绍设置营销分组的具体步骤。

01 在“我的速卖通”后台中，单击“营销活动”选项卡，进入“营销活动”选项卡，在“营销活动”列表框中，选择“店铺活动”选项，进入“店铺活动”页面，在“全店铺打折”选项卡中，单击“营销分组设置”按钮，如图 7-15 所示。

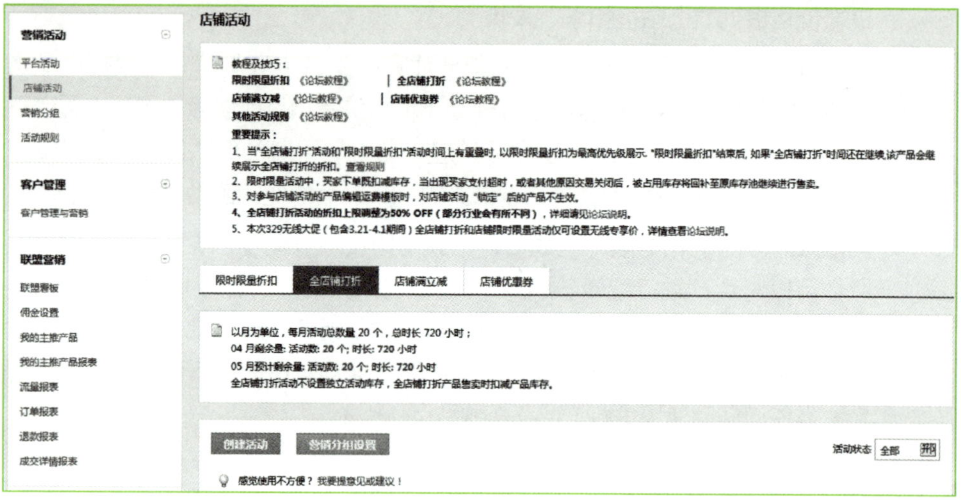

图 7-15　单击“营销分组设置”按钮

02 进入“营销分组－编辑分组”页面，单击“新建分组”按钮，如图 7-16 所示。

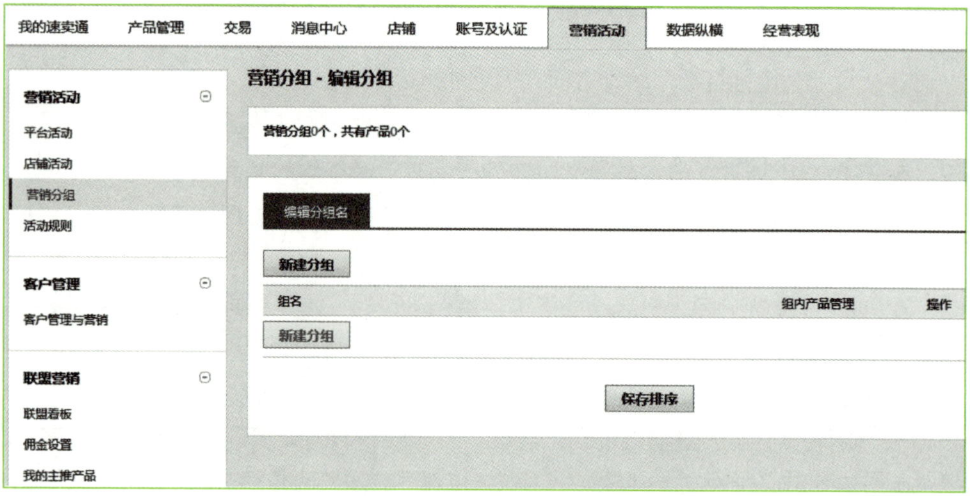

图 7-16　单击“新建分组”按钮

03 显示“组名”文本框，输入营销分组名称，单击“保存”按钮，如图 7-17 所示。

图 7-17　单击“保存”按钮

04 即可完成营销分组的创建操作，在新创建的营销分组右侧，单击“组内产品管理”超链接，如图 7-18 所示。

图 7-18　单击“组内产品管理”超链接

05 显示“组内产品管理”界面，单击“添加产品”按钮，如图 7-19 所示。

图 7-19　单击“添加产品”按钮

06 打开“添加产品”对话框，选择需要添加的产品，单击“确定”按钮，如图 7-20 所示，即可完成营销分组的产品添加操作。

图 7-20　选择产品

在“组内产品管理”界面中，包含添加产品、移出分组和调整分组 3 个功能，下面将分别进行介绍。

- 添加产品：使用该功能，可以将更多相同折扣的产品添加到同一个组中。
- 移出分组：把某个组里面的产品移出之后，系统会默认放到 Other 组中，所以把产品移出分组之后，做全店铺打折时，要特别注意 Other 组的折扣。
- 调整分组：使用该功能，可以将某个组里面的产品调整到其他组中。

2. 设置全店铺打折

在创建好营销分组后，设置全店铺打折就轻而易举了。下面将介绍设置全店铺打折的具体步骤。

01 在“我的速卖通”后台中，单击“营销活动”选项卡，进入“营销活动”选项卡，在“营销活动”列表框中，选择“店铺活动”选项，进入“店铺活动”页面，在“全店铺打折”选项卡中，单击“创建活动”按钮，如图7–21所示。

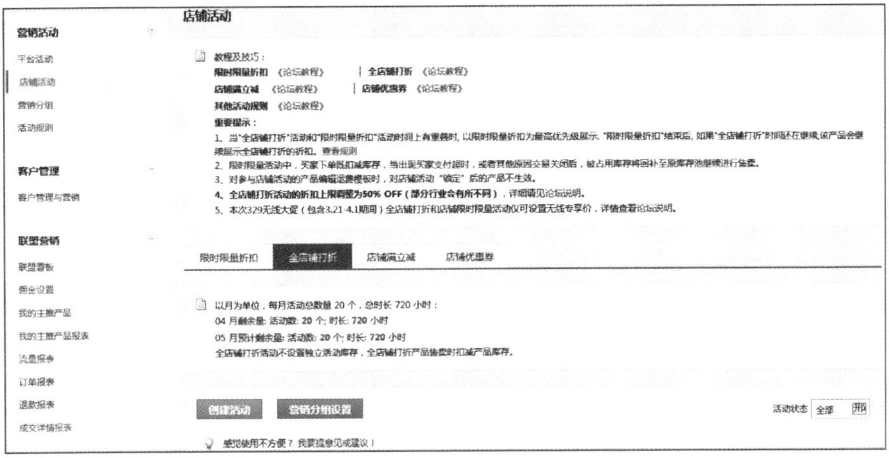

图7–21 单击“创建活动”按钮

02 进入“全店铺打折”选项卡，在“活动基本信息”选项组中，设置活动名称、活动开始时间及活动结束时间，如图7–22所示。

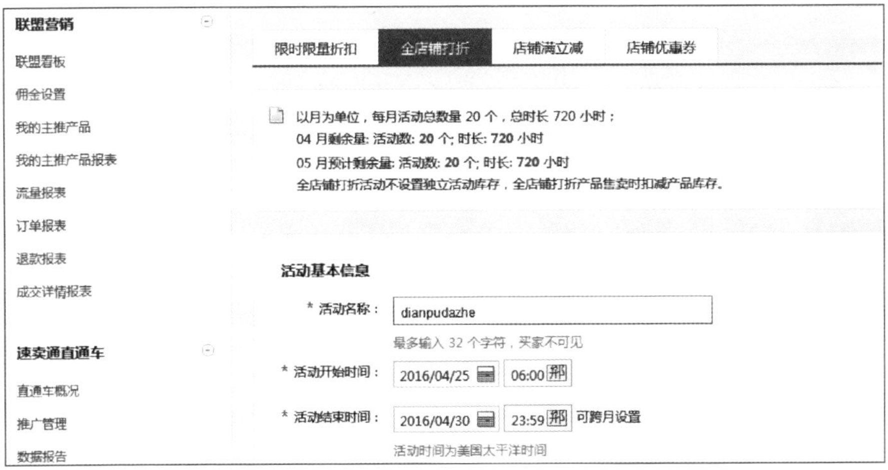

图7–22 设置活动基本信息

03 在“活动商品及促销规则”选项组中，依次设置“全站折扣率”等参数，

设置完成后，单击“提交”按钮，如图 7-23 所示。

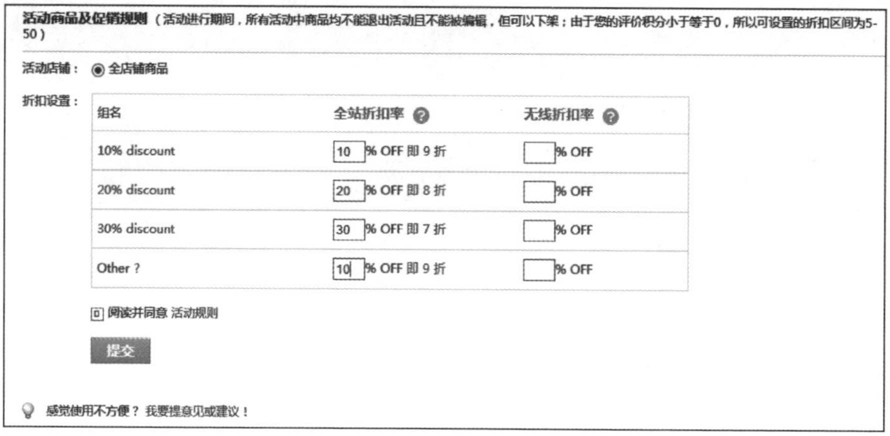

图 7-23　设置参数值

04 即可完成设置，活动将处于“未开始”状态，如图 7-24 所示。

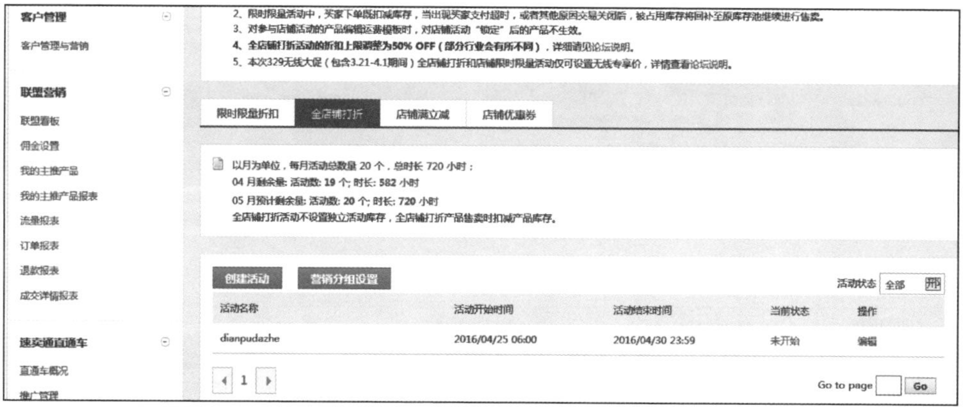

图 7-24　活动处于“未开始”状态

7.2.3 店铺满立减

店铺满立减是针对卖家全店铺的商品，在买家的一个订单中，若订单金额超过了卖家设置的优惠条件（*X* 元），在其支付时系统会自动减去优惠金额（减 *Y* 元）。既让买家感觉到实惠，又能刺激买家为了达到优惠条件而多买，买卖双方互利双赢。

店铺满立减也有时间限制，以月为单位，每月活动总数量为 10 个，总时长为 720 小时。在设置店铺满立减时，有全店铺满立减和商品满立减两种活动类型。其中，全店铺满立减的商品范围是全店商品（注意：订单金额包含商品价格和运费，限时折扣商品按折扣价参与）；而商品满立减的范围则是指定参与活动的范围。如图 7-25 所示为全店铺满立减和商品满立减。

图 7-25　全店铺满立减和商品满立减

1. 设置全店铺满立减

下面将介绍设置全店铺满立减的具体步骤。

01 在“我的速卖通”后台中，单击“营销活动”选项卡，进入“营销活动”选项卡，在“营销活动”列表框中，选择“店铺活动”选项，进入“店铺活动”页面，在“店铺满立减”选项卡中，单击“创建活动”按钮，如图 7-26 所示。

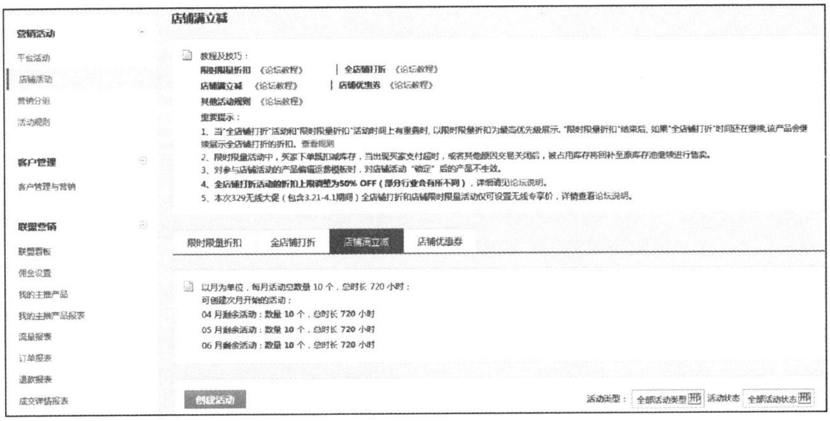

图 7-26　单击“创建活动”按钮

02 进入“店铺满立减”选项卡，在“活动基本信息”选项组中，设置活动名称、活动开始时间及活动结束时间，如图 7–27 所示。

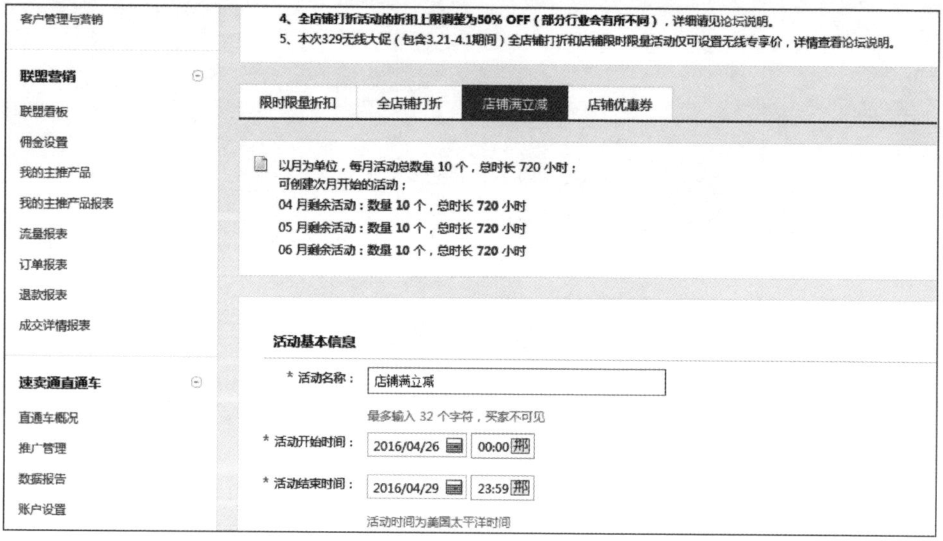

图 7–27 “活动基本信息”选项组

03 在“活动商品及促销规则”选项组中，依次设置“单笔订单金额满 US \$”的参数，设置完成后，单击“提交”按钮，如图 7–28 所示。

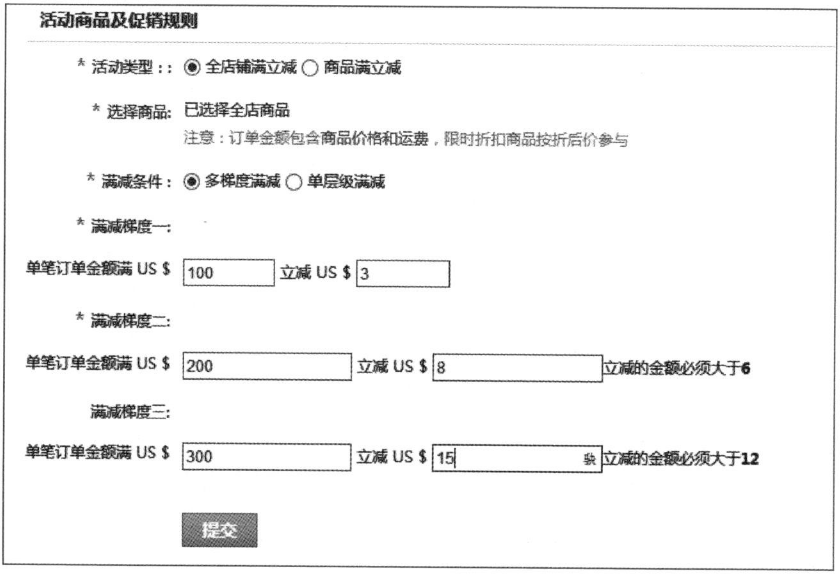

图 7–28 单击“提交”按钮

04 即可完成设置，活动将处于“未开始”状态，如图 7-29 所示。

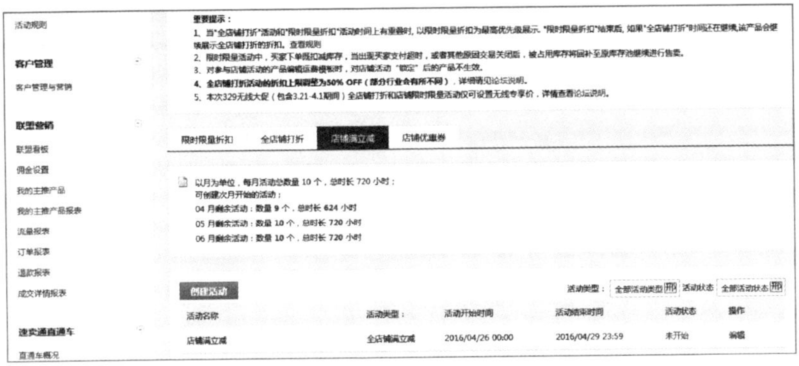

图 7-29　活动处于“未开始”状态

2. 设置商品满立减

设置商品满立减与设置全店铺满立减的操作步骤类似，唯一的差别在于“活动类型”的点选方式不一样，在设置商品满立减时，在“活动类型”选项组中，选择“商品满立减”单选按钮，将显示“添加商品”按钮，如图 7-30 所示。

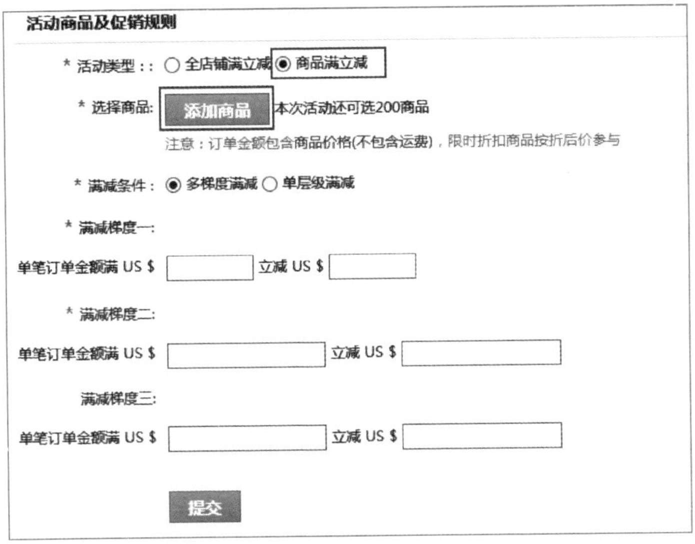

图 7-30　显示“添加商品”按钮

单击“添加商品”按钮，将打开“选择产品”对话框，在打开的对话框中，选择合适的产品，单击“确认”按钮即可。

目前的满减条件支持类型有单层级满减和多梯度满减。其中，单层级满减指的是同一优惠比例的满减活动，可以支持优惠可累加功能，当选择单层级满减时，需要设置单笔订单金额条件及立减条件，该类型的满减支持优惠可累加的功能（即：

当促销规则为满 100 减 10 时，则满 200 减 20，满 300 减 30，以此类推，上不封顶），如图 7–31 所示。

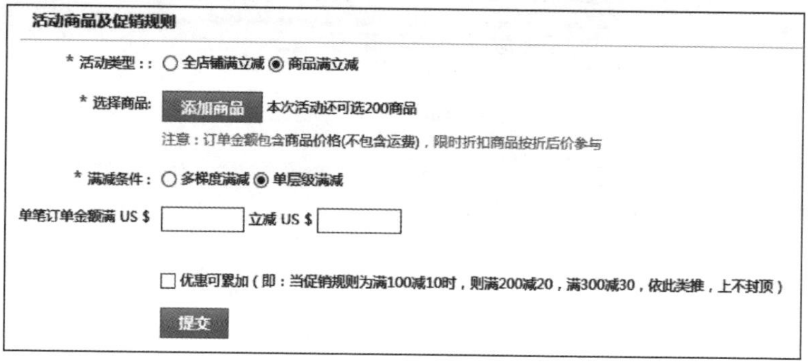

图 7–31 单层级满减

多梯度满减指的是不同优惠比例的阶段性满减活动，选择多梯度满减，需要至少设置 2 梯度的满立减优惠条件，最多可以设置 3 梯度的满立减优惠条件，即设置时需要满足以下两个要求。

- ◆ 后一梯度的订单金额必须要大于前一梯度的订单金额。
- ◆ 后一梯度的优惠力度必须要大于前一梯度。

举例说明：满减梯度一的设置为：满 100 美金立减 10 美金（即 9 折）；则满减梯度二设置的单笔订单金额必须大于 100 美金，假设设置为 200 美金时，则设置对应的立减金额必须大于等于 21 美金（即最大为 8.95 折）。

7.2.4 店铺优惠券

店铺优惠券是一种虚拟的电子现金券，由卖家自主设置优惠金额和使用条件，买家领取后在有效期内使用，且只能在该店铺使用的优惠券。通过发放优惠券可以增加二次营销的机会，因为优惠券在国外比较流行，当海外买家得到优惠券后，就会想办法把这个优惠使用掉，从而达到了二次营销的目的。

店铺优惠券具有以下几大作用：

- ◆ 促进本次消费。使用店铺优惠券，可以让海外买家先领券再消费，从而为新买家注射一剂强心针，帮助其下定决心购买。
- ◆ 巩固老客户黏度。当卖家将店铺优惠券的信息发送给老客户，作为奖励和回馈时，可以提高回头购买率。
- ◆ 为店铺引流。为了将手中的优惠券用出，买家一定会在卖家店铺中寻找合适的商品，大大增加了店铺中商品的曝光率和浏览的机会，提升出单几率。

目前，店铺优惠券的活动类型有领取型优惠券活动和定向发放型优惠券活动两种，下面将分别进行介绍。

1. 设置领取型优惠券

领取型优惠券在创建后，一般会在店铺内、商品详情页等地方显示。该优惠券以月为单位，每月活动总数量为 5 个，但是如果卖家当前服务等级为不及格时，系统会减少卖家本月的活动数量，当月可创建活动数量为一个。下面将介绍设置领取型优惠券的具体步骤。

01 在“我的速卖通”后台中，单击“营销活动”选项卡，进入“营销活动”页面，在“营销活动”列表框中，选择“店铺活动”选项，进入“店铺活动”页面，在“店铺优惠券”界面中，单击“领取型优惠券活动”选项组下的“添加优惠券”按钮，如图 7-32 所示。

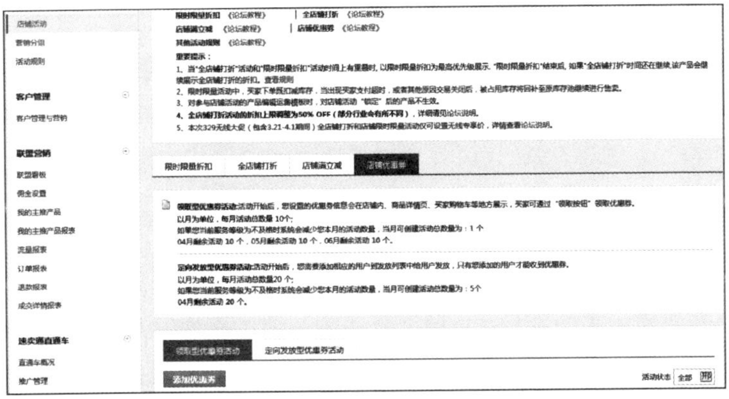

图 7-32 单击“添加优惠券”按钮

02 进入“领取型优惠券活动”页面，依次在“活动基本信息”“优惠券领取规则设置”和“优惠券使用规则设置”选项组中，设置相关参数，如图 7-33 所示。

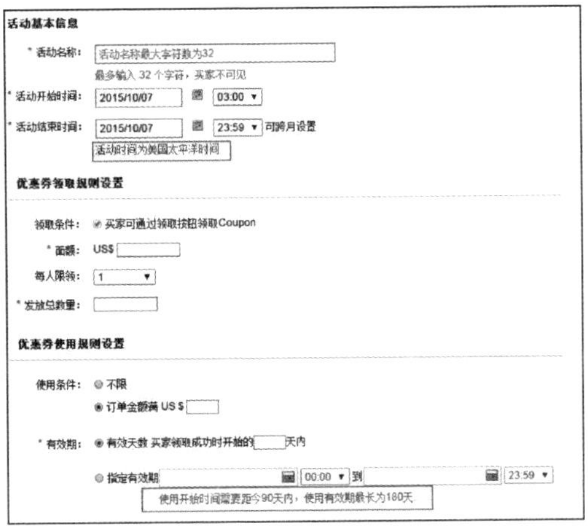

图 7-33 设置相关参数

03 参数输入完成后，单击“确认创建”按钮，即可完成领取型优惠券的设

置操作。

在设置领取型优惠券的使用规则时，包含使用条件（无条件使用还是满额使用）和有效期两种。下面将对这些使用规则进行介绍。

- ◆ 不限：使用该功能，则该领取型优惠券可以无条件使用，即只要订单金额大于优惠券面值，买家就可以使用该优惠券。这种优惠券的优势是使用门槛低，提高用户黏性和回头率。
- ◆ 订单金额满：使用该功能，则该领取型优惠券需要在买家的订单金额达到一定要求时才可以使用。例如，某个卖家发放的优惠券面值是 $5，使用条件是订单金额满 $30 才可以使用，这样可以避免低价商品让利过多的现象发生，也可以提升卖家的客户单价，刺激买家多买。
- ◆ 有效期：使用该功能，则该领取型优惠券有一定的有效期时长。优惠券有效期不宜过长或过短，一般 7 ~ 30 天比较合适。有效期过长的优惠券，很难刺激买家尽快使用，极有可能被他遗忘；若有效期短（1 天），买家还来不及选中商品，优惠券就已过期，则优惠券活动就会失去提升订单量的效果。

2. 设置定向发放型优惠券

定向发放型优惠券是活动开始后，卖家需要添加相应的用户到发放列表中给用户发放，只有卖家添加的用户才能收到优惠券。该优惠券以月为单位，每月活动总数量为 20 个，但是如果卖家当前服务等级为不及格时，系统会减少卖家本月的活动数量，当月可创建活动数量为 5 个。下面将介绍设置定向发放型优惠券的具体步骤。

01 在“我的速卖通”后台中，单击“营销活动”选项卡，进入“营销活动”选项卡，在“营销活动”列表框中，选择“店铺活动”选项，进入“店铺活动”页面，在“店铺优惠券”选项卡中，单击“定向发放型优惠券活动”选项组下的“添加优惠券”按钮，如图 7-34 所示。

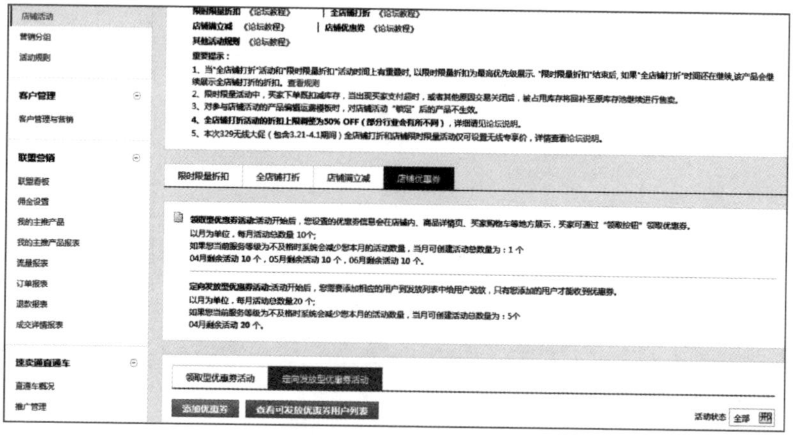

图 7-34　单击“添加优惠券”按钮

02 进入“定向发放型优惠券活动”页面，依次在“活动基本信息”“优惠券发放规则设置”和“优惠券使用规则设置”选项组中，设置相关参数，如图 7–35 所示。

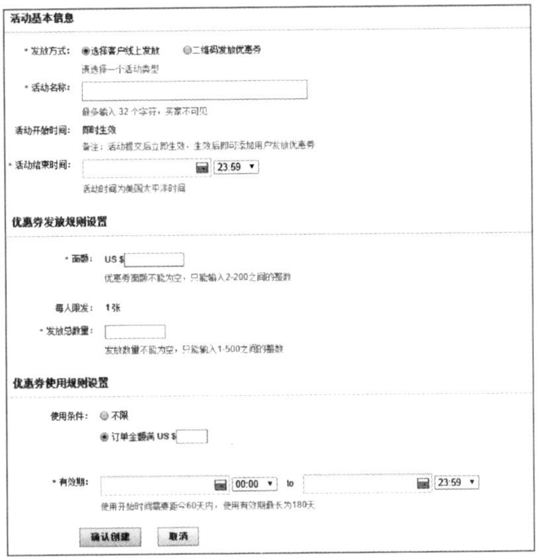

图 7–35　设置相关参数

03 参数设置完成后，单击“确认创建”按钮，即可完成领取型优惠券的设置操作。

在设置定向发放型优惠券时，除了可以使用“选择客户线上发放”的发放方式外，还可以选择“二维码发放型优惠券”发放方式。“二维码发放型优惠券”发放方式的创建方法与“选择客户线上发放”发放方式的创建方法类似，这里将不再详细讲述。如图 7–36 所示为“二维码发放型优惠券”发放方式的活动设置界面。

图 7–36　“二维码发放型优惠券”发放方式的活动设置界面

在创建好二维码发放型优惠券后，其二维码的使用方法有以下两种：

- ◆ 卖家可以在包裹中放置优惠券的二维码图片，在买家收到包裹后，可以通过扫描二维码的方式领取该类型的店铺优惠券，且领取优惠券之后，买家可以直接看到卖家的无线店铺的首页，帮助卖家进入无线端引流。
- ◆ 卖家可以将发放型优惠券的二维码投放在买家营销邮件、国际旺旺或 SNS 等渠道进行二次营销。

7.3 》速卖通直通车使用技巧

速卖通直通车是一种广告营销工具，用于吸引流量。在使用速卖通直通车之前，需要对速卖通直通车的基础概况有深入的了解，才能使用速卖通直通车获取数量、提高转化率。本节将详细讲解速卖通直通车的使用技巧。

7.3.1 什么是速卖通直通车

速卖通直通车是为全球速卖通卖家量身定制的，能够实现快速提升店铺流量、按点击率付费的效果营销工具。简单来说，就是卖家通过直通车后台自主设置相关的关联词，并出价竞争展示位置，当买家搜索时，即可曝光产品，吸引潜在买家入店，而直通车会在买家单击所展示的推广商品时，对卖家收取一定的推广费用。如图 7-37 所示为直通车的推广位展示位置。

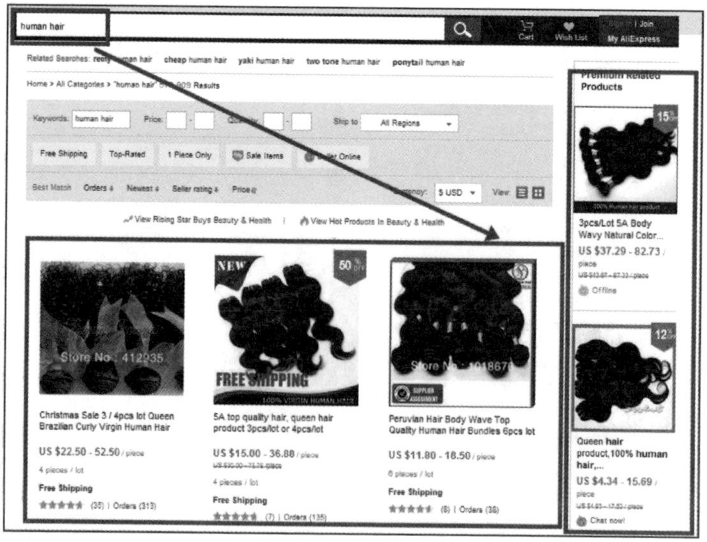

图 7-37　直通车推广位展示位置

直通车的推广位展示位置一般在搜索结果页面的右侧和底部，这两个位置作为推广区，比较醒目，也容易吸引买家的注意。其中，右侧推广区在买家进行搜索或类目浏览时，每一页的结果列表的右侧区域可供同时展示 5 个直通车商品；底部推广区在买家进行搜索或类目浏览时，每一页的结果列表的下方区域可供同时展示最多 4 个直通车商品。

当卖家使用了直通车后，则流量和推广效果都会得到提升，如图 7−38 所示和图 7−39 所示。

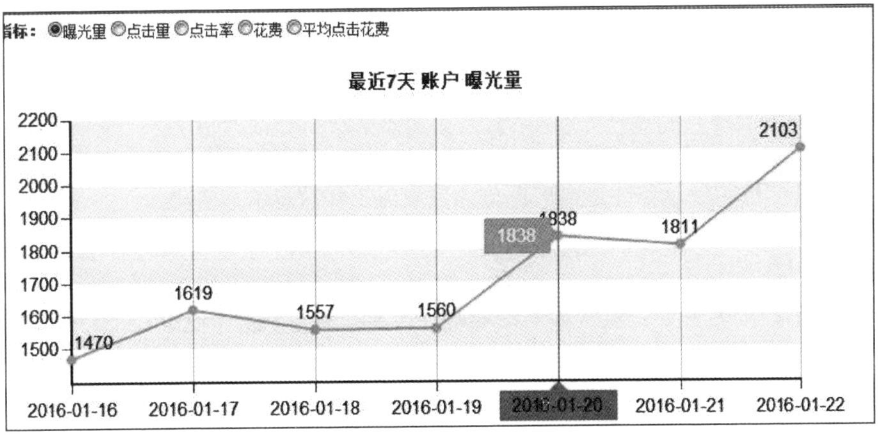

图 7−38　直通车的流量变化

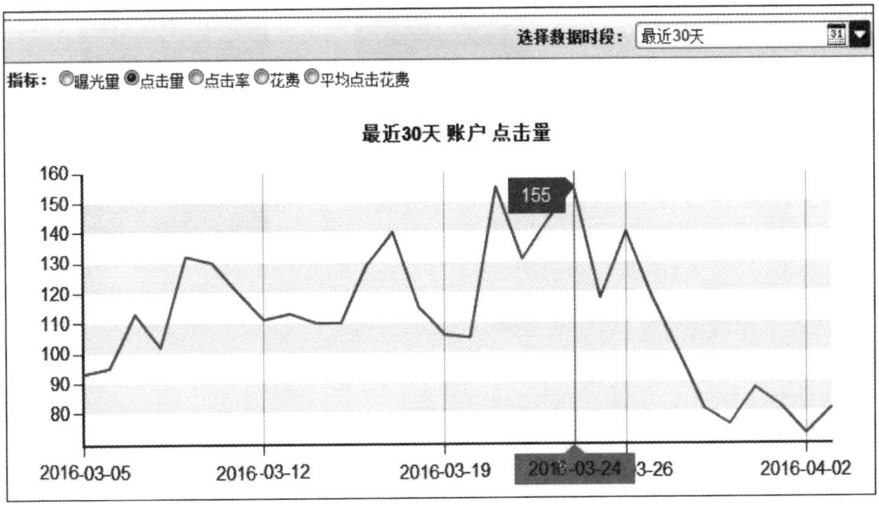

图 7−39　直通车的推广效果变化

在上面两张图中可以看出 7 天的产品曝光量变化和 30 天的点击量变化情况。为了更为全面和深入地了解速卖通直通车，下面将介绍速卖通直通车的三大优势。

◆ 关键词海量选择。

◆ 多维度曝光商品。

◆ 全面覆盖潜在买家。

7.3.2 清楚直通车规则

速卖通直通车包含 3 个规则：前台展示规则、排序规则及扣费规则，下面将分别进行介绍。

1. 前台展示规则

直通车的前台展示区主要是两大块：右侧 5 个推广位和底部 4 个推广位。其中，符合右侧 5 个推广位的展示条件是推广评分为“优”和具有竞争力的出价。而符合底部 4 个推广位的展示条件是推广评分为良或以上和有竞争力的出价。

2. 排序规则

直通车的排名主要受量大因素的影响，分别是推广评分和出价。其中推广评分在整体排名中起着很关键的作用，它主要通过 4 个因素来考量，分别是商品信息质量、商品与关键词的相关性、买家认可度及账户质量。其流程图如图 7–40 所示。

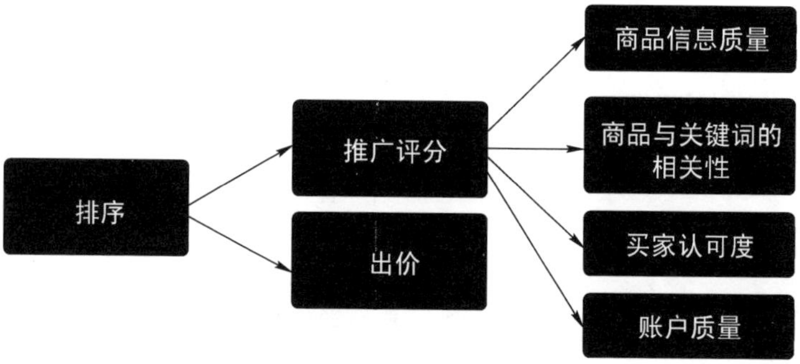

图 7–40　流程图

在进行排名时，排名位置是实时都有可能变化的，因为系统会根据推广评分和出价进行调整，如图 7–41 所示为预估排名图。

关键词	推广评分	推广商品数	七日曝光量	平均点击率	平均点击花费	我的出价	预估排名
sony	良	1	1799	0.0	0.21	¥0.21	其他位置
tablet battery ...	优	8	1139	0.0	0.00	¥0.11	第一页右侧
laptop adapter	优	53	1076	0.0	0.00	¥0.30	第一页右侧

图 7–41　预估排名图

从图中可以看出，这里展示的推广评分一共分为两种情况：优和良。如果要排在首页的右侧，那么推广评分必须为优。如果推广评分为良，不管出价多高，也没有办法排在首页的右侧。

3. 扣费规则

直通车的扣费规则有以下 4 点：

◆ 直通车是根据点击量扣费的，只展现是不会产生扣费的。

◆ 只针对国外的有效点击量扣费，中国大陆地区及尼日利亚等地区的点击量不收费，无效重复点击量不收费。

◆ 具体扣费额度与卖家的推广品分和出价相关。

◆ 扣费小于等于出价。

7.3.3 认识速卖通直通车后台

在“我的速卖通”后台中，单击“营销活动”选项卡，进入“营销活动”选项卡，在左侧的“速卖通直通车”列表框中，选择“直通车概况”选项，即可进入“速卖通直通车”后台，如图 7-42 所示。

在该后台页面中共包含 6 大板块内容，下面将分别进行介绍。

1. 我的账户信息

在“我的账户信息”选项组中，包含可用余额、预计可消费天数、今日已扣费及每日消耗上限信息。下面将分别进行介绍。

◆ 可用余额：指卖家现金账户与红包账户的可用余额。如遇账户余额不足，利用点击量推广服务的使用将自动终止（账户的扣款规则见本速卖通直通车使用指南）。右侧有个“充值”按钮，账户余额不多时可单击此按钮充值。

◆ 预计可消费天数：余额除以最近一周的日均花费，会随着花费每天变化。

◆ 今日已扣费：实时显示卖家的账户今日已经产生的现金红包扣费金额，系统会按照卖家红包和现金账户的余额等比例扣除，例如：卖家的现金账户有 8 千元，红包账户有 2 千元，每消耗 100 元系统会从现金账户扣除 80 元，红包账户扣除 20 元。

◆ 每日消耗上限：显示卖家账户当前设定的日最高推广消费上限额。右侧有个“修改”按钮，当今日已扣费已超过每日消耗上限时，如想继续推广可修改预算。

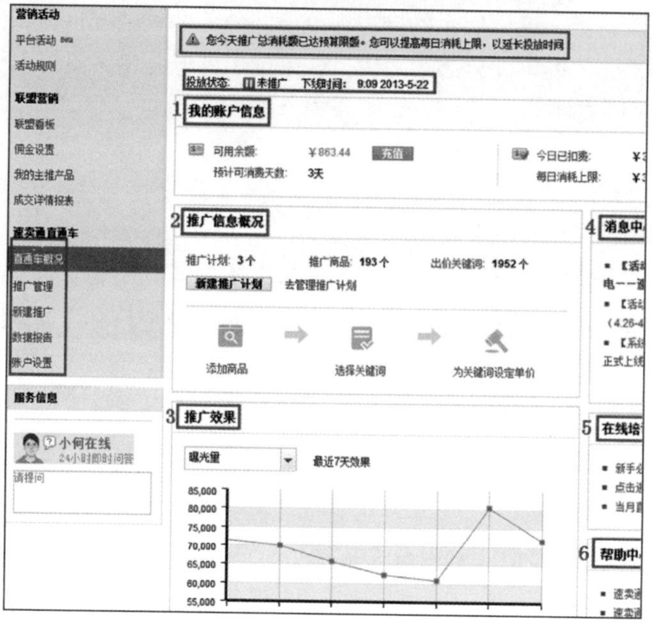

图 7-42 “速卖通直通车”后台

2. 推广信息概况

在“推广信息概况”选项组中，包含推广计划、推广商品和出价关键字等信息，如图 7-43 所示。下面将分别进行介绍。

- ◆ 推广计划：总数显示当前包括已激活和已暂停两种状态的推广计划数。下方会显示当前已暂停状态的推广计划个数。
- ◆ 推广商品：显示当前包括已激活和已暂停两种状态的推广商品数据。下方会显示当前状态为已暂停的商品个数。
- ◆ 出价关键词数：显示当前所有不重复出价关键词数。

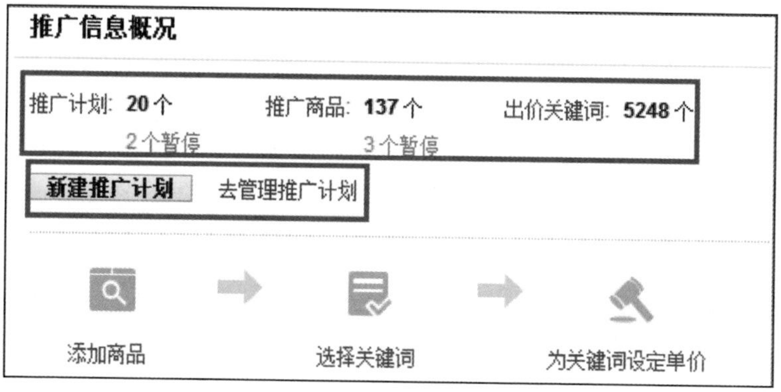

图 7-43 “推广信息概况”选项组

3. 推广效果

在“推广效果”选项组中，可以查看曝光量、点击量、点击率、花费及平均点击花费数据，这些数据，都是默认为最近 7 天的数据。如果卖家想查看更多的数据报告，则可以单击“查看更多报告”超链接，如图 7-44 所示，即可进入数据报告页面查看。

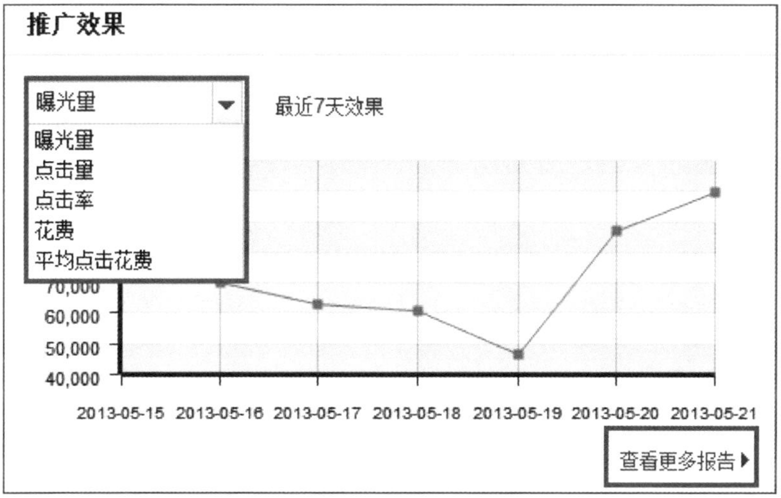

图 7-44 “推广效果”选项区

4. 消息中心

在该选项组中，可以向卖家推送及时的产品升级公告、最新的直通车活动资讯、全面的培训课程信息及专业的方案诊断建议。

在“推广效果”下拉列表框中，各常用数据指标的含义如下：

◆ 曝光量：指在卖家所选择的时间区间段（如最近 7 天），通过速卖通直通车的推广，卖家的商品在被海外买家（不包括中国买家）搜索的时候，获得的展现次数。

◆ 点击量：指在卖家所选择的时间区间段（如最近 7 天），通过速卖通直通车的推广，卖家的商品在被海外买家（不包括中国买家）搜索的时候，获得的买家进一步单击查看的次数。

◆ 点击率：点击率＝点击量 / 曝光量。如果点击率较高，说明买家对卖家的推广商品更感兴趣，愿意通过单击进一步查看了解卖家的商品详情。点击率是反映卖家的商品是否满足买家的采购需求、是否令买家感兴趣的重要指标。

◆ 花费：指一段时间内，卖家为速卖通直通车推广带来的点击量所支付的总扣费金额。

◆ 平均点击花费：指在一段时间内，卖家为速卖通直通车推广带来的点击量所支付的平均点击扣费金额，代表了卖家引入一个潜在买家的平均成本。计算公式为：平均点击花费＝总花费金额 / 总点击量。

5. 在线培训

在该选项组中，可以单击进去到速卖通平台的在线视频学习频道。每月的直播培训日历也可以从这里知晓。

6. 帮助学习

在该选项组中，一些常见问题可以从这里了解，直通车在速卖通论坛上也有专区，很多达人会分享一些知识。直通车的活动也会以最快的速度发布在直通车论坛，欢迎大家关注。

7.3.4 创建直通车推广计划

目前，创建直通车推广计划有两种方法，一种是专为打造爆品的重点推广计划；另一种是方便测品的快捷推广计划，这两种方法都各有优点，下面将分别进行介绍。

1. 重点推广计划

重点推广计划具有独特的创意推广，可以更好地协助卖家打造爆款。重点推广计划最多允许创建 10 个，每个计划建议推广同类目的商品以便于后期管理，并且选择想要重点推广的商品。集中精力做推广。下面将介绍创建重点推广计划的具体步骤。

01 在“速卖通直通车”后台中，单击首页左侧的“新建计划”按钮，如图 7−45 所示。

图 7−45 单击“新建计划”按钮

02 打开“新建推广计划”对话框，选择“重点推广计划”选项，在“请填写推广计划的名称”文本框中输入名称，单击“开始新建”按钮，如图 7-46 所示。

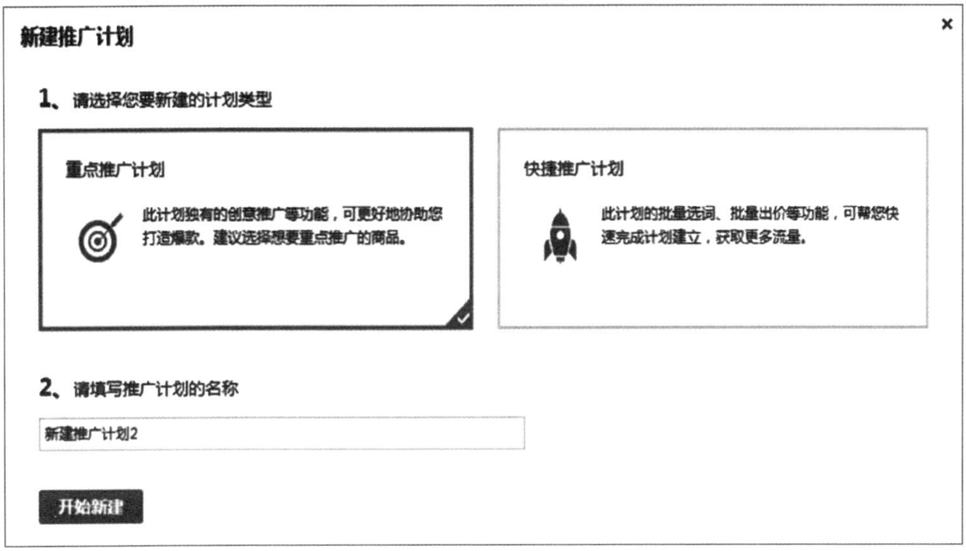

图 7-46　单击“开始新建”按钮

03 打开“新建推广单元——选择产品”对话框，在“商品分组”下拉列表框中，选择“所有产品组”选项，如图 7-47 所示，选择合适的产品对象。

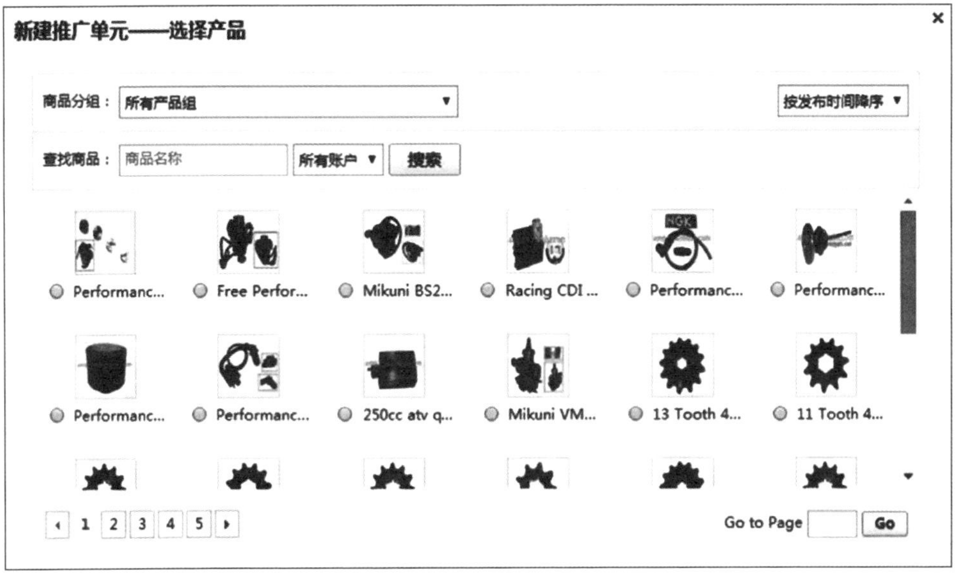

图 7-47　“新建推广单元——选择产品”对话框

04 单击“下一步”按钮，打开“新建推广计划——选择关键词”对话框，选择合适的关键词，并单击其右侧的“添加”超链接，添加关键词，并修改关键词的价格，如图 7-48 所示。

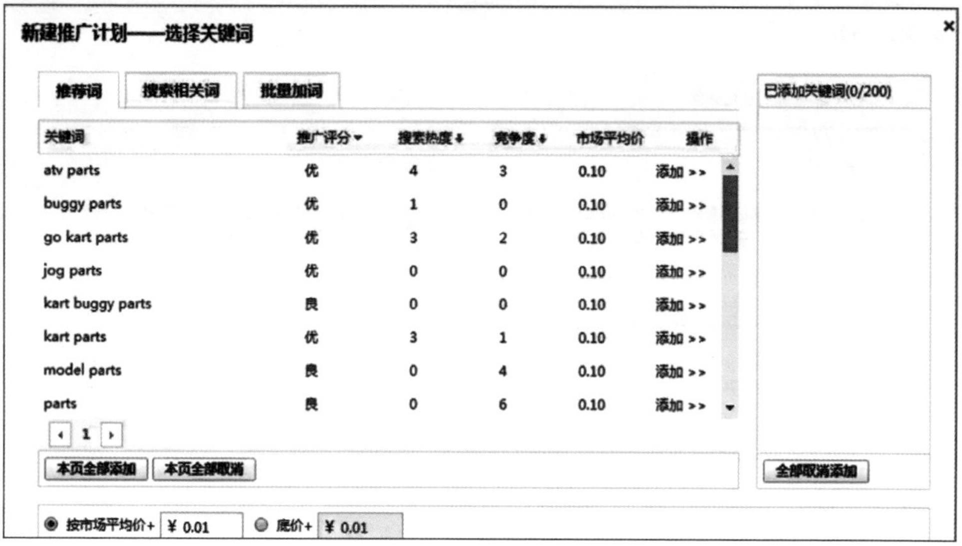

图 7-48 “新建推广计划——选择关键词”对话框

05 完成关键词的选择添加操作后，将打开“推广单元新建完成”对话框，显示推广计划已新建完成信息，如图 7-49 所示，单击“关闭”按钮即可。

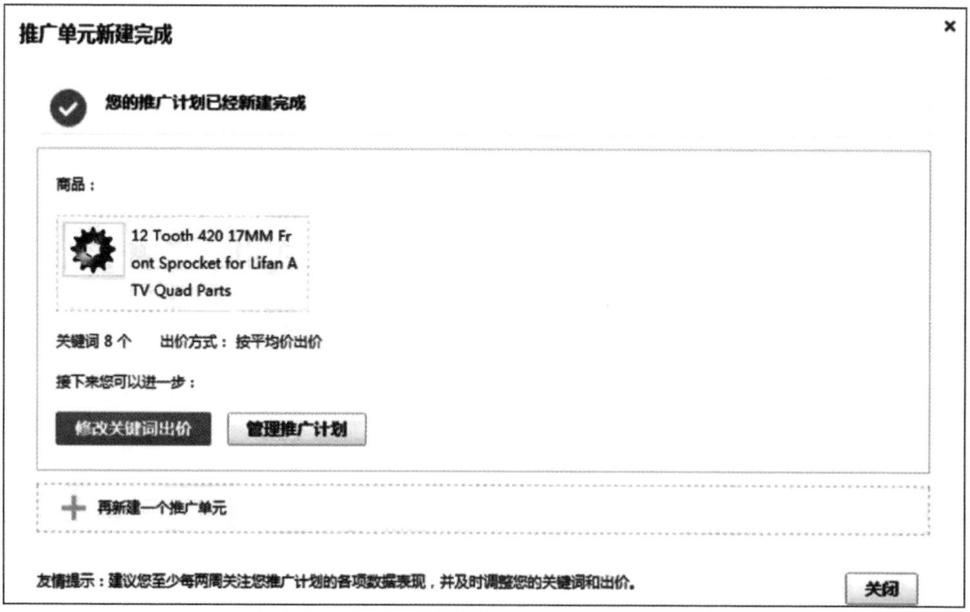

图 7-49 “推广单元新建完成”对话框

2. 快捷推广计划

快捷推广计划具备批量选词、批量出价等特点，每个账户最多能够同时创建 30 个快捷推广计划，每个计划最多能同时推广 100 个商品。创建快捷推广计划的操作方法与创建重点推广计划的操作方法类似，唯一的差别在于选择的推广计划不一样。在“速卖通直通车”后台中，单击首页左侧的“新建计划”按钮，打开“新建推广计划”对话框，选择“快捷推广计划”选项，如图 7-50 所示。

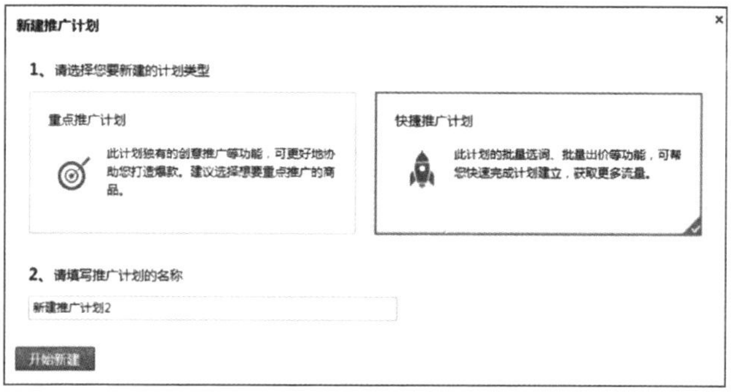

图 7-50　选择“快捷推广计划”选项

7.3.5 查看直通车的各种报告

直通车的数据报告包含账户报告、商品报告及关键词报告等，下面将分别进行介绍。

1. 账户报告

账户报告是针对速卖通直通车账户的整体营销状况提供的效果统计分析报告，如图 7-51 所示。账户报告中包含曝光量、点击量、点击率、花费和平均点击花费 5 个数据指标，可以查看最近 7 天、30 天和自定义时间段的数据报告。

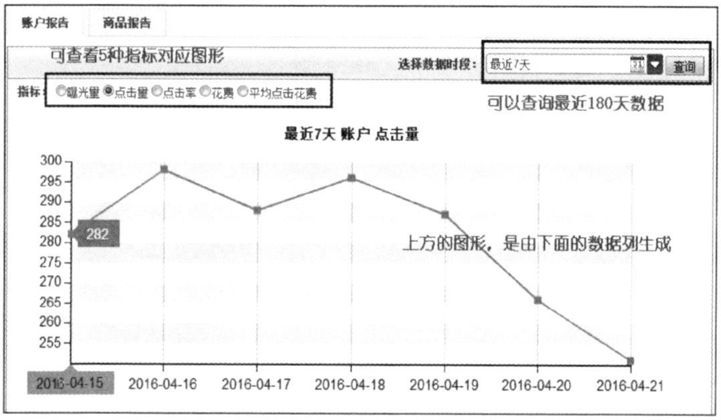

图 7-51　账户报告

2. 商品报告

商品报告用于展示商品的数据结果，包括曝光量、点击量和花费等核心指标，用于确认下一步的优化方向，如图 7-52 所示。

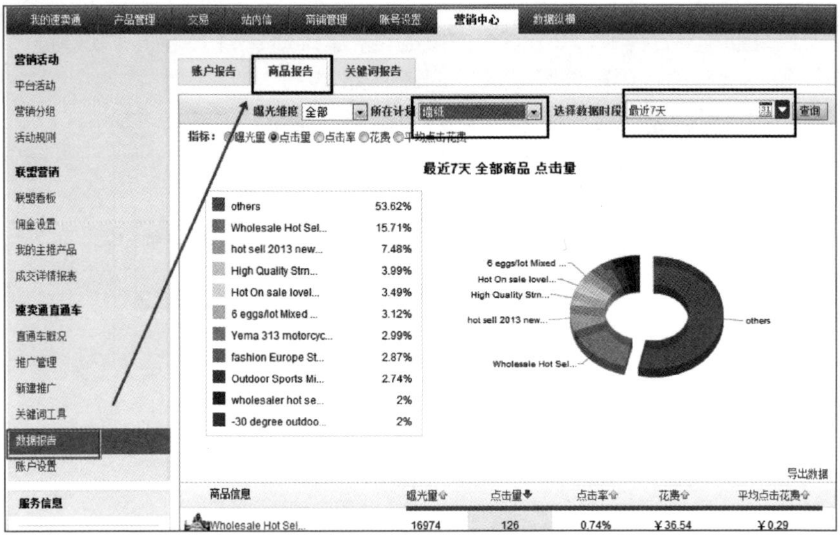

图 7-52　商品报告

3. 关键词报告

在推广商品时，得到充足的曝光量的基础取决于关键词，所以卖家要了解关键词的数据效果，包括关键词的数量、曝光量、点击量、花费等核心指标，来确认下一步的优化方向，如图 7-53 所示。

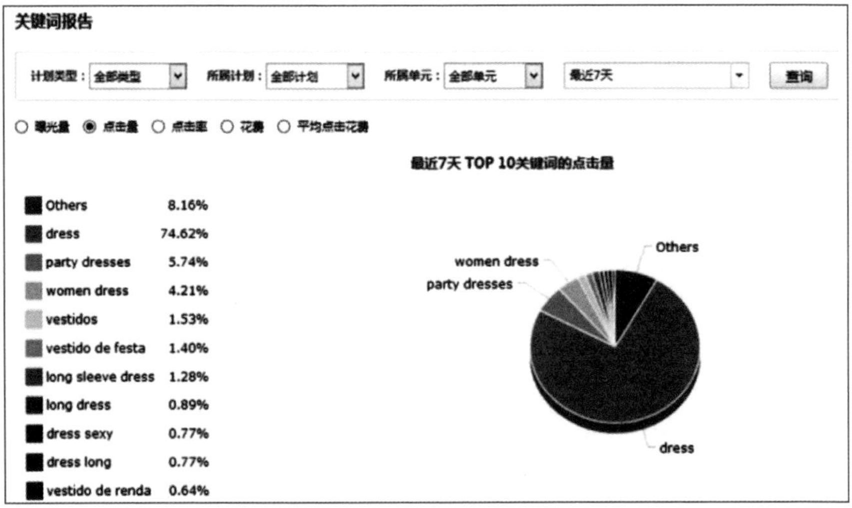

图 7-53　关键词报告

7.3.6 直通车推广计划的优化技巧

优化推广计划的关键有两点：曝光和转化。其中，曝光决定卖家的产品能不能被买家看到；转化决定买家看到卖家的产品会不会单击，进而会不会下订单。因此，将这两个关键点做好了，直通车的推广计划就能够实施到位了。

1. 曝光

速卖通直通车的曝光通过关键词的设置和有效排名来实现。下面将对这两点分别进行介绍。

（1）关键词的设置

买家通过买家首页的搜索框，用关键词来寻找到卖家的产品，所以关键词越多，买家找到卖家产品的入口就越多，因此卖家在设置关键词时，一定要多设置关键词，从而达到高曝光率。如图 7-54 所示为设置关键词多少的曝光率对比图。

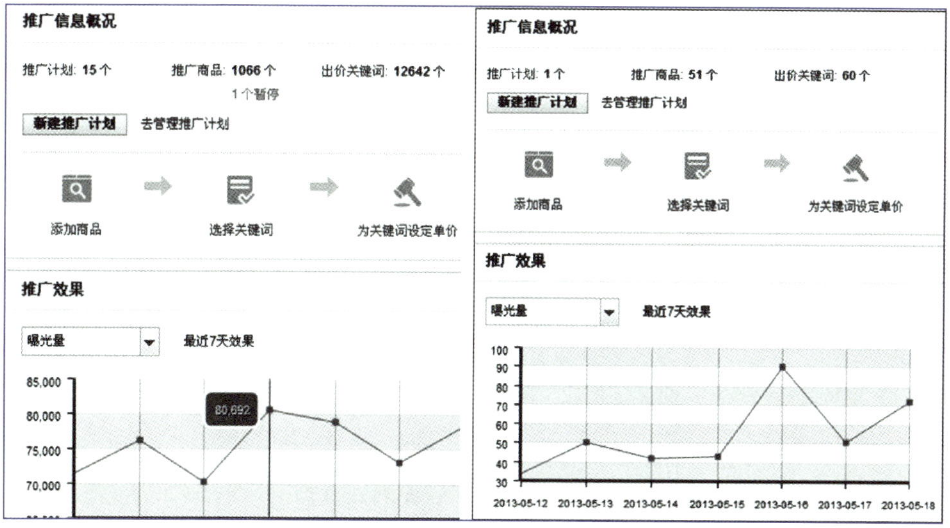

图 7-54　关键词报告

有些卖家在设置关键词时，关键词量也不少，但是因为这些词都不是买家搜索的关键词，只是型号词，所以导致即使数量达到了，也还没有曝光。因此，卖家在设置关键词时，一定要设置买家搜索的关键词。

（2）有效排名

因为排名关系到费用问题，所以大家也会比较谨慎，具体情况如图 7-55 所示。

关键词	推广评分	推广商品数	七日曝光量	平均点击率	平均点击花费	我的出价	预估排名
bag	优	3	0	0.0	0.00	¥ 0.21	其他位置

关键词	推广评分	推广商品数	七日曝光量	平均点击率	平均点击花费	我的出价	预估排名
bag	优	3	9473	0.0	0.64	¥ 0.75	其他位置

关键词	推广评分	推广商品数	七日曝光量	平均点击率	平均点击花费	我的出价	预估排名
bag	优	3	17795	0.0	0.93	¥ 1.00	其他位置

图 7-55　关键词报告

同样一个关键词，bag 是一个相对高价的关键词，很多卖家肯定不舍得出那么高的价格排到第一页右侧。但是通过这个报告所显示的内容，大家就可以非常直观地看到，即使在其他位置，通过一定的出价，还是可以获得非常好的曝光的。因此，对于核心关键词要进行适量出价，以拿到更好的曝光。

2. 转化

影响曝光转化成点击量的，以及点击量转化成曝光的，有以下因素：主体大小、背景颜色、标题设置、价格设置和旺旺在线，如图 7-56 所示。

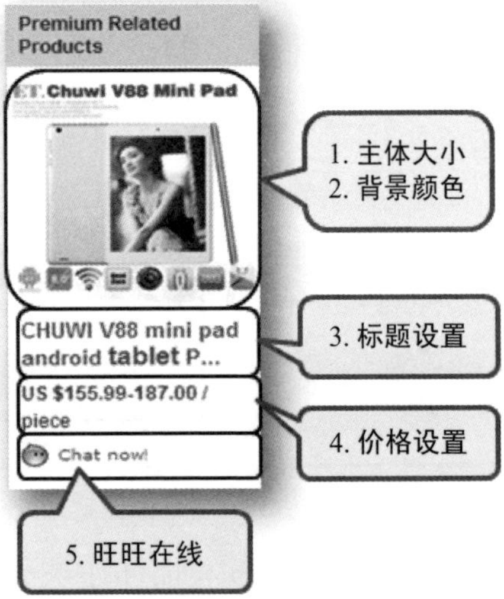

图 7-56　影响转化的因素

这些转化因素的含义如下：

- **主体大小**：主图的大小占图片的 80% 左右。
- **背景颜色**：从点击量数据分析，白色背景的产品点击率更高。
- **标题设置**：显示 32 个字符，所以重点关键词要前置。

- **价格设置**：要去前台搜索，对比同行之间的价格，相应调整，避免因价格原因流失点击量。
- **旺旺在线**：在线可以提高洽谈几率。

7.4 其他营销技巧

速卖通平台中的营销技巧除了店铺自主营销和速卖通直通车营销以外，还包含联盟营销、关联营销和平台活动营销等技巧。本节将对这些常用的营销技巧逐一进行介绍。

7.4.1 联盟营销

联盟营销是一种“按效果付费”的推广模式。速卖通通过在互联网上各种各样的网站中投放广告，可以吸引更多站外流量，比如站外的买家可以通过联盟网站进行推广的搜索引擎、付费广告、社区论坛、邮件营销渠道看到商品广告。参与联盟营销的卖家，只需要为联盟网站带来的成交订单支付联盟佣金，只有成交才需要付费。

1. 加盟联盟营销

在使用联盟营销的营销方式之前，首先需要加盟联盟营销，下面将介绍其操作方法。

01 在“我的速卖通”后台中，单击“营销活动”选项卡，进入“营销活动”选项卡，在“联盟营销”列表框中，选择“联盟看板”选项，进入“加入联盟计划”页面，选择相应的复选框，单击“下一步”按钮，如图 7-57 所示。

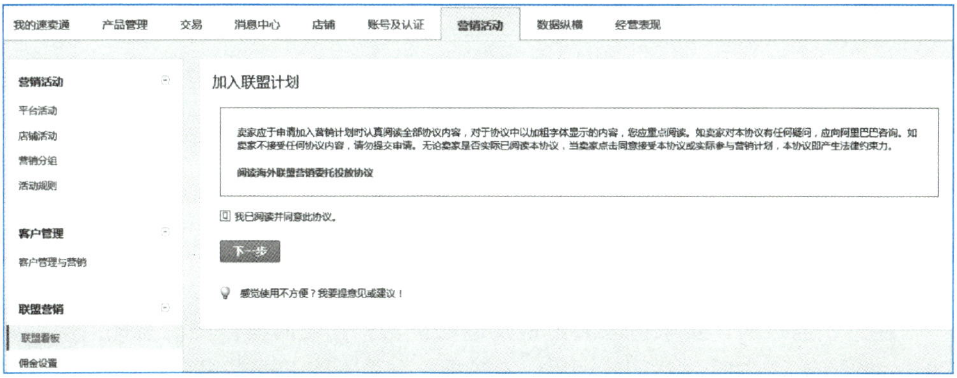

图 7-57　单击“下一步”按钮

02 在“设置佣金比例”选项组，设置佣金比例，单击“加入联盟计划”按钮，如图 7-58 所示。

图 7-58 单击“加入联盟计划”按钮

03 即可加入联盟营销计划，并显示“联盟看板”参数设置界面，如图 7-59 所示。

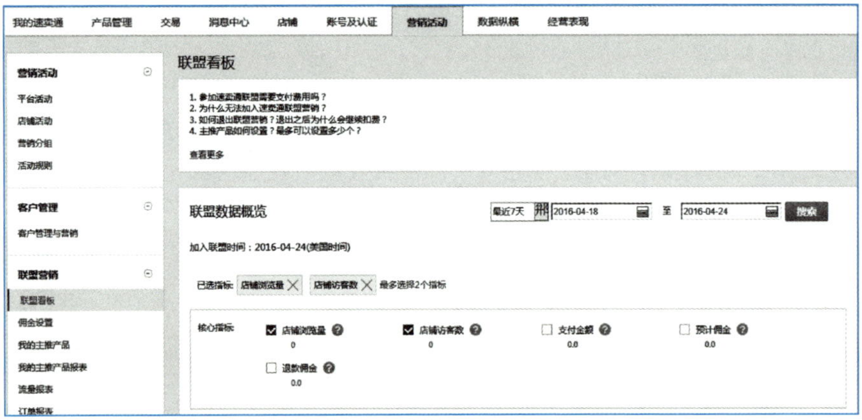

图 7-59 加入联盟营销计划

2. 认识联盟营销组成

联盟营销由 7 个部分组成：联盟看板、佣金设置、我的主推产品、流量报表、订单报表、退款报表和成交详情报表，下面将分别进行介绍。

（1）联盟看板

通过联盟看板，卖家可以清楚地知道联盟营销指定时间段内的营销情况，如图 7-59 所示，在加入了联盟营销后，不管是点击量还是店铺销售额都有非常大的提高，所以要充分利用好联盟营销，让联盟营销发挥出应有的作用。

（2）佣金设置

在联盟营销中，每个类目要求的最低佣金比例都是不一样的。而且卖家需要注意的是，加入联盟营销，是所有产品都加入，所以设置的佣金比例也要考虑到所有产品的利润度是否可以承受。卖家一旦加入联盟，那么整店所有商品都变成联盟商品，联盟商品的佣金比率主要分如图 7-60 所示的几档。

盟产品	定义
有加入联盟的品	卖家一旦加入联盟，那么整店所有商品都变成联盟商品都会有一个默认佣金比率。
铺下的类目商	卖家可以对店铺下所有产品对应的类目设置类目佣金比率，类目佣金比率可以参考类目佣金列表（见附件）。
推商品	可以对店铺里的部分商品设置为主推商品，在您能接受的范围内，主推商品的佣金比率一定不能低。

图 7-60　联盟商品的佣金比率分类

当佣金比例设置得不合理时，卖家可以在“佣金设置”选项卡中，单击“修改”超链接，打开“修改默认佣金比例”对话框，修改“佣金比例”参数即可，如图 7-61 所示。

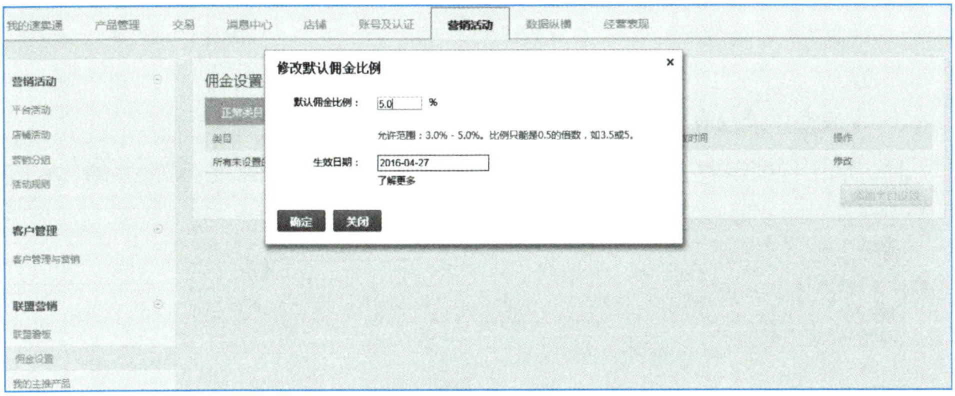

图 7-61　“修改默认佣金比例”对话框

（3）我的主推产品

联盟营销的主推产品的上限为 60 个，联盟营销中的主推产品和全店铺的其他产品不一样，只有主推产品才能参加联盟营销专属的推广活动，没有设置为主推产品的产品则不会拥有此权限。因此，卖家在选择主推产品时，一定要选出店铺中比较热销的产品，这样推广起来效果才会显著。进入“营销活动”界面，在“联盟营销”列表框中，选择“我的主推产品”选项，进入“我的主推产品”页面，在该页面中，单击“添加主推产品”按钮即可开始主推产品的添加操作，如图 7-62 所示。

图 7-62　添加主推产品

（4）流量报表

流量报表用于展示联盟营销近 6 个月内每天的流量状况，包括联盟 PV、联盟访客数、总访客数、联盟访客占比、联盟买家数和总买家数。

（5）订单报表

通过订单报表可以知道近 6 个月内联盟营销每天带来的订单情况。订单报表主要包含联盟营销每天带来的支付订单数、支付金额、预付佣金、结算订单数、结算金额、实际佣金。

（6）成交详情报表

通过成交详情报表，可以清楚地知道在某个时间段内，联盟营销带来的每一笔订单和收取的佣金等，如图 7-63 所示。

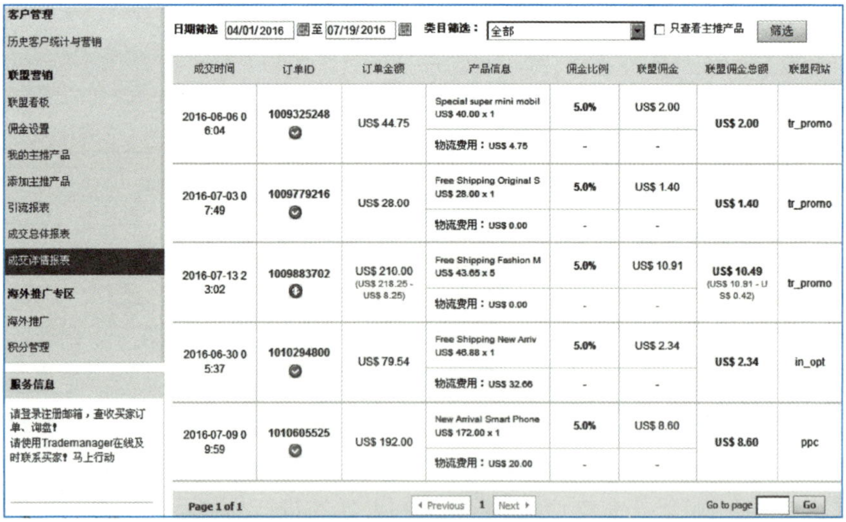

图 7-63　成交详情报表

在上图中，可以看出图中有两个符号，下面将对这两个符号进行讲解：✔表示未发生金额变化或退款的订单；表示发生了部分退款的订单。

7.4.2 关联营销

关联销售就是在一个产品描述页面里面加上其他商品的图片和链接，吸引买家单击查看。使用关联营销有以下两个方面的优势：

- 提高流量的利用率，特别是对于产品单价比较高、点击转化率低的店铺，掌柜要充分利用进入店铺的每一个流量，让更多优质的产品吸引并抓住买家的购物欲望。
- 增加其他主打产品的成交机会，在产品的详情页面关联上自己推荐的几款主打产品的图片或者链接，会促使这几款产品有更多的机会展现，当产品曝光多了，自然会增加其成交机会。

对于关联营销，首先要做好选品准备。下面将介绍选品的方法。

- 推荐与推广产品同类或相似的产品，抓住买家最初的购物意向。例如，对于女装、男装、童装、运动服、女鞋、男鞋等服饰类目，关联销售可以推荐跟推广产品相似的产品款式。
- 推荐与推广产品的搭配产品，抓住买家关联购买的欲望。例如，服饰类目的关联销售除了推荐同类产品的不同款式外，还可以做一些搭配款式推荐。
- 推荐店铺内的热销产品，让买家了解本店的实力，给买家更多信心。例如对于美容护肤、彩妆等类目的产品，关联销售可以推荐其他主打产品的款式。

在做好关联销售后，应该将关联销售的信息放在产品详情页靠后的地方，比如在主推产品细节图展示完之后，且在买家必读之前。千万不要把关联营销放在产品详情页的最开头，这样很容易分散买家对原目标产品的注意力，造成喧宾夺主的错觉。

关联销售是提高店铺流量利用率的有效方式，请卖家务必对关联销售给予重视。如图 7-64 所示为关联销售的产品页面。

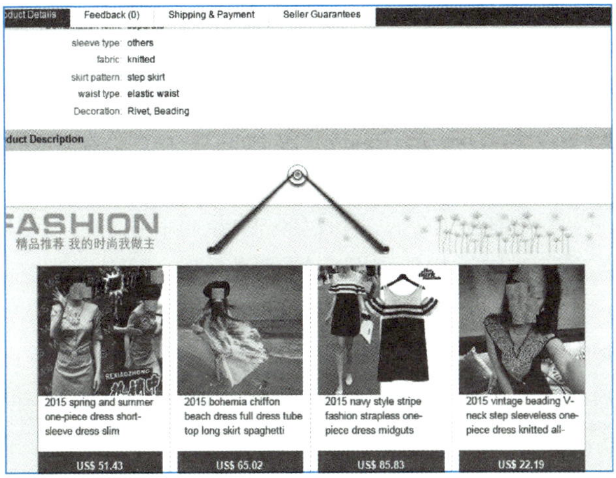

图 7-64　关联销售的产品页面

7.4.3 平台活动营销

平台活动是阿里巴巴速卖通面向卖家推出的免费推广服务，也是速卖通效果最明显的营销利器之一。使用平台活动营销技巧，可以快速帮助卖家实现店铺的高曝光量、高点击量、高转化率等一系列目标。

1. 平台活动的常见类型

目前常见的平台活动类型包含 SuperDeals、国家站团购、行业 Hot&New、行业 Sales 主题频道等，每个活动都有不一样的要求和效果。下面将对平台活动的各常见类型分别进行介绍。

（1）SuperDeals

该平台活动是速卖通平台的秒杀活动，是根据工作日、周末等时间段进行秒杀，类似于淘宝的“聚划算”。在速卖通买家首页中，单击“SuperDeals”超链接，即可进入该平台活动页面，如图 7-65 所示。

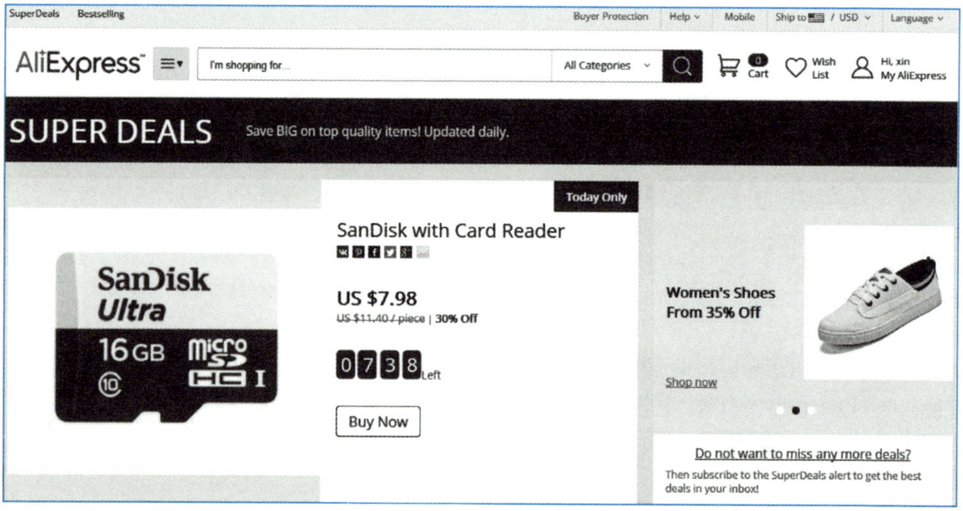

图 7-65　SuperDeals 平台活动页面

（2）国家站团购

速卖通平台主要针对国际市场，因此会陆续开通单独的国家团购页面，如俄罗斯团购、巴西团购等。通过这些单一国家的团购活动，可以成为这些国家市场一块非常好的敲门砖。

（3）行业 Hot & New

该平台活动针对不同行业的热销品和新品，速卖通平台会定期在首页相关类目的推广模块中投放资源。

（4）行业 Sales 主题频道

该平台活动是针对周年庆、情人节等各类节日和活动庆典而做出的相关主题的促销活动，一般在买家首页的推广位置非常显眼，会在中间有一个大板块。如图 7-66 所示为速卖通母亲节活动页面。

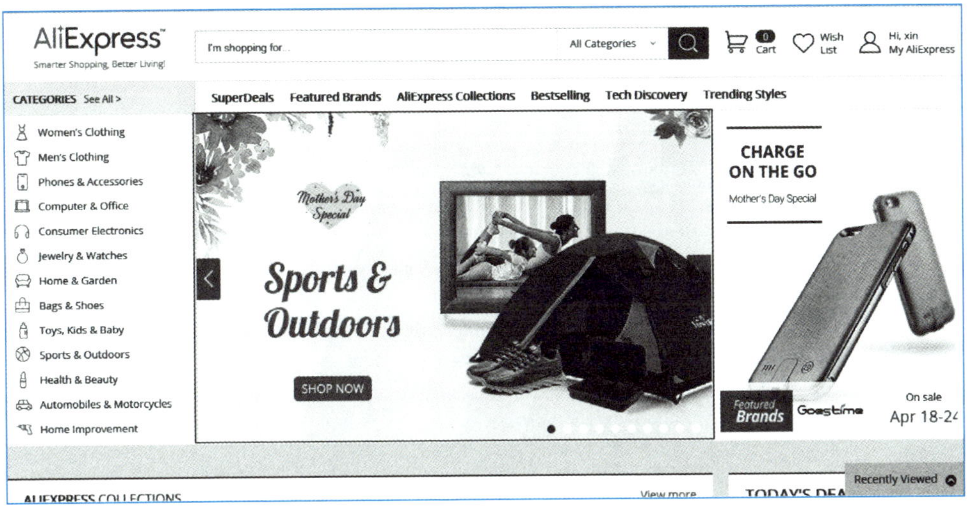

图 7-66　速卖通母亲节活动页面

2. 平台活动的选品技巧

在做平台活动时，卖家一定要有针对性地选择和完善能满足相应指标的产品，从而提高店铺的影响力和销量。选好平台活动的产品需要做到以下 3 点：

- **分析流行趋势**：符合流行趋势的产品，都是平台活动的重要参考对象，如春夏交替或新流行元素的风行都是非常好的风向标。卖家要根据这类风向标选择产品。
- **优化五重匹配**：当选定一个产品报名平台活动时，该产品的标题、图片、关键词、属性和文案信息都要高度贴合且质量都很高，这样才能将产品的相关性分值达到最大化。
- **提升服务质量**：当卖家服务等级是优秀的时候，平台活动就有优先参加的权限。

3. 平台活动的报名流程

每一期的平台活动招商，卖家都能够在速卖通卖家后台的“营销活动”选项卡中的“平台活动”选项组找到报名入口。卖家选好产品并进行报名即可，一旦入选，该产品将出现在活动指定的推广板块中，得到海量曝光。

平台活动的类型很多，卖家在加入平台活动之前，需要先选准平台活动的类型，如图 7-67 所示。

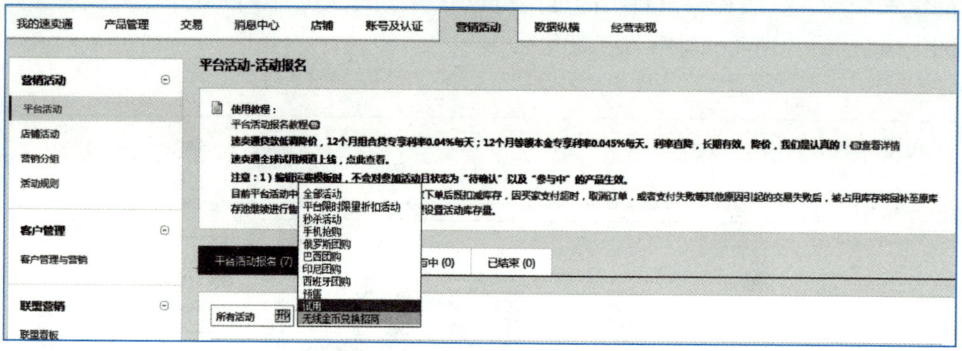

图 7-67 “平台活动”类型列表

在选择好平台活动类型后，即可选择需要报名的平台活动，并在可以报名的平台活动右侧，单击“我要报名”按钮，如图 7-68 所示。

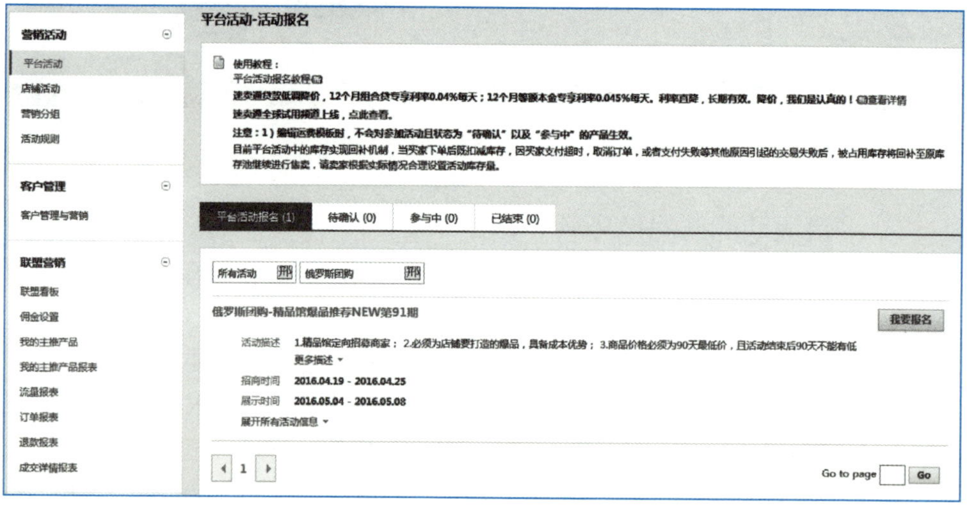

图 7-68 单击“我要报名”按钮

在选好平台活动种类之后，就需要对产品进行选择了，在选择好产品后，还需要对活动商品及促销规则进行设置，当所有选项设置完成后，才可以完成平台活动的报名，并可以查看所有已经报名的平台活动。有些平台活动在报名之后，并且在产品被锁定之前是允许修改库存和折扣等数据的，有些则不行，具体看活动类型和要求。报名成功后需要等待审核，卖家需要记得随时查看邮箱，以便尽早收到是否入选速卖通平台的邮件通知。

第8章 速卖通客服的沟通与管理技巧

在速卖通经营店铺时，当店铺中的订单达到一定数量后，纠纷和差评就不可避免地出现了，而且随着订单数量的增多，纠纷和差评的数量也会自然而然地增加。当出现类似的情况时，卖家要做的就是在交易过程中尽量避免纠纷的产生，并维护好客户关系，吸引更多的回头客，以利于店铺的健康成长。因此，如何与客户进行有效的沟通，以及如何向客户提供优良的服务，成为速卖通卖家必须掌握的技能。本章将详细讲解速卖通客服的沟通与管理技巧，以帮助大家更有效率地维护好客户关系。

8.1 »» 清楚网上与买家沟通的基本原则

在经营速卖通店铺的过程中，速卖通卖家与海外买家不能直接面对面地沟通、交流，因此在与这些顾客打交道的时候，必须要更加注意技巧。

在与买家的沟通过程中，卖家不要把自己摆在“我是卖家”的位置下，要把自己当作一个买家，或者说把自己当作买家的朋友，这时候你的思路才能真正贴近于买家，才知道怎样去介绍商品。只有站在一个买家的角度来考虑问题，才知道怎样来牵引买家，你的观点、讲解才能引起买家的认同。多一些宽容和理解，以和为贵，做好沟通才能双赢。

1. 做到礼貌先行

“礼貌先行”是交朋结友的先锋。俗话说：“要想得到别人的尊重，首先要尊重别人。”因此，要想在与买家沟通时给买家留下好的印象，卖家必须表现得谦虚有礼、热情有度，建立和谐友好的气氛。例如在最常用的国际旺旺软件交流中，回复第一次来店里的买家的第一句话时，要客气用语并可添加表情，微笑的脸或一朵玫瑰等；如果暂时离开了国际旺旺，那么也要先设置好国际旺旺的留言信息，告诉买家会尽快回来回复；当卖家回来后，需要第一时间回复买家，并给买家道歉，感谢买家的耐心等待。如图 8-1 所示为国际旺旺设置自动回复信息页面。

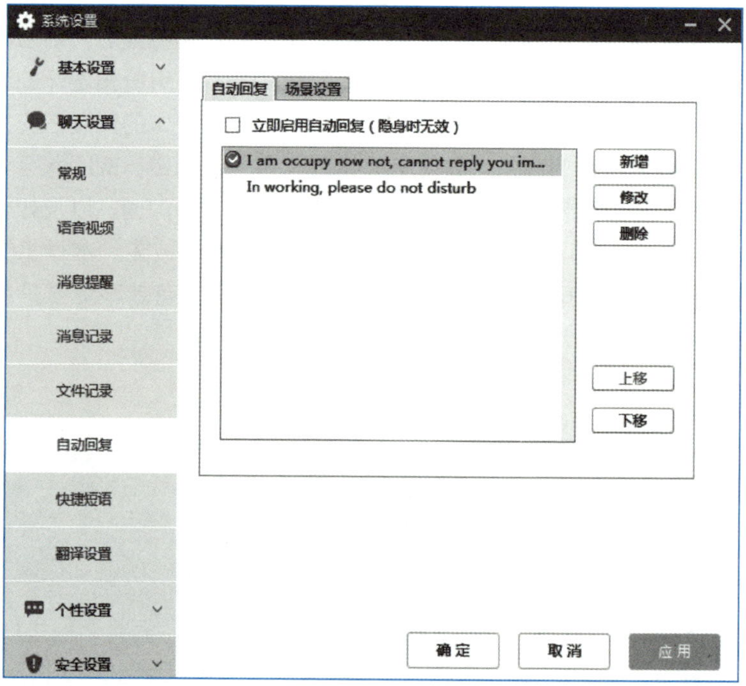

图 8-1　国际旺旺设置自动回复信息页面

2. 做到简洁清楚

在和海外买家沟通时，尽可能用精练的语言清楚地表达出想要表达的内容，沟通的思路要清晰，以保证沟通内容不会被误解。比如，在回复信息或者发送邮件时，要做到长话短说，还要避免使用难词、古词和陈旧的商业术语，尽量使用常用词、短语、结构简单的短句，不要使用长句或者从句。

3. 做到具体完整

在和海外买家进行沟通时，一定要对其提供需要的所有信息，答复其提出的一切问题并争取满足其提出的一切要求，避免含糊、笼统、抽象的表述。例如对某一商品的报价进行还盘，必须详细地说明品名、价格、数量、包装方式、支付条件、装运时间、装运港等具体的交易条件和发盘的有效时限。

4. 做到尊重买家

买家在购买商品时，不仅仅只是为了购买商品，也是一个在消费过程中寻求尊重的过程。因此，买家对于网上购物活动的参与程度和积极性，很大程度上取决于对买家的尊重程度。只有对买家信任和尊重，永远真诚地视买家为朋友，给买家以“可靠的关怀”和“贴心的帮助”，才是面对买家的唯一正确心态，也才能赢得买家的回头率。

5. 做到理性沟通

在速卖通上开店会遇到各种各样的海外买家：有的过于挑剔，问几天也没完没了的；有的对卖家不尊重，连问话都是质问式的；有的拍下就消失了，这些都有可能在沟通过程中让卖家的情绪爆发。当遇到这些情况时，卖家一定要做到不能意气用事，要平和地去沟通处理。不理性只会产生争执，不会有结果，更不会有好结果。

因此，需要在平复情绪后再做决定，因为情绪中的沟通常常无好话，既理不清，也讲不明，也很容易做出情绪性、冲动性的决定。

6. 做到正确专业

卖家在卖东西时，卖的不只是商品，还有文化、知识和艺术。因此，卖家必须了解商品的相关专业知识，并在合适的时间把买家需要的信息传达给他们，这样才能提高成交率。

- 要了解产品所用的材质和制造、加工技术，这样才能体现出产品的特色和精工细做。
- 了解产品功能、用途。
- 了解产品耐久性——商品使用的时间长短。
- 了解产品使用方法、保养方法，比如，如何进行搭配、西服如何保持挺括等。
- 了解产品经济性——与定位相同的竞争对手相比的价格优劣。

- ◆ 了解产品设计、色彩、感性——商品的设计风格与特色。
- ◆ 了解产品的流行性，即商品处在它生命周期的哪一阶段。
- ◆ 了解产品的包装、商标、形象，由商品本身开始向外包装延伸。
- ◆ 推广各类活动、赠品，现在购买有没有什么优惠。
- ◆ 有售后保证，以消除买家的后顾之忧。

通常在与海外买家进行沟通时，常常会遇到一些意想不到或者比较难回答的问题，此时要体现出专业化的职业素质，给出专业的意见，使买家感到信任和可靠。

8.2 掌握客服需具备的知识

一个好的客服人员一定要清楚了解本店的产品和一些必备的客服知识，如计算机和网络知识、商品专业知识和物流知识等，这样才能解答好顾客的所有疑问。

8.2.1 计算机和网络知识

客服人员需要一定的计算机知识与网络知识。因为很多买家在购买、付款时如果遇到了计算机与网络的问题，则需要客服人员远程指导他们进行解决。

客服不需要很高深的计算机与网络知识，但对于常见的浏览器、插件、阿里旺旺、支付宝等相关的问题一定要熟悉。除此之外，还要至少熟练掌握一种输入法、会使用 Word 和 Excel 软件、会发送电子邮件、会使用搜索引擎及熟悉 Windows。还有一点很重要，因为速卖通店铺的买家大多来自海外，所以客服一定要有英语基础，这样才好和海外买家沟通。

8.2.2 商品专业知识

商品专业知识是每一个速卖通客服人员都应该具备的最基本的知识。如果连卖的商品有什么特点都不清楚，买家的疑问得不到解答，他们是不会下单购买的。

客服需要了解的商品专业知识不仅包含商品知识，还包含有商品的周边知识，下面将分别进行介绍。

1. 商品知识

客服应当对商品的种类、材质、尺寸、用途、注意事项等都有一定的了解，最好还应当了解行业的有关知识。同时对商品的使用方法、洗涤方法及修理方法等，也要有一个基础的了解。

2.商品周边知识

不同的商品可能适合不同的人群，比如化妆品，有一个皮肤性质的问题，不同的皮肤性质在选择化妆品上会有很大的差别；比如内衣，不同的年龄、不同的生活习惯都会有不同的需要；比如玩具，有些玩具不适合太小的婴儿，有些玩具不适合太大的儿童等。这些情况都需要有基本的了解。

此外对同类的其他商品也要有基本的了解，这样在回复客户关于不同类商品的差异时，就可以更好地回复和解答。

8.2.3 网站交易规则

网站的交易规则也是客服人员需要掌握的技能，否则既无法自行操作交易，也无法指导速卖通新买家。网站的交易规则包含速卖通交易规则和支付宝的使用流程和规则，下面将分别进行介绍。

1. 速卖通交易规则

网店客服应该把自己放在一个商家的角度来了解网店的交易规则，更好地把握自己的交易尺度。有的时候，顾客可能第一次在网上交易，不知道该如何进行，这个时候，除了要指点顾客去查看网店的交易规则，在一些细节上还需要一步步地指导顾客如何操作。此外，还要学会查看交易详情，了解如何付款、修改价格、关闭交易、申请退款等。

2. 支付宝的流程和规则

了解支付宝及其他网关交易的原则和时间规则，可以指导客户通过支付网关完成交易、查看交易的状况、更改现在的交易状况等。

8.2.4 物流知识

一个好的客服应该对商品的物流状况了如指掌，只有掌握了物流的相关知识才能够回答买家关于运费、速度等问题，并且还能自行处理如查询、索赔等状况，这就需要掌握一些物流的相关知识。

- ◆ 了解不同物流方式的价格，包括如何计价、价格的还价余地等。
- ◆ 了解不同物流方式的速度。
- ◆ 了解不同物流方式的联系方式，并准备一份各个物流公司的电话，同时了解如何查询各个物流方式的网点情况。
- ◆ 了解不同物流方式应如何办理查询。

8.3 »» 掌握售前服务技巧

在出售商品时，应该根据对买家购买商品时的心理进行分析，因为多数买家对于自己想要购买的商品，在某种程度上都抱有顾虑，这种顾虑一般是因为对店铺的服务和商品质量不了解而产生的。因此，掌握售前服务技巧，为买家打消顾虑，是卖家的职责，也是成功交易的前提。

8.3.1 客观地向买家介绍商品

在介绍商品时，必须要对商品本身的特点和缺点，客观地向买家解释并做推荐。这样就可以提前让买家清楚商品的缺点，以免造成事后向卖家抱怨。所以，要让买家了解商品的缺点，并让买家知道商品的其他优点。如图 8-2 所示为商品详细信息描述。

要想得知商品的优点与问题，可以通过以下一些信息来源的渠道来实现。

- ◆ 向本店的资深人员询问。
- ◆ 向厂商、批发商的营业人员询问。
- ◆ 阅读报纸、专业杂志。
- ◆ 参观展示会、工厂。
- ◆ 利用电视、杂志等媒体收集资料信息。
- ◆ 亲自试穿、试吃、试用。

在介绍商品时，要陈述商品对消费者有价值的部分，而不是滔滔不绝地只讲述特征，也不能夸大其词，如果介绍与事实不符，最后也会失去信用，从而失去买家。

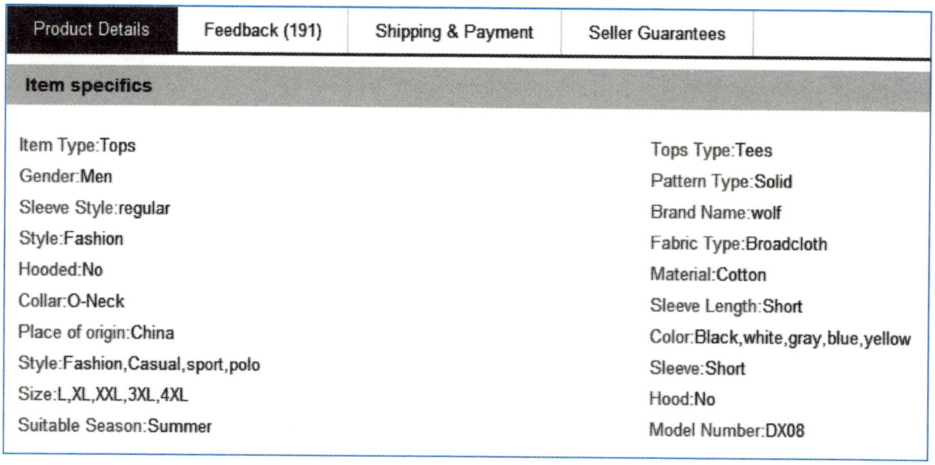

图 8-2　商品详细信息描述

8.3.2 帮助买家消除心中的顾虑

在购买商品的过程中，大多数买家经常会心存顾虑。如对交易网站的顾虑、对家信用的顾虑、对商品质量的顾虑、对货币支付的顾虑、对物流运输的顾虑及对售后服务的顾虑等。买家的这些顾虑可能是客观存在的，也可能只是心理作用。这时，卖家应该采取主动，发现买家的顾虑，打消买家的顾虑。只有当买家对产品或服务完全相信，没有任何顾虑时，沟通才算是成功的。

1. 打消买家对价格的顾虑

速卖通卖家要明白买家的心理，有很多买家有议价的习惯，对于这种买家心里说明白就好。还有的买家可能怕自己买贵了，卖家要告诉她你的价格对所有顾客都一样，童叟无欺，顺便把产品的价值塑造给买家，大多数买家也会接受。

2. 打消买家对尺寸的顾虑

在网店上购物时，由于没有试穿，因此顾客购买的可能不是自己所需要的尺寸，严重影响到买家的切身利益。此时，为了打消买家的这种顾虑，卖家可以在商品描述页面中或店铺其他地方将尺寸消息公布出来，这样买家在购买该商品时，就可以根据自身的实际尺寸进行购买。如图 8-3 所示为尺寸信息。

Size Chart

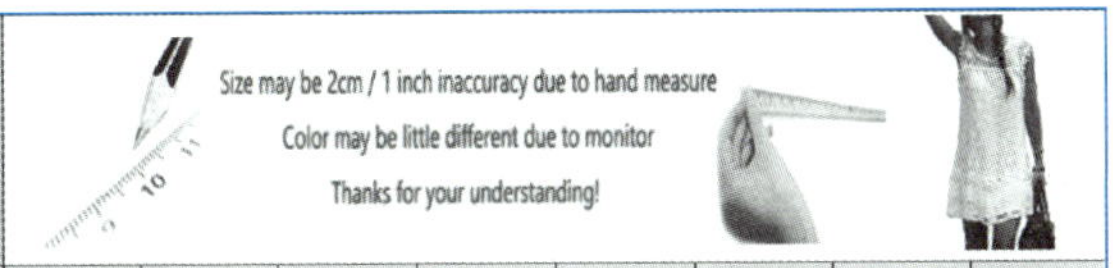

Tag Size/US Size	S/4	M/6	L/8	XL/10	XXL/12	3XL/14	4XL/16	5XL/18
Shoulder	30cm (11.8")	31cm (12.2")	32cm (12.6")	33cm (13")	34cm (13.4")	35cm (13.8")	36cm (14.2")	37cm (14.6")
Bust	85cm (33.5")	88cm (34.6")	90cm (35.4")	95cm (37.4")	100cm (39.4")	105cm (41.3")	110cm (43.3")	115cm (45.3")
Waist	90cm (35.4")	93cm (36.6")	95cm (37.4")	100cm (39.4")	105cm (41.3")	110cm (43.3")	115cm (45.3")	120cm (47.2")
Length	83cm (32.7")	84cm (33.1")	85cm (33.5")	86cm (33.9")	87cm (34.3")	88cm (34.7")	89cm (35.1")	90cm (35.5")

MK reminder:We use US Size,please allow 1-2cm All measurement in cm and please note 1cm=0.39inch.

图 8-3 尺寸信息

3. 打消买家对售后的顾虑

在市场竞争越来越激烈的今天，随着买家消费观念的变化，买家不管是在实体店购物还是在网店购物，都已经开始重视售后服务。一般来说，对实体店的售后顾虑基本上不存在，因为实体店铺的地理位置固定，轻易不会搬家，当买家需要什么售后服务时，直接去店铺就可以了。

由于网店的虚拟性比较强，常常让海外买家有种摸不着看不见的感觉，而且距离也很远。这就造成了买家对于卖家做出的售后承诺不抱有太大的信任。所以，对于速卖通的卖家来说，解决海外买家对售后问题的顾虑是重中之重。

解决速卖通店铺的售后问题主要可以分为两个阶段去完成，下面分别进行介绍。

（1）售前将售后信息告知买家

卖家需要在商品描述页面中或者店铺其他地方将售后信息公布出来，例如规定几天内没有收到货，则全部退款；或者购买的产品与卖方产品描述不一致，则可以全额退款等售后信息。买家在购买产品时，看到这些信息，自然就可以打消顾虑了。如图 8-4 所示为产品售后信息。

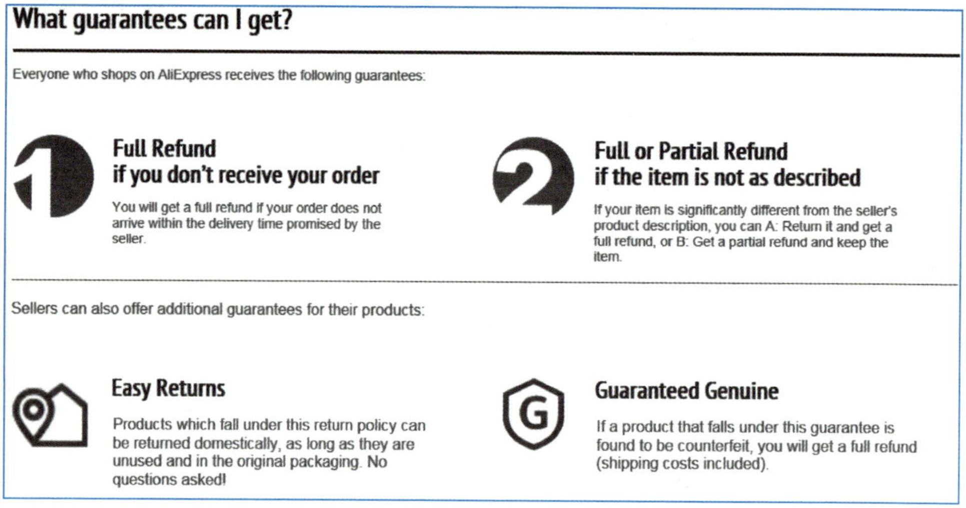

图 8-4　产品售后信息

（2）在沟通时直接告诉买家售后信息

大部分买家在决定购买一件商品前总会有一些顾虑，一般会通过国际旺旺向卖家咨询。在这个过程中，要向买家传达店铺的售后信息，买家会更容易接受。

4. 打消买家对包装的顾虑

在实体店铺和网店上的购物体验是完全不同的，也导致了买家满意度的差异非常大。这是因为买家在速卖通店铺购物时，会遇到物流问题。在速卖通中的店铺购物时，需要通过一定时间的物流运输，海外买家才能最终拿到商品，而在这段时间内商品损坏和丢失的风险是很大的，所以会有很多海外买家对这一环节极不放心。

有鉴于此，一些聪明的卖家就会在商品描述页面中加入了包装的说明信息，如图 8-5 所示。产品包装得好，能给客户带来良好的购物体验，对速卖通店铺的生意是有百利而无一害的。

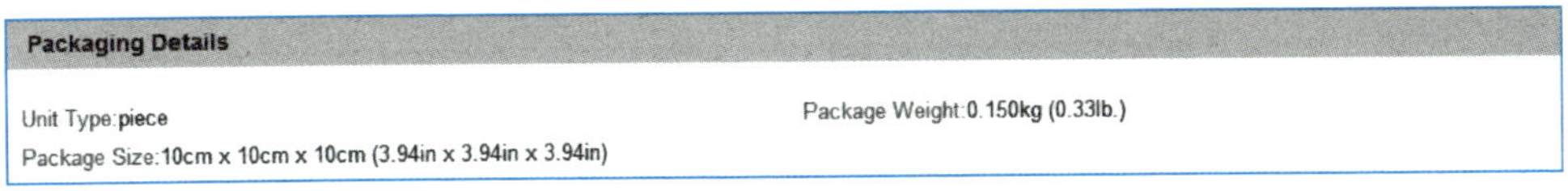

图 8-5　包装说明信息

5. 打消买家对物流的顾虑

速卖通店铺中的货物一般都是通过航运发送到海外买家手上的，这中间要经过多个环节。因此，卖家在选择物流公司时，一定要选择口碑和服务最好的物流公司。而且，卖家在商品描述页面中，不妨加入关于运费的公告，将运送方式、配送范围和费用等信息更好地展示给海外买家。这样的信息公示的优点就在于信息的传达很准确，买家也就更容易接受，从而消除顾虑。如图 8-6 所示为产品物流信息。

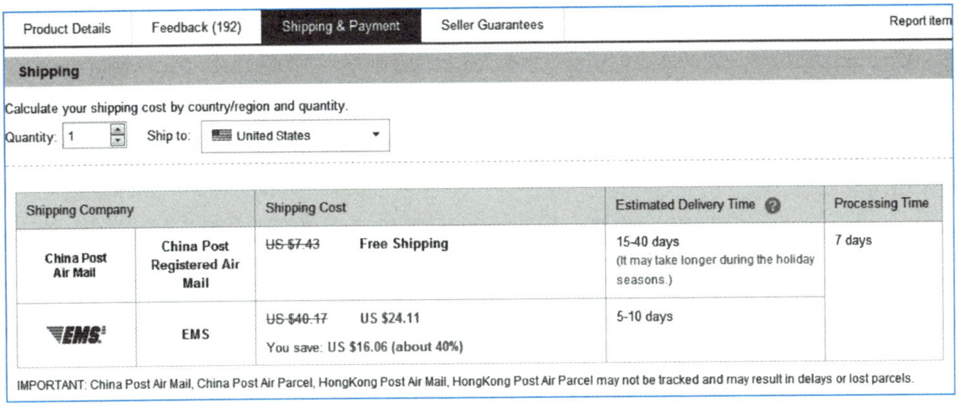

图 8-6　产品物流信息

有时即使卖家做得再好，也避免不了出现物流纠纷。当出现物流问题后，卖家应该要采取以下措施，以得到更好的结果：

- 注意心态问题。经常发货，物流出现问题在所难免，要有这个心理准备，出现问题也没有什么大不了的，与物流公司或者海关及时沟通并解决问题就可以了。
- 注意买家方面。一般买家都会问多少天能够收到货，尤其是发往海外，时间间隔比较长。因此，面对买家的询问，可以给出一个时间段，一是给海外买家一个心理准备；二是晚到的话自己也不至于太被动；三是提前到的话买家会很高兴。
- 注意物流方面。跟物流方面谈好出现问题后怎么解决，遵循平等合作和谐的原则。例如晚到的情况怎么解决、磕碰碎裂的情况怎么解决、态度不好怎么解决，都达成文字协议更好，这样出现问题都按协议来。
- 建议向买家提供两种以上的解决方案（退款或重寄等）供选择。这样可以有效改善买家的感受，提高解决问题的效率。

8.3.3 以诚心换来买家的耐心

用耐心、真心、诚心打动买家是卖家的服务宗旨，从每一位买家的角度出发，对经营中的每一个细节加以放大，从而有针对性地为每一位买家提供最佳服务。

卖家每天都要接触不同国家的买家，只有具备丰富的专业知识才能灵活应对，热情地为他们介绍商品；而且每次与买家交流的机会都应该珍惜，因为一点点的失误就可能让你与买家失之交臂。因此，卖家不能错过每一次机会，要将自己掌握的商品信息传达给每一个买家，只有这样，才能提高店铺的营业额。

对于一些新手卖家来说，有人询问价格、颜色、款式、材料等或把自己加为好友时，往往很开心，总以为有生意了。其实，很多买家都是有比较的，网店购物与实体店购物是一样的，他们常常都会货比三家，到这家问问，到那家问问，最后才会决定买哪一家的商品，这种情况很普遍，也很正常。所以有人问，只是表明他对这件商品或者这类商品感兴趣，千万不要以为他问问就一定会买。因此作为卖家，心态要平和、沉着、冷静、细心、耐心、诚心。

卖家在与买家进行交易时，一定要追求双赢，而且在交易时要注意，不要把对买家没有用或者并不适合买家的商品卖给他，也不要让买家花多余的钱，尽量减少买家不必要的开支。

在与买家进行交易时，要尽量满足买家的需求。但是“尽量”，而不是一味地满足买家。对于提出无理要求的买家可以不予理睬，而当收到一些要求时，卖家一定要心态平和、沉着冷静，不要以另一种目光或态度对待。做生意讲的就是和气，即使别人提出的要求不合理，也不要和客户争辩。

对于买家一定要心怀感激，并对买家表达出你的感谢。对于买家的失误甚至是过错，则要表示出宽容，而不是责备。因此，作为卖家始终要遵守顾客至上的原则，以百分百的细心、耐心、诚心做好每一笔交易，让每一位上门的买家都有宾至如归的感觉，进行开心愉快的购物。这样创造回头客的几率就会增加，同时会给店铺带来更多的收益。

8.3.4 巧妙对待各种类型的顾客

买家受性别、年龄、国籍、种族、性格等因素的影响，对相同商品的反应也不相同。因此，速卖通卖家应该因人而异地对待买家。

1. 应对随和型的买家

这类买家总体来看性格开朗、容易相处、内心防线较弱。他们容易被说服，这类买家表面上是不喜欢拒绝别人的，所以要耐心地和他们交流。

2. 应对外向型的买家

外向型买家一般做事情都很有自信，凡事亲力而为，不喜欢他人干涉。如果他意识到做某件事是正确的，那么他就会比较积极爽快地去做。遇到果断型、性格外向的买家要赞成其想法和意见，不要争论，要善于运用诱导法将其说服。在向他们推荐商品或服务时，要让他们有时间讲话，研究他们的目标与需要，注意倾听他们的心声。

3. 应对小气型的买家

喜欢贪小便宜是小气型买家的最大特征。买东西嫌贵，还特别喜欢侃价。应对这种买家，跟他们套交情是最佳做法。首先应该热情地向他打招呼，赞美他，并且要提醒他占到了便宜。

4. 应对稳重型的买家

稳重型的买家是比较精明的。他们注意细节，思考缜密，决定迟缓并且个性沉稳不急躁。对于这种类型的买家，无论如何一定要想法让他自己说服自己，否则他便不会做出购买决定。不过，一旦赢得了他们的信任，他们又会非常坦诚。

5. 应对挑剔型的买家

喜欢挑剔的买家，往往认为店主介绍的真实情况是言过其实的，总是持不信任的态度。对待这种买家，店主不应该反感，更不能带“气”来反驳买家，而是要耐心地倾听，这是最佳办法。

6. 应对优柔寡断型的买家

有的买家在店主解释说明后，仍然优柔寡断，迟迟不能做出购买决定。对于这类买家，店主要极具耐心并多角度地强调商品的特征。在说服过程中，店主要做到有根有据、有说服力。

7. 应对心直口快型的买家

有的买家或直接决绝，或直接要某个商品，一旦做出购买决定，绝不拖泥带水。对待这种买家，店主要以亲切的态度，顺着买家的话去说服，答复速度尽量快一些，介绍商品时，只需说明重点，不必详细说明每个细节。

8. 应对“慢性子”型的买家

这种买家正好与“急性子”相反。如果碰到“慢性子”的买家，千万不要心急，只有耐心回答他的问题才能赢得赞赏。

总之，对待不同性格的买家，应该采取不同的接待和应对方法。只有这样，才能博得买家的信赖，从而促成合作。

8.4 》掌握售后服务技巧

售后服务是店铺为已经购买了商品的顾客提供的各项服务，是整个交易过程的重点之一。售后服务和商品的质量、信誉同等重要，甚至在某种程度上售后服务的重要性或许会超过信誉。因为信誉是不真实的，但是售后服务却是真实存在的，不能做假的。下面将详细介绍一些售后服务的相关技巧。

8.4.1 网店售后服务的具体事项

网店的售后服务主要是网店与顾客通过网络或电话进行的，并不能进行面对面的沟通。因此，在进行售后服务前，一定要清楚地知道网店售后服务的具体事项，以免出错。

1. 树立售后服务的观念

树立售后服务的观念需做到以下几点：

- ◆ 售后服务是整个物品销售过程的重点之一。好的售后服务会给买家带来非常好的购物体验，从而使这些买家成为店铺的忠实用户，以后会经常购买店铺内的物品。
- ◆ 做好售后服务，首先要树立正确的售后服务观念。服务观念是长期培养的一种个人（或者店铺）的魅力，卖家都应该建立一种“真诚为客户服务”的观念。
- ◆ 服务有时很难做到让所有用户百分之百满意，但只要是在“真诚为客户服务”的信条的指导下，问心无愧地做好售后服务，相信一定会得到回报。
- ◆ 卖家应该重视和充分把握与买家交流的每一次机会。因为每一次交流都是一次难得的建立感情、增进了解、增加信任的机会，买家也会把他们认为很好的卖家推荐给更多的朋友。

2. 交易结束时及时联系

卖家在物品成交后应该主动和买家联系，避免成交的买家由于没有及时联系而流失掉。及时联系买家应该做到以下几点：

- ◆ 发送自己制作的成交邮件模板或者国际旺旺信息，可以包括：银行账号、应付金额、汇款方式等。为了怕收到很多相同金额的汇款，卖家可以加入编号并让买家汇款的时候注明，这样也方便查寻。
- ◆ 为了避免冲动性购物的买家流失掉，趁热打铁至关重要，建议交易成交的当天就发出成交邮件。

◆ 由于网络有时不稳定，有些买家的邮箱不一定能够收到卖家的邮件。因此如果顾客两天内没有回复邮件，卖家可以主动打电话询问是否收到成交邮件或者在国际旺旺里留言。

3. 发货后及时提醒买家

买家在付款成功后，货还没有到手，心里难免有牵挂，什么时候能发货？什么时候能收到？对一些新买家而言，难免会担心：会不会被骗？因此，为了避免买家产生这种顾虑，卖家可以在发货后将发货日期、快递公司、快递单号、预计到达时间、签收注意事项等告知买家，让买家放心，同时也体现出了卖家的专业。可以参考如下的示例：

Hello:

Thank you for buying our XXXXX products, XXX models, hope you can like it

And if you have any questions can contact me. My international prosperous number XXXXXXXXXX, and telephone number.

The goods already delivery within the time XXXX, waybill number is XXXX, please note to check Closed.

Thank you buy goods store, look forward to your next patronage!

Owner: XXXXX date: XXXXX

4. 随时跟踪物流信息

在预计到货的时间内，卖家应该主动和买家进行沟通，体现卖家的责任心和专业度，在给买家发货后，要通知买家，并随时跟踪包裹去向，如有意外要尽快查明原因，并和买家解释说明，以消除买家的顾虑，避免后期因问题而给店铺中差评的情况出现。

5. 买家签收后主动回访

在买家收到包裹，并签收后，卖家应该第一时间主动回访，收集客户意见，遇到客户不满的情况要及时道歉、及时解释、及时处理，把危机化解在爆发前，进一步提升客户购物体验，提升客户满意度和忠诚度。

6. 交易结束如实评价

评价是买卖双方对于一笔交易的最终看法，也是给未来可能想要购买的潜在买家作为参考的一个重要因素。好的信用会让买家放心购买，而差的评价往往会让买家望而止步。因此，在交易结束时，要及时做出评价，以便让其他买家看到自己信用度的变化。

7. 认真快捷地处理退换货

货品寄出前最好认真检查一遍，千万不要发出残次品，也不要发错货。如果因为运输而造成货物损坏或者其他确实由商品本身造成的问题，导致买家要求退换货时，卖家也应该痛快答应买家的要求，说不定这个买家以后会成为店铺的忠实客户。

8. 妥善处理顾客投诉

因为来自五湖四海的买家，什么样的性格都有，再加上货物运输力所不能及等各种原因，都会不可避免地出现各种各样的纠纷，这时就需要卖家有一个宽广的胸怀来面对这些投诉。能和平解决的尽量和平解决，但是如果遇到居心不良或者特别顽固的买家，也要拿起速卖通的合法武器去据理力争。因此，不同的卖家处理投诉的问题也不尽相同。

9. 管理买家资料

随着信誉的增长，买家越来越多，管理买家资料就变得尤为重要。卖家可以建立买家的资料库，及时记录每个成交交易的买家的各种联系方式。好好地总结买家群体的特征，全面了解买家情况，以确保进货商品正好是买家喜欢的商品，从而促进店铺更好地发展。

10. 定期联系买家，并发展潜在的忠实买家

在交易结束后，卖家要定期给买家发送有针对性、买家感兴趣的电子邮件和国际旺旺信息，把忠实买家设定为 VIP 客户，在店铺内制定出相应的优惠政策。定期回访客户，用电话、国际旺旺及电子邮件的方式关心客户，与客户建立起良好的感情。卖家要适度掌握并灵活应变，并尽量将自己认为比较随和的、有潜在性的买家发展成为忠实的买家。

8.4.2 回应买家的投诉与抱怨

在速卖通店铺的开店过程中，卖家会遇到买家针对商品的质量、性能或者服务品质等方面的抱怨。如果不能正确地处理买家的抱怨，就会给店铺带来极大的负面影响。如买家给卖家店铺差评；将自己的不满意告诉身边的亲朋好友，不让他们再次光顾本店等。因此，卖家一定要积极地回应买家的抱怨，适当地对买家做出解释，消除买家的不满，从而让他们传播店铺的好名声。

一般情况下，买家的抱怨主要来自以下几个方面：

- 买家对产品的质量和性能不满意。出现这种抱怨很可能是因为广告夸大了产品的价值功能，结果当买家见到实际产品时，发现与广告不符，由此产生了不满。
- 对客服人员的服务态度不满意。例如，有些客服人员总是一味地介绍自己的产品，根本不去了解买家的偏好和需求，同时对买家所提出的问题也不能给予满意的答疑，或者在销售的过程中，出现轻视顾客、不信任顾客的现象。
- 产品的安全性能，以及售后服务、价格等因素也都可能引发买家的抱怨和不满。

其实，买家的抱怨不管是对厂家还是客服人员来说，都是在提醒他们要不断地完善自己，做到最优、最好。客服人员一定要具有面对买家抱怨的心理准备。当买家抱怨时，客服人员首先需要做的是不能感情用事，哪怕在客服人员看来，一些买家是鸡蛋里挑骨头，故意找茬，也一定要注意自己说话的语气和态度，不能愤怒。当买家抱怨时，客服人员首先要做一个忠实的倾听者，一定要克服自己的情绪，让买家把话说完，对买家提出的各种问题予以解决。这样在一定程度上可以缓解买家的激动或愤怒情绪，也能为自己争取思考的时间。而且，当买家意识到客服人员的真诚及周到的服务时，买家的怨气就会减少。

另外，在销售过程中，客服人员一定要做好接受压力的思想准备，才能够在买家抱怨时顺利解决问题。客服人员应该把买家的抱怨当作是磨练自己的机会。遭遇买家抱怨时，客服人员一定要保持一份平静的心情，坦然面对，把抱怨当作历练自己的一次机会。因为只有在不断的解决问题中，客服人员才能够不断进步，变得更加优秀、出色和卓越。

8.4.3 清楚与顾客沟通的禁忌

在网上交易的过程中，买卖双方的交流对商品是否能够卖出有着至关重要的影响。卖家应把握好交流的分寸与尺度，有时也许说错了一句话，就会导致买家流失。

在绝大多数情况下，卖家只要针对买家的提问给予合理的解释与说明就可以了。也就是说，多数情况下，卖家应当处于被动位置。卖家在交流过程中应当要注意以下几个问题：

1. 不要与顾客争论

与顾客交流的目的，是为了让他们购买自己的商品，相互交流是一个针对商品进行沟通的过程。不同顾客对商品有不同的认识和见解，这些见解有些是针对商品的，有些是针对服务的，卖家应以诚恳的态度解释，而不应该就某些问题刻意与顾客争论。

2. 不要用质问的口气说话

顾客与卖家交流的原因，其实只是对商品或其他方面存在疑问，因此可能会不断询问卖家。卖家在进行回答时，一般不应就某些问题质问买家。要知道，是否购买商品完全取决于买家的意愿。买家购买商品，说明该商品被认可；不购买，说明有其他原因。另外，交流是为了得到买家进一步的认可，如果以质问的语气与买家交流，那么表露出来的就是对买家的不尊重，会引起买家反感，进而流失顾客。

3. 太主动会吓走顾客

一般来说，在与顾客交流的过程中，卖家只要回答顾客所提出的各种问题，让买家占有主动发问权即可，不宜太过主动。新手卖家为了不让顾客流失，往往会在顾客发问后表现得太过主动，对顾客的问题常常回答很多内容，这很容易让顾客觉得卖家太过迫切，有时候就可能会把顾客吓跑。

4. 语气谦逊

在网上交易的过程中，卖家扮演的是售货员的角色，这时候就应该秉着以顾客为中心的原则。在交流过程中，态度要和蔼，语气要柔和，宜采用协商或者请教的语气与买家交流，切忌采用命令或批示的口吻进行交谈。

5. 婉转地回答提问

网上交流和现实中交谈一样，针对不同的买家，你应当掌握交流的技巧与艺术，一些针对性强的问题可以委婉回答。如果买家提出较肤浅的问题或者提出看似比较笨拙的问题，卖家应该巧妙地回答这些问题。

6. 不要大肆吹捧

在与买家交流的过程中，无论是介绍商品还是店铺，都应该以实事求是的态度来介绍，可以适当夸张或修饰，但不宜大肆吹捧，否则会引起买家的质疑。很多买家在选择商品时，已经对商品各方面都有了一定的了解，并且每个人对不同商品的认知与见解不同。如果卖家过于炫耀，会让买家觉得缺乏真实性，那么势必会使买家离开。你需要知道的是，在网上交易中，买家会选择更加踏实、诚恳的卖家。

8.4.4 服务好老顾客，留住回头客

一门生意的好坏，主要取决于新顾客的消费和老顾客的重复消费。据统计，开发一个新顾客的成本比留住一个老顾客的成本要高 4 倍，可见，老顾客的数量决定了生意的好坏，决定了生意的稳定性。因此，要想留住老顾客，发展新顾客，就需要做到以下几点：

1. 建立会员制度

为了吸引新客户，留住老客户，开通店铺的 VIP 会员制度是一个很好的方式，卖家能够提高交易转化率带来更多生意，老顾客还能享受折扣优惠。

会员制度的建立对于速卖通店铺来说是非常有必要的，能够帮助卖家更好地牵制住买家，是为防止买家流失做出的有效预防。但是，不同网店有着不同的情况，一般在会员制的消费额度上根据网店里的商品价格而定。而且，会员档次分得越细越好，买家得到优惠的幅度就会越大，在吸引回头客的同时，也激励买家进行海外网购。如图 8-7 所示为某店铺的折扣信息。

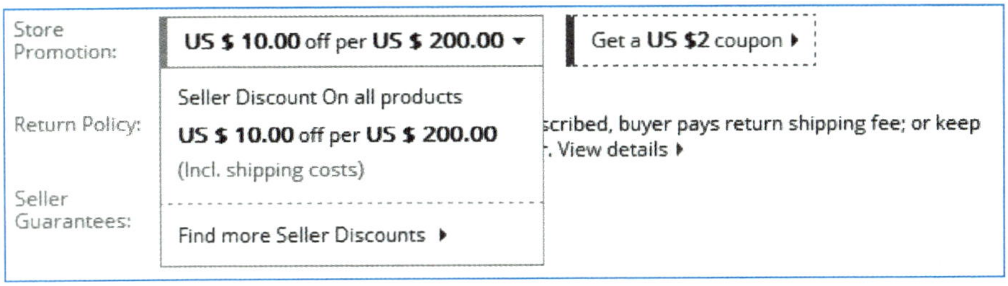

图 8-7　某店铺的折扣信息

2. 定期举办优惠活动

不管是实体店还是网店，定期举办优惠活动是必不可少的。一年的头尾是春节和元旦、年中有三八妇女节、五一劳动节、十一国庆节、中秋节等，另外，再加上一些国外的节日，几乎每个月卖家都会有特价优惠活动的借口。总之，网店定期筹办优惠活动还是很有吸引力的。

不过在举办优惠活动前，卖家需要注意以下几个方面：

- 时间上要富余，定出提前的时间段，因为节日前的快递总是很紧张的，卖家要极力将活动提前，并将快递紧张的情况告知买家，让买家提前下单。
- 有时间段，不能长时间都在优惠，会让买家有倦怠感，对于打折没有感觉，长期下去买家会认为打折是理所当然的，一旦没有优惠就会认为卖家涨价了。如图 8-8 所示为某店铺的优惠活动时间段。
- 优惠活动要应景，根据网店具体商品有原则地挑选特价商品，畅销和滞销的商品要混搭，不要一味地推出滞销商品特价优惠。

图 8-8　某店铺的优惠活动时间段

3. 对老顾客处处优先考虑

无论是从货源采购还是售后服务上，对老顾客要比对新顾客更好，这样才能体现出对老顾客的重视。可以给老顾客提供折扣，而且把限量商品优先给老顾客。可以让老顾客在第一时间获得新款的资料、新款的动态。小卖家如果给不了太多优惠，最简单的办法就是给老顾客免掉运费，这相当于给老顾客打了一个长期折扣。

4. 对于倚老卖老的老顾客

老顾客有时也会“倚老卖老”，仗着自己是老顾客要求更低折扣等特殊优待。这时千万不要答应。有些事情一旦开了头，就可能收不住。所以，一开始就要告诉老顾客你的底线。假如超过这条底线，那么即便是再熟的顾客也不能给面子，一视同仁往往是一面镜子。

8.5 »» 坦然面对顾客的投诉与刁难

当店铺的信用和规模达到了一定的程度之后，交易会大大增加，顾客的投诉必然增加。面对这些情况，卖家要做到的就是坦然面对。

8.5.1 应对顾客投诉的原则和方法

任何卖家都不可能让买家100%满意，都会遇到顾客投诉等问题。处理客户投诉是倾听他们的不满，不断纠正卖家自己的失误，维护卖家信誉的补救方法。在处理投诉问题时，需要有一个处理投诉的流程进度，这样便于处理投诉时间，提高买家的满意度。

1. 保持热情服务

一般买家想要投诉时，大多都不是很友善，但是不管买家的情绪多么不好，作为卖家来说都应该热情周到，以礼相待。这样就可以缓解顾客的愤怒情绪，减少双方的对立态度。

2. 及时道歉

当出现顾客投诉事件时，卖家必须首先主动向买家道歉，让买家知道，自己因为给买家带来不便而感到非常抱歉，即便这并不是卖家的过错。其实，买家的过错并不重要，重要的是向买家表达了卖家的态度。尤其是在速卖通店铺经营中，很多时候不需要面对顾客，甚至连电话都不用打，只是在网络上表达一下，但效果却是显著的。因此，尽量用委婉的语言与买家沟通，即使买家存在不合理的地方，也不要太冲动，否则会得到反效果，并使客户流失。

3. 认真倾听

面对顾客的投诉，卖家首先要以谦卑的态度认真倾听，并翔实地记录。顾客言谈间更不要插话，要让顾客把想说的话一口气说出来，只要顾客把想说的说出来了，内心的火气也就消了一半，这样就便于下一步解决具体问题。

4. 分析投诉

根据顾客的叙述分析其投诉属于哪一方面，比如是质量问题、服务问题、使用问题，还是价格问题等，更要从顾客口述中分析顾客投诉的要求，同时分析顾客的要求是否合理。

5. 表示同情

应设身处地考虑、分析问题，对顾客的感受要表示理解，用适当的语言给顾客以安慰，如“谢谢你告诉我这件事”“对于发生这类事件，我感到很遗憾”“我完全理解你的心情”等。因为此时尚未核对顾客的投诉，所以只能对顾客表示理解与同情。

6. 态度好一点

买家抱怨或投诉的原因一般是对商品及服务不满意。从心理上来说，他们会觉得卖家亏待了他。因此，如果在处理过程中态度不友好，会让买家心理感受及情绪很差，会恶化与买家之间的关系。反之，如果态度诚恳、礼貌热情，会降低买家的抵触情绪，从而理智地协商解决问题。要以关心的态度倾听顾客的诉说，然后用自己的话把顾客的抱怨重复一遍，确信已经理解了顾客抱怨的问题所在，而且对此已与顾客达成一致。如果可能，告诉顾客你愿意想尽一切办法来解决他们提出的问题。

7. 处理动作要快

处理投诉和抱怨的动作快，第一可以让买家感觉到尊重，第二表示卖家解决问题的诚意，第三可以及时防止买家的负面宣传造成更大的伤害。一般接到买家的投诉或抱怨信息时，应立即向买家了解具体内容，想好处理方案，最好当天给买家答复。

8. 提出完善的解决方案

顾客的所有投诉、抱怨，归根到底，是要求解决问题。因此，买家抱怨或投诉之后，往往会希望得到补偿。这种补偿有可能是物质上的，如更换商品、退货、赠送产品等，也可能是精神上的，如道歉等。有时是物质及精神补偿同时进行，多一点补偿，买家得到额外的收获，他们会理解卖家的诚意且下次会再来购买。

8.5.2 对待买家的中差评

在网店经营中，难免会碰到一些急躁的顾客，在卖家还没有做出反映之前就给了个差评。而作为卖家，莫名其妙得到一个差评，不仅会被扣分还会觉得冤屈。因此，卖家在看到有差评时，要心平气和地看看是什么原因造成的。一般出现差评有以下几个方面：

- 心急的买家抱怨物流速度慢。
- 由于卖家回复太慢，买家认为服务态度差，或售后服务没能达到买家的意愿。
- 对商品的一些主观判断，如买家对商品颜色、大小和外观等，提出的一些异议。

出现上述情况，如果是卖家的过错，要想办法去弥补。即使是在运输过程中出了问题，也不要让买家去完全承担。但是往往有些买家抓住了卖家的这种心理，利用差评要挟。因此，如果遇到以差评要挟的，一定要找到有力证据，与这样的买家斗争到底，坚决维护自己的利益。

中差评其实代表的是卖家的做事原则和水平，处理得好会越做越好，处理不好可能会让店铺进入恶性循环之中。而且，大多数评价不只是针对评价人，更多的是给其他顾客看的。如果能给访客留下好的印象，也会减少中差评价的影响，留住顾客。

下面，将通过一个例子，来告诉卖家，如何巧妙地对待中差评。

例如，买家评价：The failure of online shopping, baby is not as good as imagined. Just wear a few days washed once fade, a big loss（中文翻译为：失败的网购，宝贝没有想象中的那么好。才穿了几天洗了一次就掉色了，还开线，亏大了）。

下面是两个店铺的卖家对同一件事情的回复。

回复 1： A lot of people are satisfied our goods, but you are not satisfied with the fade is your own making. Poor assessment can solve the problem? We are not afraid! So many praise will drown you, don' t bother me.（中文翻译为：我们的商品很多人都满意，唯独你不满意，掉色是你自己造成的。中差评能解决问题吗？我们不怕！那么多好评会把你淹没的，不要打扰我）。

回复 2：To the pro caused by the impact, we say that we are very sorry. Because too busy, the delivery may be a little careless, and we have a telephone communication with you, I hope to give you a certain compensation, but there is no consensus, I am sorry. If we can, we still want to give you a solution, try to make up for our mistakes, thank you.（中文翻译为：给亲造成的影响，我们表示非常抱歉。因为太忙，发货时可能有些粗心了，对此，我们和你进行了电话沟通，希望给你一定的补偿，但最终没有达成一致意见，很抱歉。如果可以，我们还是希望给你提供解决方法，尽力弥补我们的过失，谢谢）。

从以上两种回复，可以对比出，第二种回复方式，无论语言还是技巧上都比第一种更让顾客觉得舒服、合理。有些时候客户看到第二种解释，也会觉得卖家的态度这么好，自己的气也会消了，会更加理性地思考之前投诉的问题，有可能会修改评价。

因此，对于巧妙对待中差评提高转化率的问题，最主要的是卖家的心态，以及处理表达的方法。细节影响一切，以友好的态度去和买家沟通，会使得问题更容易解决。而与客户针锋相对，据理力争，或谩骂顾客，出言不逊，不仅会失去这个回头客，还会失去来访顾客的信任和黏度。

8.5.3 避免买家的中差评

速卖通卖家十分看中客户的评价。对买家来说，“好评率”是选店铺时一个重要的参考因素，直接影响买家的购买心理。而对于卖家来说，如果得到差评，不仅影响“好评率”，更会因为扣分而影响店铺的“冲钻冲冠”的速度。但是当卖家做生意时间久了，和不同的人打交道，多方面的原因可能会得到客户的中评或者差评。

买家给卖家中差评的原因很多，卖家要努力做好以下几点就可以最大限度地消除中差评。

1. 把握好商品质量

要明白质量是维护顾客忠诚度最好的保证，是对付竞争者最有力的武器，是保持增长和盈利的第一要务。因此，店铺只有在商品的质量上下功夫，保证商品的耐用性、可靠性、精确性等价值属性，才能取得优势，才能为商品的销售及品牌的推广创造一个良好的运作基础。

2. 关于色差问题

现在很多卖家，常常喜欢利用杂志、网站或者厂家提供的模特图片，而不去拍摄实物图。结果造成了图片失真，以致买家在收到货后，给出“颜色严重不一致”之类的差评。因此，卖家在上传产品图片时，一定要是实物图，并且实物图要和商品尽量接近，商品描述要全面客观。那么，给差评的机会就会很少了。

3. 商品包装要仔细完好

商品卖出以后，首先要将商品包装好。一个认真仔细的包装会让买家在拿到货后有一个很好的感觉。有时候好的包装可以避免很多退换货的细节，还会为卖家的评价增光添彩。

4. 做好售前和售中商品的介绍服务

卖家在销售产品的过程中，不仅要在商品说明、图片中做好详细的说明与标注，也要在买家咨询过程中做好介绍，提醒买家注意看物品尺寸，特别是珠宝首饰类的商品。因为图片常常会让人有错觉，看着与实物的实际大小或颜色有偏差。这些都需要事先提醒买家注意，考虑清楚后再拍下购买。

5. 良好的售后服务

在将买家购买的商品通过快递发送出去以后，如果过了好几天买家还没有确认收货。则可能有两种原因：一是买家还没有收到东西；二是买家收到了还没有来得及确认。如果是第一点，则可以根据快递的发货时间来推算，如果到了时间买家还没来确认，这时就应该联系买家是否收到货了。这么做的用意不全是为了让买家快点来确认，而是要清楚地知道发出去的东西是不是有问题，买家是否真的收到货，有没有被其他人代签，这样就可以做到自己心中有数，也可以让买家觉得卖家的售后服务做得很好，有种被重视的感觉。

6. 对待买家要热情

卖家有的时候会遇到一个人接待几个买家，甚至十几个买家同时咨询的情况，当出现这种忙碌的情况时，不要不回复或者很晚才回复买家，让买家久等。这些都是不礼貌的，是对买家的不尊重，卖家要从增加人员等方面来解决这个问题。

7. 勇于面对评价

当卖家收到了买家的中评或差评后，不要生气，也不要去埋怨买家。首先要清楚自己哪里做得不好，导致了中评或差评出现。再次，主要和买家进行沟通协调，不要推卸责任。如果真的是自己的过失造成的，要勇于承担责任，并真诚地道歉。相信大多数买家会被你的真诚所打动，从而取消了中评或差评评价。

8. 分析买家类别，区别对待

卖家的好评离不开买家。因此，在交易前最好查看一下买家的信用度，买家对别人的评价及别人对买家的评价。再综合各类买家的不同特点来区别对待。下面将对买家的类别进行分析。

- 新手买家。这类买家往往是第一次来网上购物，买卖信用都为零。他看上了店铺的商品，但对网络交易还很陌生，对卖家缺乏信任，而且在收到货物后不及时确认货款，不给评价，或者不联系卖家，随便给个中差评等。当卖家遇到这类买家时，要有足够的耐心去引导，在他购买商品前，和他多沟通，让他对卖家产生信任。
- 特别挑剔的买家。对这类买家要注意看一下买家的好评率，以及别的卖家对他的评价。因为这类买家大多都是完美主义者，喜欢鸡蛋里挑骨头，当收到货品后，没有达到他的期望值，就有可能给个中评或者差评。针对这类买家，卖家要尽可能地做好服务，展示自己商品和服务的优点。并且还要正确评估自己的商品与服务是否与他的期望值一致。如果不一致，购买前要诚信沟通，说明清楚，当买家理解接受后再成交。切忌为了马上促成生意，尚未沟通清楚前就交易。
- 喜欢给中评的买家。这类买家，以为中评就等于好评。碰上这样的买家，如果重视好评，以 100% 好评作为经营中的目标，还是不要交易为好。
- 很会杀价的买家。这类买家其实大部分还是好买家，用最少的钱买到最心仪的产品是每个买家都希望的。因此，卖家在遇到这类买家时，要先看一下买家的信誉度，而且在他们购买时，可以在考虑好自己的能力后，给买家赠送一些小礼品。当买家在收到商品时，必定会心怀感激，给予大大的好评。

8.5.4 引导买家修改中评和差评

得到中评和差评是网上开店不可避免的情况，很多中评和差评都是由误会引起的，在跟买家沟通后都能得到修改。卖家收到中评和差评时，不应盲目地抱怨，甚至投诉买家，这样会激怒对方，使问题没有解决的余地。如果卖家确实存在过错，应诚恳地向买家道歉，承认工作上的过失。卖家在耐心听取买家的不满和要求后，应表达自己的观点，提出补救措施，达成一致意见后，卖家可以提出自己的要求，如“我有个小小的请求，你能否为我修改一下评价？很感动你为我们提了很好的建议和意见，希望以后多多合作。”通常买家也不会因为一点小事而伤了和气，一般都会同意修改评价。不过，如果买家不愿意对评价进行修改，卖家也要保持理性的态度。有少数几个中评和差评也是可以理解的，即使这样也要记得向买家表示感谢。

8.6 》使用电子邮件沟通的技巧

在速卖通中，卖家与买家之间将电子邮件作为沟通的主要工具之一，但是有许多卖家并不能很好地使用这个工具。下面将介绍一些实用的电子邮件沟通技巧。

8.6.1 了解电子邮件沟通方式的特点

电子邮件具有以下 3 个特点：

- 不受时间的限制。
- 写邮件比起通电话，显得更从容坦然，表达得更充分。可以掩饰语言交流上的弱点，给对方好的第一印象。
- 因为人们常常选择一个较为轻松的时间接收邮件，所以较少地受到其他事务的干扰，对你的交流可能产生更大的兴趣。

但是通过电子邮件沟通的方式不可随便使用。因为电子邮件不如电话和会面更直接。另外，有的买家并不习惯及时接收邮件，有时可能会误事。

8.6.2 电子邮件的沟通使用技巧

尽管电子邮件在形式上比较自由，是一种方便快捷的媒介，但是绝不能以草率的态度使用它。因为买家也可以通过电子邮件来评定卖家，所以说以电子邮件的方式来沟通同样是需要礼仪的。

1. 注意邮件的字体格式

在撰写电子邮件时，不要在电子邮件中使用宋体、仿宋和黑体等字体格式。由于操作系统的原因，英文邮件使用 uft-8 编码，字体一般为 Verdana、Arial、Helvetica 和 sans-serif 等。如果使用中文字体格式，则买家在收到电子邮件并打开阅读时，会导致邮件中的文字为乱码。而且海外客户崇尚个性、简洁，最适合的方式就是通篇白底黑字、统一字号。重点内容可以加粗或者用大写，但是不能使用大写字母撰写邮件正文。要在两端中间空一行，而且可以对于事情较多的内容，采用 1、2、3 的段落方式来注明，方便客户阅读。

2. 正确使用签名

签名可以明确发函人的身份和联系方法，也是一种重要的品牌营销资源，因此设计精巧的签名文件，可以给收函人留下良好的印象。

- ◆ 签名要简单、整齐，不要放特别的字符，内容包含有联系人、部门、公司名称、联系方式，控制在 5 行内就好。
- ◆ 不同邮件发送对象可以使用不同的签名，根据具体客户、产品和服务制定不同版本的签名。
- ◆ 让签名邮件居左，以免使整齐的排版变得混乱。
- ◆ 签名文件与邮件正文之间的距离不要太长。只要将二者的信息区分开就可以。
- ◆ 外贸邮件签名中不要有中英文混排，最好不要有中文，否则容易造成格式混乱。

3. 附件的应用

尽量不要使用附件，但是大的文件一般可以放到附件中，如合同文本、形式发票、产品照片等。在第一次联系客户时，除非客户在询盘中提出，最好不要主动附上图片，以免被删或被国外反垃圾邮件软件拦截。

4. 邮件做到个性化

针对已有的买家信息，分类整理买家资料，并根据买家过去的购买情况或合作情况，按照其具体消费习惯，将其发送的电子邮件的内容个性化、制定个性化信息。同时，顾客也更乐于接受个性化的信息，否则发了一堆邮件出去，别人一看与自己无关，很快就当垃圾邮件删除，达不到营销效果。

5. 适当控制发送频率

邮件的发送频率过高，会被对方认为是垃圾邮件，容易引起反感。因此，一般半个月或者一个月给意向客户发送一封邮件，既可以让对方记住你，也不会给对方造成困扰。另外，西方节日期间，可以给对方发送贺邮，发送贺卡最好以图片方式插入到邮件里面，客人收到邮件时可以直接看到，如果有条件，可以自己制作贺卡，这样会令人印象深刻。